会计电算化（第 2 版）

主 编 杜 丽 杨高武

北京理工大学出版社
BEIJING INSTITUTE OF TECHNOLOGY PRESS

内 容 简 介

本教材打破传统的重理论、轻实践的静态教学模式,建立一种新型的重过程、重参与的动态教学模式,以用友 U8.10.1 企业管理软件为学习平台,紧密联系企业实际,选择一个中型制造业企业 1 个月的实际业务资料作为载体,分 10 个章节分别介绍系统管理、总账、报表、薪资、固定资产、应收款和应付款等子系统的基本功能和使用方法。教材第一章和第二章作为理论先导,结合资格考试要求,辅以考试题库,对会计电算化的基本原理进行详细介绍;第三章至第十章作为实务部分,采用案例和图表相结合的方法对电算化会计系统的业务处理流程和知识点进行系统介绍和实训,此外,对于操作中的难点和容易出错的地方,通过注意事项进行特别提示。通过本教材的学习,学生可以提升自己的实践操作能力,为进入职场做好职业准备。

本教材符合应用型本科教育能力培养的理念,教材内容全面、适用面广,适用于高等院校的财务管理、财务会计、会计电算化、注册会计师等专业课程的教学,也可作为各财务管理工作人员的参考用书。

版权专有　侵权必究

图书在版编目（CIP）数据

会计电算化／杜丽,杨高武主编．—2 版．—北京：北京理工大学出版社,2020.1（2023.1 重印）

ISBN 978－7－5682－8128－7

Ⅰ. ①会… Ⅱ. ①杜…②杨… Ⅲ. ①会计电算化 Ⅳ. ①F232

中国版本图书馆 CIP 数据核字（2020）第 017164 号

出版发行 /	北京理工大学出版社有限责任公司
社　　址 /	北京市海淀区中关村南大街 5 号
邮　　编 /	100081
电　　话 /	（010）68914775（总编室）
	（010）82562903（教材售后服务热线）
	（010）68944723（其他图书服务热线）
网　　址 /	http：//www.bitpress.com.cn
经　　销 /	全国各地新华书店
印　　刷 /	涿州市新华印刷有限公司
开　　本 /	787 毫米×1092 毫米　1/16
印　　张 /	21
字　　数 /	493 千字
版　　次 /	2020 年 1 月第 2 版　2023 年 1 月第 2 次印刷
定　　价 /	56.00 元
责任编辑 / 王玲玲
文案编辑 / 王玲玲
责任校对 / 刘亚男
责任印制 / 李志强

图书出现印装质量问题,请拨打售后服务热线,本社负责调换

前　言

会计电算化是一门融合会计学、计算机科学、管理学和信息学的综合性学科，它伴随着信息化技术的发展而不断完善，通过计算机会计信息系统的应用得以实现，它的出现对传统的企业管理模式、会计理论、会计实务处理和会计管理制度产生了巨大的冲击，导致了会计领域的一场新技术革命。

本教材打破传统的重理论、轻实践的静态教学模式，建立一种新型的重过程、重参与的动态教学模式，以用友 U8.10.1 企业管理软件为学习平台，紧密联系企业实际，选择一个中型制造业企业 1 个月的实际业务资料作为载体，分 10 个章节分别介绍了系统管理、总账、报表、薪资、固定资产、应收款和应付款等子系统的基本功能和使用方法。教材第一章和第二章作为理论先导，结合会计从业资格考试要求，辅以考试题库，对会计电算化的基本原理进行了详细介绍；第三章至第十章作为实务部分，采用案例和图表相结合的方法对电算化会计系统的业务处理流程和知识点进行系统介绍和实训，此外，对于操作中的难点和容易出错的地方，通过注意事项进行特别提示。通过本教材的学习，学生可以提升自己的实践操作能力，为进入职场做好职业准备。

本教材适用于高等本科院校的财会类专业课程教学使用，也可作为在职财会人员的岗位培训、自学进修和岗位职称证书考试的教学用书。

本教材是在《会计电算化》教材 2016 版的基础上，选择最新的用友 ERP – U8.10.1 软件，以及运用最新的增值税税率进行财务资料更新后，重新修订的版本，由江西农业大学南昌商学院杜丽和杨高武进行编写，两人都是担任会计电算化课程教学多年、具有丰富的教学和科研经验的一线教师。同时，本教材的编写还参阅了大量的著作、文献及用友 ERP – U8.10.1 软件，谨此说明并致以诚挚的谢意！

本教材在编写中力求概念、图表、解释符合专业规范，但是由于时间仓促和作者水平有限，书中难免会有疏漏之处，恳请广大读者批评指正。

编　者

目 录

第一章　会计电算化概述 （1）
第一节　会计电算化的发展历程 （1）
第二节　会计电算化的相关概念 （5）
第三节　会计核算软件 （8）
课后练习 （12）

第二章　会计电算化基本原理和实施 （16）
第一节　会计数据处理流程 （16）
第二节　电算化会计信息系统的基本功能模块 （21）
第三节　会计电算化的实施 （25）
课后练习 （28）

第三章　系统管理 （32）
第一节　系统管理概述 （32）
第二节　企业账套的管理 （34）
第三节　用户管理与权限设置 （42）
第四节　账套修改与年度账管理 （47）
课后练习 （50）

第四章　公用基础信息设置 （53）
第一节　企业应用平台概述 （53）
第二节　基本信息设置 （55）
第三节　基础档案设置 （57）
课后练习 （80）

第五章　总账系统 （83）
第一节　总账系统概述 （83）
第二节　总账系统初始化 （85）

第三节　总账系统日常业务处理 ………………………………………（93）
　　第四节　总账系统期末业务处理 ………………………………………（115）
　　课后练习 …………………………………………………………………（127）

第六章　UFO 报表管理系统 ……………………………………………（131）
　　第一节　UFO 报表管理系统概述 ………………………………………（131）
　　第二节　报表格式设计 …………………………………………………（134）
　　第三节　报表数据处理 …………………………………………………（149）
　　第四节　系统模块自动生成报表及报表模板 …………………………（158）
　　课后练习 …………………………………………………………………（161）

第七章　薪资管理系统 ……………………………………………………（164）
　　第一节　薪资管理系统概述 ……………………………………………（164）
　　第二节　薪资管理系统初始化 …………………………………………（167）
　　第三节　薪资管理系统日常业务处理 …………………………………（179）
　　第四节　薪资管理系统期末业务处理 …………………………………（185）
　　课后练习 …………………………………………………………………（187）

第八章　固定资产系统 ……………………………………………………（190）
　　第一节　固定资产系统概述 ……………………………………………（190）
　　第二节　固定资产系统初始化 …………………………………………（191）
　　第三节　固定资产系统日常业务处理 …………………………………（202）
　　第四节　固定资产系统期末业务处理 …………………………………（209）
　　课后练习 …………………………………………………………………（211）

第九章　应收款管理系统 …………………………………………………（214）
　　第一节　应收款管理系统概述 …………………………………………（214）
　　第二节　应收款管理系统初始化 ………………………………………（217）
　　第三节　应收款管理系统日常业务处理 ………………………………（230）
　　第四节　应收款管理系统期末处理 ……………………………………（241）
　　课后练习 …………………………………………………………………（243）

第十章　应付款管理系统 …………………………………………………（246）
　　第一节　应付款管理系统概述 …………………………………………（246）
　　第二节　应付款管理系统初始化 ………………………………………（247）
　　第三节　应付款管理系统日常业务处理 ………………………………（258）
　　第四节　应付款管理系统期末处理 ……………………………………（266）
　　课后练习 …………………………………………………………………（268）

附录一　用友 ERP – U8 安装说明 ………………………………………（272）

附录二　综合模拟实训材料 ………………………………………………（282）

参考文献 ……………………………………………………………………（329）

第一章

会计电算化概述

本章学习目标

本章主要阐述会计电算化的含义及会计电算化的相关概念。

通过本章学习,要求学生大致了解会计电算化的起源和发展历程,准确把握会计电算化的相关概念,熟悉会计软件的配备方式。

第一节 会计电算化的发展历程

一、会计电算化的概念

会计是一个信息系统,会计工作就是对会计信息的确认、输入、加工、存储和输出的管理活动。过去,人们利用纸、笔和算盘进行记账、算账、报账,随着社会进步、科学技术水平提高,人们利用电子计算机来收集加工会计数据,形成会计信息,并通过计算机网络进行传输。这样,会计信息的使用者不但可以在本地查询,而且能远程登录来获取资讯。

会计电算化是"电子计算机在会计中的应用"的简称。"会计电算化"一词是财政部和中国会计学会于1981年8月在长春市召开的"财务、会计、成本应用电子计算机专题讨论会"上正式提出的。有的人又将会计电算化称为"电算化会计""电脑会计""计算机会计""财务软件应用"等,这些称呼本质上没有多大的区别。在国外,人们又称之为"电算化会计信息系统"。

对于会计电算化的含义,可以从狭义和广义两个角度来理解(图1-1)。从狭义的角度看,会计电算化是指以电子计算机为主体的电子信息技术在会计工作中的应用,也就是用计算机代替手工记账、算账、报账;从广义角度来看,会计电算化是指与实现电算化有关的所有工作,包括会计软件的开发和应用、软件市场的培育与发展、会计电算化的宏观规划和管理、会计电算化人才的培训及会计电算化的制度建设等。

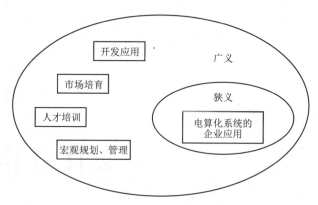

图1-1 会计电算化的广义和狭义

二、会计电算化的发展阶段

会计电算化是会计信息化的初级阶段,也是会计信息化的基础工作。我国会计电算化的发展经历了四个阶段:模拟手工记账的探索起步、与其他业务结合的推广发展、引入会计专业判断的渗透融合、与内控相结合建立 ERP 系统的集成管理。

(一)模拟手工记账的探索起步

我国会计电算化是从 20 世纪 80 年代起步的。当时我国会计电算化主要处于实验试点和理论研究阶段,这一阶段的主要内容是利用计算机代替手工成批处理大量数据,其基本特征是:程序简单,程序和数据相互联系,无数据管理。

此阶段主要是实现会计核算电算化,是会计电算化的初级阶段。利用计算机模拟手工记账,不仅模拟手工环境的会计循环,而且模拟手工环境的数据输出形式,利用计算机完成单项会计核算任务,缺乏信息共享。

(二)与其他业务结合的推广发展

进入 20 世纪 90 年代后,企业开始将单项会计核算业务扩展为全面电算化。与其他业务结合的推广发展阶段是会计核算电算化的丰富发展阶段,引入了更多的会计核算子系统,形成了一套完整的会计核算软件系统,包括账务处理子系统、报表处理子系统、往来管理子系统、工资核算子系统、固定资产核算子系统、材料核算子系统、成本核算子系统、销售核算子系统等。

这一阶段主要内容是利用计算机对某一管理子系统进行核算,同时使会计电算化不局限于日常的会计核算,还将企业其他部门的业务处理纳入了计算机管理,在企业组织内部实现会计信息和业务信息一体化,并在两者之间实现无缝联合。这一阶段的基本特征是:程序已构成一个系统,以文件来实现一定的数据管理,程序和数据相互独立,使用灵活。

(三)引入会计专业判断的渗透融合

我国顺应新形势的要求,于 2006 年 2 月建立了与国际准则趋同的企业会计准则体系。该体系引入了会计专业判断的要求。同时,新准则审慎引入了公允价值等计量基础,对会计电算化工作提出了新的要求。借助会计准则与会计电算化系统的渗透融合,企业具备了进一步优化重组其管理流程的能力。一些企业大幅减少核算层次、规范资金账户管理、缩短财务会计报告的时间、改革内部财务会计机构的设置，使会计人员从烦琐、低效的重复性工作中解放出来，投入加强内部控制等工作中去。企业和会计软件开发商紧密围绕会计准则和会计制度，通过与电算化工作的不断调整、渗透和融合，逐步完成从单机应用向局域网应用的转变，尝试建立以会计电算化为核心的管理信息系统。

引入会计专业判断的渗透融合是会计电算化发展的高级阶段，目的是实现会计管理的电算化。这一阶段是在会计核算电算化系统提供信息的基础上，结合其他数据和信息，借助于决策支持系统的理论和方法，帮助决策者制定科学的决策方案。这一阶段的基本特征是：数据冗余度减到最低，数据可以无限扩张，有分布式终端和构造网络，如管理信息系统、各种经济处理模型等。

（四）与内控相结合建立 ERP 系统的集成管理

随着现代企业制度的建立和内部管理的现代化，单纯依赖会计控制已难以应对企业的内外部风险，会计控制必须向全面控制发展。传统的会计软件已不能完全满足单位会计信息化的需要，逐步向与流程管理相结合的 ERP 方向发展。

财政部、国资委、证监会、审计署、银监会、保监会六部委于 2008 年 6 月联合发布了《企业内部控制基本规范》，这标志着我国企业内部控制规范建设取得了重大突破和阶段性成果，是我国企业内部控制建设的一个重要里程碑。内部控制分为内部会计控制和内部管理控制。内部会计控制，是指单位为了提高会计信息质量，保护资产的安全完整，确保有关法律法规和规章制度的贯彻执行而制定和实施的一系列控制方法、措施和程序。ERP 系统，是指企业资源计划系统可以看作是涉及企业各方面业务的管理信息系统，会计核算部分也包含在 ERP 系统当中。

与内控相结合建立 ERP 系统的集成管理阶段要求会计电算化与内部控制相结合，运用计算机实现内部控制的要求，建立 ERP 系统的集成管理，从而实现会计管理和会计工作的信息化。目前这一阶段尚在进行中，但已经取得了令人瞩目的成果。例如，有的特大型企业已利用与内部控制相结合的集成会计信息系统，成功地将全部报表编制工作集中到总部这一级。

三、会计电算化的特点

会计电算化的实施，使得传统会计核算和会计管理过程发生了很大的变化。

（一）人机结合

在会计电算化方式下，会计人员填制电子会计凭证并审核后，执行"记账"功能，计算机将根据程序和指令在极短的时间内自动完成会计数据的分类、汇总、计算、传递及报告等工作。

（二）会计核算自动化、集中化

在会计电算化方式下，试算平衡、登记账簿等以往依靠人工完成的工作，都由计算机自动完成，大大减轻了会计人员的工作负担，提高了工作效率。计算机网络在会计电算化中的广泛应用，使得企业能将分散的数据统一汇总到会计软件中进行集中处理，既提高了数据汇总的速度，又增强了企业集中管控的能力。

（三）数据处理及时、准确

利用计算机处理会计数据，可以在较短的时间内完成会计数据的分类、汇总、计算、传递和报告等工作，使会计处理流程更为简便，核算结果更为精确。此外，在会计电算化方式下，会计软件运用适当的处理程序和逻辑控制，能够避免在手工会计处理方式下出现的一些错误。

（四）内部控制多样化

在会计电算化方式下，与会计工作相关的内部控制制度也将发生明显的变化，内部控制由过去的纯粹人工控制发展成为人工与计算机相结合的控制形式。内部控制的内容更加丰富，范围更加广泛，要求更加严格，实施更加有效。

四、会计电算化的作用

计算机在会计工作中的应用，是会计发展史上的一次重大革命。它不仅给会计工作提供了先进的工具，而且拓宽了会计内容，改变了会计方法，扩大了会计工作领域，推动了会计科学的发展。

（一）减轻劳动强度，提高财务工作的效率

实现会计电算化以后，工作人员只要把会计数据按规定的格式和要求输入计算机，计算机就会在会计软件的控制下，自动、高速、准确地完成数据加工、存储、传输工作。原来一天的手工记账、算账、报账的工作量，在计算机上仅需几分钟，甚至几秒钟时间就可以完成；原来数据保存需要大量账页，现在变成了存储在磁盘的数据库中的文件；查询一个数据，过去既麻烦又需要长时间，现在即使远在千里，也能在几秒内找到答案。这样，不仅减轻了会计人员的劳动强度，而且大大提高了工作效率。

（二）促进会计职能的转变

会计的基本职能是反映、监督经济活动，预测经济前景，控制经济进程。然而，长期以来，手工方式约束了会计人员的手脚，大量的精力耗费在抄写和计算上，很难发挥会计全部职能。实现会计电算化以后，从根本上解放了会计人员手脚，使他们有更多的精力和时间做好会计工作，参与企业的经营管理。特别是计算机网络技术的发展，可以实现数据共享和信息快速传输，为会计人员参与企业管理决策提供了良好的基础。

（三）提供的会计信息全面、准确、及时

实现会计电算化以后，大量的会计信息以数据库文件的方式保存在磁盘上，人们可以按不同的需要进行分类、查询、统计、汇总和分析。建立企业网以后，会计信息可以随时传输到企业的各个管理部门，使企业的经营者及时掌握经济活动的最新情况，以便采取相应措施。

（四）提高会计人员素质，促进会计工作规范化

实现会计电算化以后，会计人员不仅要掌握会计业务理论和业务处理能力，还必须具有计算机操作本领和能够使用计算机网络的知识。在业务水平提高的同时，会计人员有更多时间学习文化、学习政治、学习科学，全面提高个人的素质。建立各种规章制度，是实现会计

电算化的必备条件，会计工作因而更规范。

（五）推动企业管理现代化，提高企业经济效益

会计信息是企业管理信息的重要部分，并且是综合性的经济指标，是企业经营活动的综合体现。会计电算化，既是会计工作本身现代化又是企业管理工作现代化的基础。企业的数字化、信息化、全球化，离不开会计电算化；企业产值最大化、企业利润最大化、企业价值最大化，必须有会计电算化的支撑。

（六）促进会计理论和技术的发展，推动会计管理制度变革

计算机技术和网络技术在会计工作中的应用，不仅使会计核算工具发生了变革，而且使会计核算内容、方法、程序都发生了一系列变化。例如，内部控制的审计线索变化，导致审计程序也发生变化；数据存储方式变化，导致数据安全技术的变化；网上营销、电子资金转账、电子商务，大大扩展了会计业务对象。这些变化必然对会计理论和操作技术产生重大影响，从而促进了会计理论和技术的研究、发展，推动了会计管理制度的变革。

第二节 会计电算化的相关概念

一、会计信息化

会计信息化作为国家信息化的重要组成部分，已成为会计改革和发展的内在要求，成为推动我国信息化发展战略的重要力量。1999年，在"会计信息化理论专家座谈会"上首次提出了从会计电算化走向会计信息化的观点，并指出会计信息化的含义：企业利用计算机、网络通信等现代信息技术手段开展会计核算，以及利用上述技术手段将会计核算与其他经营管理活动有机结合的过程。

会计电算化以事务处理层为主；会计信息化则包括事务处理层、信息管理层、决策支持层和决策层。会计电算化解决的是利用信息技术进行会计核算和报告工作的相关问题；会计信息化则是在会计电算化工作的基础上，以构建和实施有效的企业内部控制为引导，集成管理企业的各种资源和信息。相对于会计电算化而言，会计信息化是一次质的飞跃。现代信息技术手段能够实现便捷地获取、加工、传递、存储和应用会计信息，为企业经营管理、控制决策和经济运行提供充实、实时、全方位的信息。会计电算化是会计信息化的初级阶段。

二、会计信息系统

（一）会计信息系统的概念

会计信息系统（Acounting Information System，AIS）是基于计算机的，实质是将会计数据转换为会计信息的系统。会计信息系统是利用信息技术对会计信息进行采集、存储和处理，完成会计核算任务，并能为会计管理、分析、决策提供辅助信息的系统。

会计信息系统是企业管理信息系统的一个重要子系统，其开发和使用的最终目的，就是满足企业现代化管理工作的需要。

(二) 会计信息系统的分类

1. 根据信息技术（数据库、网络、通信、人工智能、多媒体、感测和识别、光电子技术等）对会计信息系统的影响程度分类

分为手工会计信息系统、传统自动化会计信息系统、现代会计信息系统。

1) 手工会计信息系统（15 世纪）

该模式可追溯到十三四世纪威尼斯商人的借贷记账法，后由意大利数学家、近代会计之父卢卡·帕乔利经过 6 年调查研究和整理，于 1494 年 11 月 10 日出版了《数学大全》一书。该模式一直沿用至今，其核心是会计恒等式、会计循环、会计科目表、分录和账簿。

2) 传统自动化会计信息系统（20 世纪 50 年代）

电子计算机应用于手工会计信息系统之中，即为电算化会计信息系统模式。该模式正逐步取代手工会计信息系统。1946 年 2 月 14 日，由美国政府和宾夕法尼亚大学合作开发的世界上第一台电子计算机 ENIAC 在费城公诸于世。1954 年，美国通用电气公司第一次使用计算机计算职工工资，从而引起了会计处理的变革，标志着电算化会计信息系统模式的开始。

3) 现代会计信息系统（1982 年）

1982 年 7 月，美国密歇根州立大学会计系教授麦卡锡（Mc. Carthy）在《会计评论》上发表了题为《REA 会计模型：共享数据环境中的会计系统的一般框架》的论文，提出了 REA 模型，标志着现代会计信息系统模式的开始。

随着数据库、网络技术的发展，REA 模式是理论最完善、研究最系统、变革力度最大、成果最多的一种创新模式，极有可能成为未来会计信息系统的主流模式。其核心是集成，集成业务处理、信息处理、实时控制和管理决策。它不局限于财务管理，而是面向整个企业管理，从详细记录最原始经济业务事件的属性或语义表述于数据库中开始，而不是从记录经过人为加工后的会计分录开始，其基本元素不再是科目、分录、账簿。其充分利用信息技术并克服了电算化会计信息系统的弊端，因此称其为现代会计信息系统。

2. 根据功能和管理层次的高低分类

分为会计核算系统、会计管理系统和会计决策支持系统。

1) 会计核算系统

会计核算系统是会计信息系统的基础，也是会计信息系统的基本构成。不论会计信息系统在会计信息处理上有何种深度和广度，这一层次是必不可少的。其主要功能是处理传统财务信息，并向会计管理系统和会计决策支持系统提供来自企事业单位经济事项的最原始的会计核算数据。如总账核算、工资核算、材料核算、成本核算、固定资产核算和销售核算等。

2) 会计管理系统

会计管理系统是会计决策支持系统的基础，是会计信息系统的中间层次。其主要作用是在核算处理的基础上根据会计决策支持系统的会计决策信息完成对资金、成本、销售收入和利润等方面的管理和控制，并将决策执行的结果反馈给会计决策支持系统，充分发挥会计信息系统的监督、管理和控制职能。如资金管理子系统用于对资金的使用、周转、控制和分析。

3) 会计决策支持系统

会计决策支持系统是会计信息系统的最高层次。其主要理论依据是一些有关的数字经济预测决策模型。同时，它建立在前两个层次之上，其规模是具有弹性的。由于各组织的实际

情况和管理水平差别很大,因此每个组织对会计决策支持系统的要求也有很大不同,但其基本功能是帮助会计问题的决策者进行科学的经营决策和预测工作。其基本内容包括长短期投资预测、风险预测与控制、利润预测、不同情况下的投入产出预测和决策等。需要强调指出,会计核算系统、会计管理系统、会计决策支持系统不是截然分开的,而是有着密切联系的。

三、ERP 和 ERP 系统

（一）ERP 系统的概念

ERP 是企业资源计划（Enterprise Resource Planning）的简称,是美国著名管理咨询公司 Gartner Group Inc. 于 1990 年提出来的,最初被定义为应用软件,但迅速为全世界商业企业所接受,现已发展成为现代企业管理理论之一。ERP 系统是指建立在信息技术基础上,以系统化的管理思想,为企业决策层及员工提供决策运行手段的管理平台。ERP 系统是在 MRP（物料需求计划）和 MRPⅡ（制造资源计划）的基础上发展而来的新一代集成化管理信息系统,它扩展了 MRP 的功能。

ERP 系统利用信息技术,一方面将企业内部所有资源整合在一起,对开发设计、采购、生产、成本、库存、分销、运输、财务、人力资源、品质管理进行科学规划；另一方面将企业与其外部的供应商、客户等市场要素有机结合,实现对企业的物资资源（物流）、人力资源（人流）、财务资源（财流）和信息资源（信息流）等资源进行一体化管理（即"四流一体化"或"四流合一"）。其核心思想是供应链管理,强调对整个供应链的有效管理,提高企业配置和使用资源的效率。

（二）ERP 系统的功能

在功能层次上,ERP 除了最核心的财务、分销和生产管理等管理功能以外,还集成了人力资源、质量管理、决策支持等企业其他管理功能。会计信息系统已经成为 ERP 系统的一个子系统。

目前市场上 ERP 软件的基本功能大同小异,一般至少应包括 5 个：

1) 物料管理系统

物料管理系统可以协助企业有效地管控物料,以降低存货成本。包括采购、库存管理、仓储管理、发票验证、库存控制、采购信息等系统。

2) 生产规划系统

生产规划系统能让企业以最优水平生产,并同时兼顾生产弹性。包括生产规划、物料需求计划、生产控制及制造能力计划、生产成本计划、生产现场信息等系统。

3) 财务会计系统

财务会计系统能为企业提供更精确、更实时的财务信息。包括间接成本管理、产品成本会计、利润分析、应收应付账款管理、固定资产管理、一般流水账、特殊流水账、作业成本、总公司汇总账等系统。

4) 销售、分销系统

销售、分销系统可以协助企业迅速地掌握市场信息,以便对顾客需求做出最快速的反应。包括销售管理、订单管理、发货运输、发票管理、业务信息等系统。

5）企业情报管理系统

企业情报管理系统为决策者提供更实时有用的决策信息。包括决策支持、企业计划与预算、利润中心会计等系统。

除这5个功能模块外，很多厂商也提供了其他基本模块来加强企业内部资源整合的能力，例如SAP提供了13个基本功能模块。

四、XBRL

（一）XBRL的基本介绍

1. XBRL的概念

XBRL（eXtensible Business Reporting Language，可扩展商业报告语言），是一种基于可扩展标记语言（eXtensible Markup Language）的开放性业务报告技术标准。

XBRL是基于互联网，跨平台操作，专门用于财务报告编制、披露和使用的计算机语言，基本实现了数据的集成与最大化利用及资料共享，是国际上将会计准则与计算机语言相结合，用于非结构化数据，尤其是财务信息交换的最新公认标准和技术。通过对数据统一进行特定的识别和分类，可以直接被使用者或其他软件读取及进一步处理，实现一次录入、多次使用。

2. XBRL的特点

XBRL的特点在于它根据财务信息披露规则，将财务报告内容分解成不同的数据元（data elements），再根据信息技术规则对数据元赋予唯一的数据标记，从而形成标准化规范。以这种语言为基础，通过对网络财务报告信息的标准化处理，可以编制出比现行网络财务报告更加先进的报告，可以将网络财务报告的不能自动读取的信息转换为一种可以自动读取的信息，大大方便信息使用者对信息的批量需要和批量利用。

（二）我国XBRL发展历程

我国的XBRL的发展始于证券领域。2003年11月，上海证券交易所在全国率先实施基于XBRL的上市公司信息披露标准；2005年1月，深圳证券交易所颁布了1.0版本的XBRL报送系统；2005年4月和2006年3月，上海证券交易所和深圳证券交易所先后分别加入了XBRL国际组织；2008年11月，XBRL中国地区组织成立；2009年4月，财政部在《关于全面推进我国会计信息化工作的指导意见》中将XBRL纳入会计信息化的标准；2010年10月19日，国家标准化管理委员会和财政部颁布了可扩展商业报告语言（XBRL）技术规范系列国家标准和企业会计准则通用分类标准。

第三节 会计核算软件

一、会计核算软件的概念和演进

（一）会计核算软件的概念

会计核算软件是指专门用于会计核算工作的计算机应用软件，包括采用各种计算机语言编制的用于会计核算工作的计算机程序。凡是具备相对独立完成会计数据输入、处理和输出功能模块的软件，如账务处理、固定资产核算、工资核算软件等，均可视为会计核算软件。

会计核算软件由一系列程序代码和文档技术资料组成。大型企业中使用的企业资源计划（ERP）软件中，用于处理会计核算数据部分的功能模块也属于会计核算软件的范畴。

（二）会计核算软件的演进

从会计核算软件的发展历程来看，主要经历了人工管理、文件管理系统和数据库系统三个阶段。

1. 人工管理阶段

人工管理阶段也称为单项处理阶段，是会计核算软件发展的初级阶段，计算机在会计领域初步得到应用，主要用于会计业务的单项处理。此时的会计核算软件主要是模仿手工会计数据处理的方式和程序，着重解决那些数据量大、计算简便但重复次数多的单项会计业务，如工资计算、固定资产核算等，但是由于会计数据与会计核算软件程序之间的关系是一一对应的，也就是说，一组应用程序对应于一个数据集合，程序之间缺乏联系，数据共享程度差。

此阶段会计数据与会计核算软件程序的关系如图 1-2 所示。

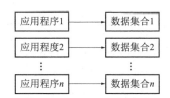

图 1-2 人工管理阶段的会计数据与程序的关系

2. 文件管理系统阶段

随着计算机技术的发展和会计电算化工作的深入发展，单项独立的用于某项会计业务的软件，造成了会计业务彼此不能连贯执行，会计信息不能共享，会计工作效率不高的状况，已不能适应企业管理的需要。因此，随后开发的会计核算软件都把会计部门内的所有单项软件进行有机的整合，形成一个处理会计业务的完整的会计信息系统（文件管理系统）。文件管理系统阶段比单项处理阶段进化了一步，由专门的软件即文件管理系统进行数据管理，文件管理系统可以将财务部门内部所有单项处理集中起来组织成相互独立的数据文件，利用"按文件名访问，按记录进行存取"的方式进行访问和存储。文件管理系统实现了记录内的结构性，但整体无结构。此阶段会计数据与会计核算软件的关系如图 1-3 所示。

图 1-3 文件管理系统阶段的会计数据与程序的关系

3. 数据库系统阶段

随着文件管理系统的发展和在企业应用的不断深入、会计电算化日益与企业管理活动相互渗透，逐渐形成了企业文件管理系统的一个重要子系统，此时文件管理系统的一个重要发展是 ERP 系统的推广和应用（数据库系统阶段）。

数据库系统比文件管理系统更为高级，它可以解决多用户、多应用共享数据的需求，使得数据尽可能面向更多的应用。数据库系统也是专门的数据管理软件，它与文件管理系统最大的差别在于数据的结构化。在数据库系统中，数据不再针对某一应用，而是面向整个组织，具有整体结构化。

目前企业常用的用友、金蝶、SAP 等都运行在 SQL Server 数据库系统上。数据库系统阶段的会计数据与数据库的关系如图 1-4 所示。

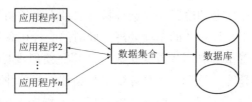

图 1-4 数据库系统阶段的会计数据与数据库的关系

二、会计软件的配备方式

企业配备会计软件的方式主要有购买、定制开发、购买与开发相结合等。其中，定制开发包括企业自行开发、委托外部单位开发、企业与外部单位联合开发三种具体开发方式。

这几种开发方式各有特点，对企业来说也各有利弊。每个企业都有自身的特点和要求，这就决定了企业不可能随意选择开发方式，而只能经过谨慎的分析，确定对本企业发展最为有利的开发方式。

（一）购买通用会计软件

通用会计软件是指软件公司为会计工作而专门设计开发，并以产品形式投入市场的应用软件。企业作为用户，付款购买即可获得软件的使用、维护、升级及人员培训等服务。

1. 采用这种方式的优点

（1）企业投入少，见效快，实现信息化的过程简单；

（2）软件性能稳定，质量可靠，运行效率高，能够满足企业的大部分需求；

（3）软件的维护和升级由软件公司负责；

（4）软件安全保密性强，用户只能执行软件功能，不能访问和修改源程序。

2. 采用这种方式的缺点

（1）软件的针对性不强，通常针对一般用户设计，难以适应企业特殊的业务或流程；

（2）为保证通用性，软件功能设置往往过于复杂，业务流程简单的企业可能感到不易操作。

（二）自行开发

自行开发是指企业自行组织人员进行会计软件开发。

1. 采用这种方式的优点

（1）企业能够在充分考虑自身生产经营特点和管理要求的基础上，设计最有针对性和适用性的会计软件；

（2）由于企业内部员工对系统充分了解，当会计软件出现问题或需要改进时，企业能够及时、高效地纠错和调整，保证系统使用的流畅性。

2. 采用这种方式的缺点

（1）系统开发要求高、周期长、成本高，系统开发完成后，还需要较长时间的试运行；

（2）自行开发软件系统需要大量的计算机专业人才，普通企业难以维持一支稳定的高素质软件人才队伍。

（三）委托外部单位开发

委托外部单位开发是指企业通过委托外部单位进行会计软件开发。

1. 采用这种方式的优点

（1）软件的针对性较强，降低了用户的使用难度；

（2）对企业自身技术的要求不高。

2. 采用这种方式的缺点

（1）委托开发费用较高；

（2）开发人员需要花大量的时间了解业务流程和用户需求，会延长开发时间；

（3）开发系统的实用性差，常常不适用于企业的业务处理流程；

（4）外部单位的服务与维护承诺不易做好。

因此，这种方式目前已很少使用。

（四）企业与外部单位联合开发

企业与外部单位联合开发是指企业联合外部单位进行软件开发，由本单位财务部门和网络信息部门进行系统分析，外部单位负责系统设计和程序开发工作，开发完成后，对系统的重大修改由网络信息部门负责，日常维护工作由财务部门负责。

1. 采用这种方式的优点

（1）开发工作既考虑了企业的自身需求，又利用了外部单位的软件开发力量，开发的系统质量较高；

（2）企业内部人员参与开发，对系统的结构和流程较熟悉，有利于企业日后进行系统维护和升级。

2. 采用这种方式的缺点

（1）软件开发工作需要外部技术人员与内部技术人员、会计人员充分沟通，系统开发的周期较长；

（2）企业支付给外单位的开发费用相对较高。

本章知识结构导图

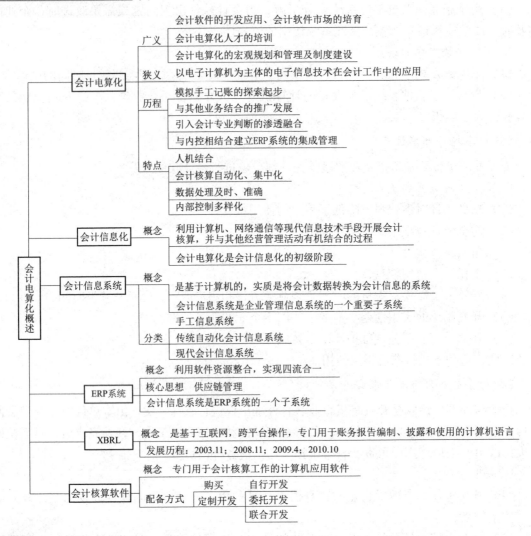

课后练习

一、单选题

1. ERP 的核心思想是（　　）。
   A. 物资资源的管理　　　　　　　　B. 人力资源的管理
   C. 财务资源的管理　　　　　　　　D. 供应链的管理

2. XBRL 中国地区组织成立的日期是（　　）。
   A. 2005 年 4 月　　　　　　　　　　B. 2006 年 3 月
   C. 2008 年 11 月　　　　　　　　　D. 2009 年 4 月

3. 狭义地说，会计电算化是指（　　）。
   A. 电子计算机技术在会计工作中的应用　　B. 会计软件的开发
   C. 会计电算化人才的培训　　　　　　　　D. 会计电算化制度建设

4. 会计信息系统根据（　　）划分为会计核算系统、会计管理系统和会计决策支持系统。

   A. 信息技术的影响程度　　　　　　　B. 功能和管理层次的高低

   C. 对会计数据进行处理的方式　　　　D. 复杂的程度

5. 购买通用会计软件的缺点主要是（　　）。

   A. 成本高　　　　　　　　　　　　　B. 见效慢

   C. 维护没有保障　　　　　　　　　　D. 软件针对性不强

6. 会计电算化，简单地说，就是（　　）在会计工作中的应用。

   A. 会计理论　　　B. 会计准则　　　C. 计算机技术　　　D. 会计法规

7. 一般中小企业实施会计电算化的做法合理的是（　　）。

   A. 购买通用会计核算软件　　　　　　B. 自行开发

   C. 委托外部单位开发　　　　　　　　D. 企业与外部单位联合开发

8. 下列不属于会计电算化的特点的是（　　）。

   A. 人机结合　　　　　　　　　　　　B. 会计核算自动化、集中化

   C. 会计核算主动性　　　　　　　　　D. 数据处理及时、准确

9. 2009年4月财政部在《关于全面推进我国会计信息化工作的指导意见》中将XBRL纳入（　　）的标准。

   A. 会计电算化　　　B. 会计信息化　　　C. 管理信息化　　　D. 会计信息系统

10. （　　）是企业利用计算机、网络通信等现代信息技术手段开展会计核算，以及利用上述技术手段将会计核算与其他经营管理活动有机结合的过程。

    A. 会计信息化　　　B. 会计电算化　　　C. 会计软件　　　D. 会计程序

11. 会计信息化是一次质的飞跃，这是相对于（　　）而言的。

    A. 会计电算化　　　B. 会计信息化　　　C. ERP　　　D. MIS

12. ERP是指（　　）。

    A. 物料需求计划　　　　　　　　　　B. 制造资源计划

    C. 企业资源计划　　　　　　　　　　D. 电子数据处理

13. 将会计准则与计算机语言结合的最新公认标准和技术的语言是（　　）。

    A. EML　　　B. AIS　　　C. ERP　　　D. XBRL

14. 会计电算化是会计信息化的（　　）。

    A. 初级阶段　　　B. 成熟阶段　　　C. 中级阶段　　　D. 高级阶段

15. 商品化会计软件与定制开发会计软件的最大区别在于（　　）。

    A. 是否准确　　　B. 是否通用　　　C. 是否迅速　　　D. 是否安全

二、多项选择题

1. 下列关于会计信息系统与ERP系统关系的表述中，正确的是（　　）。

   A. ERP系统包括会计信息系统

   B. ERP系统和会计信息系统属于相同的管理信息系统

   C. 会计信息系统包括ERP系统

   D. ERP系统和会计信息系统互不相关

2. 企业定制开发会计软件的方式主要有（   ）。
   A. 企业自行开发   B. 购买通用会计软件
   C. 委托外部单位开发   D. 企业与外部单位联合开发
3. 会计信息系统根据其功能和管理层次的高低，可以分为（   ）。
   A. 会计核算系统   B. 手工会计信息系统
   C. 会计管理系统   D. 会计决策支持系统
4. 下列有关会计电算化和会计信息化关系的表述中，正确的有（   ）。
   A. 会计电算化是会计信息化的基础工作
   B. 会计信息化是会计电算化的基础工作
   C. 会计电算化是会计信息化的初级阶段
   D. 会计信息化是会计电算化的初级阶段
5. 企业可以通过（   ）方式配备会计软件。
   A. 购买通用会计软件   B. 委托外部单位开发
   C. 自行开发   D. 购买与开发相结合
6. 广义的会计电算化是指实现电算化有关的所有工作，包括（   ）。
   A. 会计软件的开发应用及其软件市场的培育 B. 会计电算化人才的培训
   C. 会计电算化的宏观规划和管理   D. 会计电算化制度建设
7. 会计电算化的发展，主要包括（   ）。
   A. 模拟手工记账的探索起步
   B. 与其他业务结合的推广发展
   C. 引入会计专业判断的渗透融合
   D. 与内部控制相结合建立 ERP 系统的集成管理
8. 对于会计电算化的特征，表述正确的有（   ）。
   A. 在会计电算化方式下，计算机将根据程序和指令在极短的时间内自动完成会计数据的分类、汇总、计算、传递及报告等工作
   B. 在会计电算化方式下，大大减轻了会计人员的工作负担，提高了工作效率
   C. 利用计算机会计数据，可以在较短的时间内完成会计数据的分类、汇总、计算等工作，使会计处理流程更为简便，核算结果更为精确
   D. 在会计电算化方式下，内部控制变为计算机控制，内容更加丰富，范围更加广泛，要求更加严格，实施更加有效
9. ERP 系统中的会计信息系统包括（   ）。
   A. 财务会计子系统   B. 管理会计子系统
   C. 应收应付核算子系统   D. 账务处理子系统
10. 我国会计电算化是从（   ）开始的。
    A. 20 世纪 60 年代   B. 20 世纪 70 年代
    C. 20 世纪 80 年代   D. 20 世纪 90 年代

三、判断题

1. 在会计电算化方式下，内部控制由过去的纯粹人工控制发展成为计算机完全控制。（   ）

2. 会计信息系统实质是将会计数据转化为会计信息的系统，是企业管理系统的一个重要子系统。（   ）

3. 会计电算化将提高会计核算的水平和质量。（   ）

4. 会计电算化就是利用计算机指挥会计软件代替手工完成会计工作的过程。（   ）

5. 会计信息化以构建和实施有效的企业内部控制为指引，集成管理企业的各种资源和信息。（   ）

6. ERP 系统中的会计信息系统包括财务会计和管理会计两个子系统。（   ）

7. 由于会计核算自动化、集中化的特点，计算机将根据程序和指令在极短的时间内自动完成会计数据的分类、汇总、计算、传递及报告等工作。（   ）

8. 实施新会计准则的企业，应当按照有关要求向财务部报送 XBRL 财务报告。（   ）

9. 我国会计电算化工作起始于 20 世纪 90 年代。（   ）

10. 广义的会计电算化是指与实现会计工作电算化有关的所有工作。（   ）

第二章

会计电算化基本原理和实施

本章学习目标

本章主要对手工会计和电算化会计数据处理流程进行了分析比较,并对电算化会计信息系统的基本功能模块做了简要介绍。

通过本章学习,要求学生大致了解会计电算化会计数据处理流程,准确把握电算化会计信息系统的功能模块及之间的相互联系,熟悉会计电算化的实施步骤。

第一节 会计数据处理流程

会计数据处理是指采用各种处理方式(人工、机械、计算机等)对会计数据进行加工处理、生成管理所需会计信息的过程。会计数据处理有手工处理、半手工处理、机械化处理、电子计算机处理四种处理方式,无论哪种方式,会计数据处理的一般流程都包括会计数据收集、会计数据处理、会计数据报告或输出和会计数据存储。如图2-1所示。

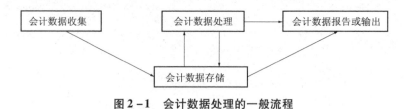

图2-1 会计数据处理的一般流程

一、手工会计数据处理流程

(一)数据收集

手工会计信息系统的数据收集过程就是填制审核凭证的过程。财会人员收集各种原始凭证,然后根据审核无误的原始凭证或原始凭证汇总表填制记账凭证,这样就将反映经济业务的会计数据保存在记账凭证上。

（二）数据处理

出纳根据收款凭证和付款凭证，登记现金日记账和银行存款日记账；根据企业业务量的大小，分别由多个会计登记往来明细账、费用明细账、存货明细账等各种明细账簿；总账会计负责登记总账、编制会计报表等。由于登记账簿的工作是由多个财会人员完成的，不可避免地出现这样或那样的错误，所以要进行总账和明细账的核对、总账和日记账核对。

在上述会计数据处理过程中，凭证和账簿的传递、排序、汇总、计算、核对、查询、更新等数据处理工作都是由人工分别进行的。

（三）数据输出

会计期末，财会人员从账簿中或其他资料中摘取数据（如现金、银行存款期末数、计划数等），并对其进行加工，以信息使用者需要的格式编制成各种报表，并将报表发送给企业管理者、投资人、债权人、税务部门、财政主管部门等。由于编制报表需要人工从会计账簿或其他报表中提取数据，然后进行填制、计算小计、合计、审核等后，才能发送报表。如果发现报表不平或一个数据出错，需要重复上述过程。

（四）数据存储

在手工会计信息系统中，所有的信息资料包括凭证、会计账簿及会计报表等都是以纸张的形式存放的。手工会计数据处理流程如图2-2所示。

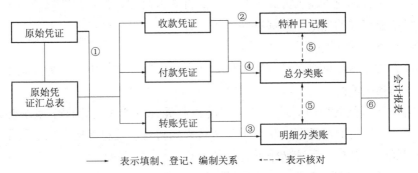

图2-2 手工会计数据处理的一般流程

可以看出，在手工会计信息系统中，会计数据的收集和加工处理、会计报表的编制等，都是人工完成的，具有十分鲜明的特点，包括数据量大，数据结构复杂，数据加工处理方法要求严格，数据的及时性、真实性、准确性、完整性和全面性等要求严格，安全可靠性要求高等。

二、电算化会计数据处理流程

在电算化会计信息系统中，会计数据的收集、加工处理、存储和输出与手工流程相比都发生了很大的变化，如图2-3所示。

（一）数据输入

在电算化会计信息系统中，会计数据的输入方式有以下几种：

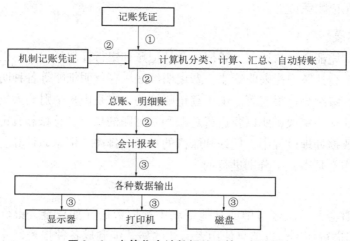

图 2-3　电算化会计数据处理的一般流程

1. 直接输入方式

直接输入方式是指财会人员根据原始凭证或记账凭证（如销售发票、出差单据等），通过键盘、屏幕将数据直接输入计算机存入凭证文件的一种方式。采用这种方式输入的凭证称为人工凭证，类似于手工填制凭证。

2. 间接输入方式

间接输入方式也称脱机输入方式。财会人员首先将会计数据录制在磁介质上，然后将其转换成计算机所能接收的凭证，并保存在凭证文件中。

3. 自动输入方式

自动输入方式是指计算机自动编制凭证，并保存在凭证文件中。这种方式生成的凭证称为机制凭证，包括以下两种。

（1）各业务子系统处理业务后自动编制的机制凭证。如固定资产子系统转来的固定资产增加、减少、计提折旧等凭证；材料子系统转来的材料、发料等凭证；工资子系统转来的工资费用分配凭证；销售子系统转来的销售凭证等。

（2）财务子系统自身自动生成的机制凭证。如月末辅助生产费用的分配结转凭证；月末制订用的结转凭证；月末把本期销售成本、销售税金、期间费用、销售收入等科目余额结转年利润科目等形成的凭证等。

由于机制凭证是计算机自动生成的，它不需要人工干涉，所以这种方式产生的凭证及时、准确、效率高。

（二）数据处理

在电算化会计信息系统中，会计数据处理工作都是由计算机自动完成的，目前最常见的会计数据处理方式有以下两种。

1. 成批处理

成批处理是指定期收集会计数据，按组或按批进行处理的方式。例如，输入并审核 1~50 张凭证后，要求计算机对这 50 张凭证进行记账，或者输入并审核了一天或一周的凭证后，要求计算机对一天或一周的凭证进行记账。计算机会自动、准确、高速地将这些数据分别登记在总账、明细账、日记账等"电子账簿"中。由于登记账簿的工作是由计算机自动完成的，不会出现人工记账时的错误，所以不需要进行总账和明细账的核对、总账和日记账的核对。成批处理是会计信息系统中使用最广泛的一种处理方式。当财会人员发出成批处理的命令后，计算机便进行成批处理。在处理过程中，人和计算机不发生任何交互作用，财会人员一般不需要介入，计算机便自动、高速地完成工作。

2. 实时处理

实时处理就是当产生一次数据或会计人员有一次要求时，计算机就立即进行一次处理。例如银行办理存取款业务，就必须进行实时处理，否则就会发生差错。实时处理要求计算机必须随时接受处理要求，及时进行处理，对系统的响应时间、可靠性、安全性要求都比较高。目前很多财务软件已经具备实时处理的功能。

（三）数据输出

在电算化会计信息系统中，会计数据是保存在磁性介质的文件中的，会计信息的使用者要看到这些信息，就要从磁性介质的文件中提取信息并输出。会计信息输出常见的方式有以下几种。

1. 屏幕显示输出

屏幕显示输出是指计算机以字符或图形的形式，将磁性介质文件中的会计数据按照会计人员的要求输出到显示器上。这种输出方式的特点是信息的使用者可以准确地获取所需的信息，尽管这些信息是临时性的，不能长期保存，但可以实现交互式信息输出，并且时间很快，一般可用于随机查询信息。

2. 打印输出

打印输出是指计算机以字符或图形的形式，将磁性介质文件中的会计数据按照会计人员的要求输出到打印机，并打印到纸上，形成可以长期保存和阅读的纸质资料。这种输出方式的特点是会计信息的使用者可以方便、快捷地得到永久性拷贝资料，并可以长期保存。

3. 移动存储设备

移动存储设备是指将会计信息系统中，无论是凭证、账簿还是会计报表，所有会计数据都以文件形式保存在磁性介质中，肉眼无法看见，必须借助计算机才能查看。

（四）数据存储

在电算化会计信息系统中，无论是记账凭证、账簿还是会计报表，都是以数据库文件形式保存在磁性介质中的。

在电算化会计信息系统中，原来手工处理过程中的登记总账、明细账、日记账及根据账簿编制报表等操作将由计算机自动完成，处理速度快，数据准确性高。同时，由于数据输出方式的变化，使信息输出速度和质量都有了很大的提高，并且网络技术的应用也为数据共享提供了极大的便利。

三、手工会计核算与电算化会计核算异同

无论是手工会计核算还是电算化会计核算，其最终目标都是加强经营管理，提供决策有用的会计信息，因此，两者在原理上是一致的。但是，电算化会计毕竟是会计发展史上的一

次革命，与手工会计核算相比，在会计核算工具、会计信息载体等许多方面都有不同。

（一）手工会计核算与电算化会计核算的相同之处

1. 目标一致

无论是手工会计核算还是电算化会计核算，其目标都是进行会计核算，提供与决策相关的会计信息，参与企业经营决策，提高企业经济效益。

2. 遵守共同的会计准则和会计制度

会计法规是进行会计工作的法律依据，会计准则和会计制度是指导会计工作的规范。会计法规不能因为约束对象所使用的操作工具或操作手段的改变而改变，手工会计核算和电算化会计核算同样要遵守相关的会计法规。

3. 遵守共同的基本会计理论和会计方法

虽然电算化会计核算是依据现代信息技术开发而成的，现代信息技术极大地改变了会计数据处理的方式，但电算化会计核算始终是处理会计业务数据的。无论信息技术如何变化，电算化会计核算所依据的会计理论和会计方法与手工会计核算所依据的都是一致的。因此，电算化会计核算与手工会计核算要遵守共同的基本会计理论和会计方法。

4. 会计数据处理流程大体一致

手工会计核算处理数据的流程是：会计制证人员根据原始凭证制作记账凭证、审核人员审核记账凭证、记账人员把审核过的记账凭证登记到明细账和总账，结账前进行账账核对及账证核对等工作，月末结账并生成报表。电算化会计核算的数据处理流程与手工会计核算的大体一致，只是有些步骤由于计算机处理的特点而取消了。例如，由于采用了计算机处理，账账核对及账证核对步骤取消了。总体来看，电算化会计核算的数据处理流程本质上是模仿手工会计核算流程的，因此两者的会计数据处理流程基本相同。

（二）手工会计核算与电算化会计核算的不同之处

1. 会计核算工具不同

手工会计使用的会计工具是算盘、计算器、笔、纸张等。电算化会计核算系统是一个人机结合系统，其最大的特点就是使用计算机来处理会计数据。数据处理程序已经存储在计算机中，数据处理过程按程序自动完成，尤其是记账及报表生成的工作过程无须人工干预。

2. 会计信息载体不同

手工会计核算处理的会计信息是以纸张为载体，而电算化会计核算处理的会计信息是以电子数据的形式存储在磁性介质、光盘存储介质等非纸张的存储材料上的，其特点是信息存储量大，检索方便、快速。

3. 记账规则不完全相同

手工会计核算采用平行登记法分别登记明细账和总账，以便检验登账的正确性。电算化会计核算登账（记账或过账）操作由软件完成，登账的正确性是由电算化会计软件的正确性来保证的，只要记账凭证数据录入正确，就能保证账实相符。

4. 账务处理流程类型存在差别

在手工会计核算中，为了提高会计核算工作的效率和质量，节省人力和物力，各企事业单位根据企业规模和会计业务的繁简程度不同，设计出根据登记总账的方式不同来划分的多种不同的账务处理程序,如记账凭证账务处理程序、科目汇总表账务处理程序、汇总记账凭证账务处理程序等。但这些账务处理程序只能在一定程度上减少或简化转抄工作,却不能完全避免转抄,这就决定了这些账务处理形式不能避免其数据大量重复、准确性差等局限性。

电算化会计核算系统中,会计数据是由计算机完成的,计算机由于处理速度快、存储容量大,一般不会因会计数据量大而影响记账,因此不用区分登记总账的方式,也就无所谓区分账务处理流程类型。

5. 内部控制方式不同

在手工会计核算中,会计工作的分工以会计业务的不同性质为依据,各业务责任人之间通过传递各票据、凭证来建立联系,相互制衡,实现整体的会计职能。其内部控制主要包括:管钱的不能同时管账,并通过对账检查是否账证相符、账账相符和账实相符,以及利用会计凭证、账簿、报表数据间的勾稽关系等,从而保证会计数据的正确性与合法性。在会计核算软件环境下,会计数据进入系统后,在程序的控制下连续自动地进行处理,中间一般无须人工干预,许多传统的内部控制方式失去了作用,由人工控制变为人机共同控制。因此,其内部控制不但要遵循手工情况下的会计准则和会计制度,还要遵循对会计电算化环境的一些特殊制度,如组织控制、硬件控制、软件维护控制、文档控制等。在会计核算软件环境下,内部控制的重点是控制好原始会计数据的录入,以便把非法数据排除在系统之外。此外,主要通过操作员授权、预留审计线索、软件上采用检错和纠错技术、重新处理前自动保留副本、数据定期备份、设置并控制运行状态等手段来加强内部控制,从而保证系统的安全与可靠。

第二节 电算化会计信息系统的基本功能模块

一、电算化会计信息系统的职能结构

电算化会计信息系统具有核算、管理和决策三大职能。可以根据其职能,分为三个子系统,子系统下面又可分为若干子系统(又可以称为模块),如图 2-4 所示。

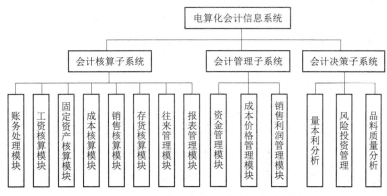

图 2-4 电算化会计系统的职能结构

二、会计核算系统的功能模块

会计核算系统要代替手工完成会计工作,必须与使用单位所采用的会计制度、核算方法及工作习惯相适应。由于使用单位的企业规模、行业特点、性质和管理水平各有不同,企业对会计工作的要求也存在差异,因此会计核算系统所划分的功能模块也不能要求完全一致。但是会计核算系统通常分为账务处理、应收应付款核算、工资核算、固定资产核算、存货核算、销售核算、成本核算、报表管理等功能模块。财政部在1994年发布的《会计核算软件基本规范》中详细规定了会计核算软件所应具备的功能模块及其内容。其中账务处理模块是会计核算软件的核心模块,该模块以记账凭证为接口与其他功能模块有机地连接在一起,构成完整的会计核算系统。一个完整的会计核算软件系统如图2-5所示。

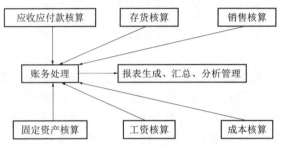

图 2-5 完整的会计核算软件系统模块构成

（一）账务处理模块

作为整个会计核算系统的核心,账务处理模块是以凭证为数据处理起点,通过凭证输入和处理,完成记账、银行对账、结账、账簿查询及打印输出等工作。账务处理模块不仅能完成和其他业务模块之间的数据交换,还可以向报表处理模块提供数据。

目前,为了更好地完成账务处理工作,许多商品化的账务处理模块还包括往来款管理、部门核算、项目核算和管理及现金银行管理等一些辅助核算的功能。

（二）工资核算模块

工资核算模块是进行工资核算和管理的模块。该模块以职工个人的原始工资数据为依据,完成职工工资的计算、工资的发放、工资费用的汇总和分摊、个人所得税计算和按照部门、项目、个人时间等条件进行工资分析、查询和打印输出,以及自动编制工资费用分配转账凭证传递给账务处理功能模块等。

（三）固定资产核算模块

固定资产核算模块主要完成两个功能:一是通过固定资产卡片进行固定资产增减变动情况的登记;二是根据各种折旧计算方法计算固定资产折旧。对于折旧计提,主要是通过设置自定义转账凭证的方式,自动编制转账凭证传递给账务处理功能模块。

固定资产核算模块同时也提供了固定资产按类别、使用情况、所属部门和价值结构等进行分析、统计和各种条件下的查询、打印功能,以及该模块与其他模块的数据接口管理。

（四）成本核算模块

成本核算模块主要提供成本核算、成本分析、成本预测功能,以满足会计核算的事前预测、事后核算分析的需要。此外，成本核算模块还具有与生产模块、供应链模块，以及账务处理、工资核算、固定资产核算和存货核算等模块进行数据传递的功能。

（五）销售核算模块

销售核算模块是根据有关销售凭证及销售费用等数据，完成产品销售收入、销售费用、销售税金、销售利润的核算；合同的辅助管理；生成产成品收发结存汇总表等表格；生成产品销售收入、销售成本明细账；可灵活地查询、统计和打印各种销售报表。

（六）存货核算模块

存货核算模块以供应链模块产生的入库单、出库单、采购发票等核算单据为依据，核算存货的出入库和库存金额、余额，确认采购成本，分配采购费用，确认销售收入、成本和费用，并将核算完成的数据按照需要分别传递到成本核算模块、应收应付账款核算模块和账务处理模块。

（七）应收应付款核算模块

在会计业务活动中，应收应付账款均为往来业务科目，因此一般也称应收应付款核算模块为往来账管理核算模块。

应收应付款核算模块以发票、费用单据、其他应收单据及应付单据等原始单据为依据，记录销售、采购业务所形成的往来款项，处理应收应付款项的收回、支付和转账，进行账龄分析和坏账估计及冲销，并对往来业务中的票据、合同进行管理，同时提供统计分析、打印和查询输出功能，以及与采购管理、销售管理、账务处理等模块进行数据传递的功能。

（八）报表管理模块

报表管理模块与其他模块相连，可以根据会计核算的数据，生成各种内部报表、外部报表、汇总报表，并根据报表数据分析报表，以及生成各种分析图等。在网络环境下，很多报表管理模块同时提供了远程报表的汇总、数据传输、检索查询和分析处理等功能。

会计报表的设计和生成功能使会计人员能够灵活地定义报表格式和报表数据来源（定义取数公式）与报表的勾稽关系，由计算机自动生成所需的会计报表。

三、会计核算系统各功能模块之间的关系

会计核算系统有若干模块，各模块之间相互作用、相互依赖。主要表现在数据的传递联系上，即一个模块的数据输出作为另一个模块的数据输入。当一个模块单独使用时，不能直接利用其他模块的输入数据，而要通过人工的方法将数据输入。当若干个模块组合使用时，则要组合数据流向，做好数据的传递工作，从而有利于各模块实现数据共享，防止重复输入，重复存储，如图2-6所示。

（一）账务处理模块与各模块之间的关系

账务处理模块在会计核算系统中处于核心地位，以记账凭证为接口与其他功能模块有机地连接在一起。由于账务处理模块以会计凭证为主要数据处理对象，而会计凭证所包含的信息相对比较全面、标准，因此账务处理模块与其他模块之间的联系主要表现为凭证数据的传递。

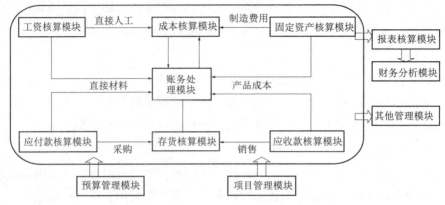

图 2-6 各模块之间传递的主要数据和方法

（1）存货核算模块生成存货入库、存货估价入账、存货出库、盘亏/毁损、存货销售收入、存货期初余额调整等业务的记账凭证，并传递到账务处理模块，以便用户审核登记存货账簿。

（2）应付款核算模块完成采购单据处理、供应商往来处理、票据新增、付款、退票处理等业务后，生成相应的记账凭证并传递到账务处理模块，以便用户审核登记赊购往来及其相关账簿。

（3）应收款核算模块完成销售单据处理、客户往来处理、票据处理及坏账处理等业务后，生成相应的记账凭证并传递到账务处理模块，以便用户审核登记赊销往来及其相关账簿。

（4）固定资产核算模块生成固定资产增加、减少、盘盈、盘亏、固定资产变动、固定资产评估和折旧分配等业务的记账凭证，并传递到账务处理模块，以便用户审核登记相关的资产账簿。

（5）工资核算模块进行工资核算，生成分配工资费用、应缴个人所得税等业务的记账凭证，并传递到账务处理模块，以便用户审核登记应付职工薪酬及相关成本费用账簿；工资核算模块为成本核算模块提供人工费资料。

（6）成本核算模块中，如果计入生产成本的间接费用和其他费用定义为来源于账务处理模块，则成本核算模块在账务处理模块记账后，从账务处理模块中直接取得间接费用和其他费用的数据；如果不使用工资核算、固定资产核算、存货核算模块，则成本核算模块还需要在账务处理模块记账后，自动从账务处理模块中取得材料费用、人工费用和折旧费用等数据；成本核算模块的成本核算完成后，要将结转制造费用、结转辅助生产成本、结转盘点损失和结转工序产品耗用等记账凭证数据传递到账务处理模块。

（二）除账务处理模块外，各模块之间的关系

（1）存货核算模块为成本核算模块提供材料出库核算的结果；存货核算模块将应计入外购入库成本的运费、装卸费等采购费用和应计入委托加工入库成本的加工费传递到应付款核算模块。

（2）固定资产核算模块为成本核算模块提供固定资产折旧费数据。

（3）报表管理和财务分析模块可以从各模块取数编制相关财务报表，进行财务分析。

（4）预算管理模块编制的预算经审核批准后，生成各种预算申请单，再传递给账务处理模块、应收款核算模块、应付款核算模块、固定资产核算模块、工资核算模块，进行责任控制。

（5）项目管理模块中发生和项目业务相关的收款业务时，可以在应收发票、收款单或者退款单上输入相应的信息，并生成相应的业务凭证传递至账务处理模块；发生和项目相关的采购活动时，其信息也可以在采购申请单、采购订单、应付款核算模块的采购发票上记录；在固定资产核算模块引入项目数据可以更详细地归集固定资产建设和管理的数据；项目的领料和项目的退料活动等数据可以在存货核算模块进行处理，并生成相应凭证传递到账务处理模块。此外，各功能模块都可以从账务处理模块获得相关的账簿信息；存货核算、工资核算、固定资产核算、项目管理等模块均可从成本核算模块获得有关的成本数据。

综上，不难总结出成本核算模块数据来源于存货核算模块、工资核算模块、固定资产核算模块及账务处理模块；存货核算模块数据来源于成本核算模块、应付款核算模块及应收款核算模块；此外，只有成本核算模块和账务处理模块之间是双向联系的。

第三节 会计电算化的实施

会计电算化的实施工作是一项复杂的系统工程，因此，应从企业总体目标出发，制订科学的实施计划与实施步骤，保证会计电算化工作顺利、健康地发展。

一、会计电算化实施的准备工作

（一）系统安装

计算机软件与硬件的环境对财务软件系统是十分重要的。如果系统环境不符合要求，则财务软件无法安装和使用。系统环境的要求通常在商品财务软件使用手册中有详细说明，内容包括：硬件要求，如CPU、内存、硬盘、显示器和打印机；软件要求，如操作系统、数据库、网络环境等。

1. 硬件系统及操作系统的安装

安装单台计算机比较简单。首先将计算机各部件进行组装，再将硬盘分区并格式化，然后安装操作系统及各部件的驱动程序，保证整个系统各部件都能正常运行。

如果是安装网络环境，首先需要搭建网络，并在服务器上安装Windows NT等网络操作系统，接着在工作站中安装Windows等操作系统，然后进行网络的调试，直到网络上各设备相互传递数据，共享资源为止。

2. 数据库管理系统等系统软件的安装

会计软件需要数据库管理系统的支持，如用友U8管理软件需要SQL Server的支持，则必须安装数据库管理系统。可以按照SQL Server安装手册安装。在安装完成后，建议用户自行设定好管理员的口令，以确保数据安全保密。此外，可以根据要求安装程序设计语言等系统软件，以方便系统的运行。

3. 财务软件的安装

目前的财务软件大多保存在光盘上提供给用户。因此，用户需要将软件安装到计算机硬盘上，系统才能运行。为了确保系统安装后能顺利运行，安装前必须做好准备工作，主要是做好配置运行环境的工作。

（二）人员培训

人员培训是会计电算化实施的一个重要环节，在实施之前，所有软件操作人员、软件系统的维护人员都要经过相应的培训。

软件操作人员的培训包括三个方面：

（1）计算机操作基础培训。如果已有相应基础，这部分内容可以简略或者省略。

（2）软件操作方法和流程培训。这是操作人员培训的主要内容，结合软件对如何操作、使用会计电算化软件进行培训。这项培训可以由软件公司提供（作为购买软件的一项附带服务），或由第三方独立提供，也可以由单位自己组织。通过操作培训，让所有人员了解软件的基本功能和结构，熟练掌握所需要使用模块的操作方法，能使用软件进行正常的业务处理。

这项培训和硬件的准备可以同步进行，也可以在硬件到位以后开始实施。培训时可以采用集中授课、模拟练习等多种方式相结合。

（3）软件维护培训。这项培训针对少数人员，主要是系统管理员，其内容是软件的日常维护、故障排除等。

（三）数据准备

1. 数据的整理与编码

1）数据的整理

实现电算化，需要对原有会计处理系统的数据进行延续，所以要将原有手工系统的数据加以整理，形成会计电算化系统所使用的期初数据，在系统启用以后输入计算机系统。电算化系统和手工系统在业务处理上表现出一定的差异，例如固定资产在手工核算时大部分企业采取分类折旧率，对每一类固定资产确定一个标准来计提折旧，而实行电算化以后，必须采用个别折旧率，针对每项固定资产单独计提折旧。所以，在系统实施之前，要对手工系统下的固定资产进行辨别和管理，确定每项固定资产的原值、已提折旧和净残值，便于在电算化系统中进行处理。

2）数据的编码

数据准备需要对手工系统中的项目进行编码，例如会计科目、部门、人员、存货、固定资产、往来单位、费用项目等，需要制定一定的编码规则进行编码。在电算化系统中，代码将成为辨别每一个项目的依据。如果编码不健全或不准确，可能导致系统处理效率下降，严重的会使系统无法使用甚至崩溃。

2. 账户的清理

实施会计电算化，首先要建立机内账簿。为了保证手工会计核算与电算化核算的连续性及运行结果的准确性，必须对手工会计核算下的账户进行清理，做到"账证相符、账账相符、账实相符"。

二、会计电算化的试运行

（一）试运行的目的

会计软件的试运行是指会计软件使用的最初阶段，人工与计算机同时进行会计处理的过程，因而又称为人机并行或试运行。试运行的主要目的包括：

(1) 检查核算结果的正确性。
(2) 检查核算方法的正确性。
(3) 检查人员分工的合理性。
(4) 提高软件操作的熟练性。
(5) 建立比较完善的电算化内部管理制度。

（二）试运行的方法

(1) 试运行的开始时间一般选择年初年末或季初季末。
(2) 试运行的时间一般为 3~6 个月，最好能跨越一个会计制度。
(3) 试运行阶段前期应以人工为主、计算机为辅，后期逐渐以计算机处理为主。

三、计算机代替手工记账（甩账）

计算机代替手工记账（俗称甩账），是指从手工会计数据处理方式正式转为计算机会计数据处理方式。只有做到这一点，才能真正实现会计记账、算账、报账的自动化，提高会计信息的及时性、准确性和完整性。采用电子计算机代替手工记账的单位，应具备以下基本条件：

(1) 配有适用的会计软件，并且计算机与手工会计核算双轨运行 3 个月以上，计算机与手工核算的数据相一致，软件运行安全可靠。
(2) 配有专用的或主要用于会计核算工作的计算机或计算机终端。
(3) 配有与会计电算化工作需要相适应的专职人员，其中上机操作人员已具备会计电算化初级以上专业知识和操作技能，取得财政部门核发的有关培训合格证书。
(4) 建立了严格的内部管理制度。

四、会计电算化的正式运行

当企业自己根据财政部（会计电算化管理办法）和主管部门的有关规定认为本单位的会计电算化工作已经达到要求时，就可以向主管部门正式提出书面申请。主管部门接到申请后，应及时组织验收工作组进行验收。验收工作组一般分为会计基础工作考核组和会计电算化工作考核组。验收工作组根据财政部（会计电算化管理办法）和主管部门的有关规定对申请单位的会计电算化工作进行全面审核，并形成审核意见，上报主管部门。主管部门根据验收工作组的审核意见做出审批，签发通过验收的证书。

经过财政部门的验收批准后，企业就可以正式甩掉手工账，从试运行阶段转入日常运行中。

本章知识结构导图

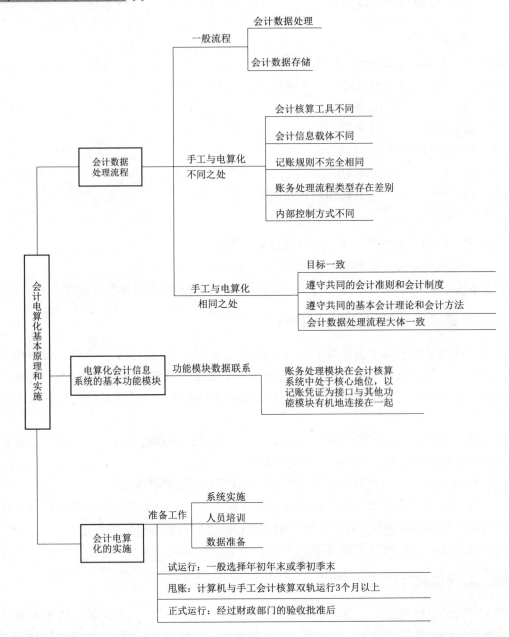

课后练习

一、单选题

1. 下列关于会计核算软件与手工会计核算的说法，正确的是（　　）。

   A. 记账规则不同　　　　　　　　　　B. 基本工作要求相同

   C. 遵守不同的基本会计理论　　　　　D. 二者内部控制方式相同

2. 下列模块中，（   ）与应收应付款核算模块之间存在数据传递关系。
   A. 账务处理模块   B. 工资核算模块
   C. 固定资产核算模块   D. 成本核算模块

3. 账务处理模块与其他模块之间的联系主要表现为（   ）。
   A. 原始凭证的审核   B. 记账凭证数据的传递
   C. 总账、明细账的登记   D. 原始凭证的汇总

4. 在会计软件中，（   ）模块与账务处理模块之间不存在凭证传递关系。
   A. 应收款核算模块   B. 固定资产核算模块
   C. 工资核算模块   D. 财务分析模块

5. 会计核算软件的核心功能模块是（   ）。
   A. 报表管理   B. 账务处理   C. 工资核算   D. 往来款核算

6. 下列时间段中，不宜作为会计电算化信息系统试运行时间的是（   ）。
   A. 年初   B. 年末   C. 季中   D. 季末

7. 关于计算机代替手工记账的条件，下列选项中，不符合财政部门有关规定的是（   ）。
   A. 使用的会计软件达到财政部门《会计核算软件基本功能规范》的要求，并取得合法使用权
   B. 配备管理、操作、维护计算机及会计软件系统的工作人员，操作人员应持有会计电算化初级知识培训合格证，管理、维护人员应持有会计电算化中级知识培训合格证
   C. 应建立适合本单位业务特点和管理要求的内部控制制度
   D. 应委托会计师事务所对本单位会计电算化信息系统运行的合法性、可靠性、正确性进行审查

8. 计算机代替手工记账试运行阶段的时间至少应为（   ）。
   A. 一个月   B. 一年   C. 3个月   D. 6个月

9. 会计电算化核算系统的功能模块是（   ）。
   A. 一种文件
   B. 一种计算功能
   C. 一种打印功能
   D. 一种有会计数据输入、处理、输出功能的软件程序

10. 会计核算软件是一种（   ）。
    A. 计算机应用软件   B. 记账规则
    C. 计算机语言   D. 计算机系统软件

11. 应收应付款核算模块以（   ）为依据，记录销售、采购业务所形成的往来款项，处理应收、应付款项的收回、支付和转账业务，进行账龄分析和坏账估计及冲销等功能。
    A. 发票   B. 费用单据
    C. 其他应收、应付单据   D. 以上都是

12. 电算化条件下，仍然需要人工完成的会计处理环节是（   ）。
    A. 编制凭证   B. 登记总账   C. 编制报表   D. 登记明细账

13. 会计核算软件是一种（　　）。
   A. 计算机应用软件　　　　　　　　B. 记账规则
   C. 计算机语言　　　　　　　　　　D. 计算机系统软件

二、多选题

1. 会计核算软件与手工会计核算的相同点包括（　　）。
   A. 目标一致　　　　　　　　　　　B. 遵守共同的会计准则和会计制度
   C. 遵守共同的基本会计理论和会计方法　　D. 会计数据处理流程大体一致
2. 会计核算软件与手工会计核算的区别包括（　　）。
   A. 会计核算工具不同　　　　　　　B. 会计信息载体不同
   C. 记账规则不完全相同　　　　　　D. 账务处理流程类型存在差别
3. 会计数据处理的一般流程包括（　　）。
   A. 会计数据收集　　　　　　　　　B. 会计数据存储
   C. 会计数据处理　　　　　　　　　D. 会计信息报告
4. 在计算机会计信息系统中，会计数据处理工作是由计算机自动完成的。目前最常见的会计数据处理方式有（　　）。
   A. 成批处理　　　B. 实时处理　　　C. 集中处理　　　D. 分散处理
5. 会计数据输出包括（　　）。
   A. 屏幕查询　　　　　　　　　　　B. 打印
   C. 保存到存储介质　　　　　　　　D. 通过数据接口传输到其他业务系统
6. 会计数据的输入方法有（　　）。
   A. 键盘输入　　　B. 磁盘输入　　　C. 自动输入　　　D. 网络传输
7. 采用计算机代替手工记账的单位必须具备的基本条件有（　　）。
   A. 配有适用的会计软件，并且计算机与手工进行会计核算双轨运行3个月以上
   B. 配有专用的或主要用于会计核算工作的计算机或计算机终端
   C. 配有与会计电算化工作需要相适应的专职人员
   D. 已建立健全的内部管理制度
8. 会计软件的基本功能模块包括（　　）。
   A. 总账模块　　　　　　　　　　　B. 报表管理模块
   C. 工资核算模块　　　　　　　　　D. 办公自动化模块
9. 下列（　　）模块，既接收其他模块提供的数据，又向其他模块提供数据。
   A. 账务处理模块　　　　　　　　　B. 成本管理模块
   C. 固定资产模块　　　　　　　　　D. 工资模块

三、判断题

1. 账务处理系统在会计核算软件中处于核心地位。（　　）
2. 无论是会计手工系统还是会计电算化系统，其最终目标都是加强经营管理，提供会计信息，参与经营决策，提高经济效益。（　　）

3. 会计核算软件的功能模块之间,存在着数据传递联系或者控制调控联系。(   )
4. 通常情况下,将应收应付款核算模块称为往来账核算模块。(   )
5. 在会计电算化环境下,各项工作都由计算机自动完成。(   )
6. 会计电算化核算和手工核算都需要遵守共同的会计准则和会计制度。(   )
7. 会计软件对电脑硬件、软件和操作系统有要求,对数据库没有特别的要求。(   )
8. 账务处理模块在会计核算系统中处于核心地位,它与其他各个单项核算子系统都有着十分密切的关系。(   )
9. 凡是具备相对独立完成会计数据输入、处理和输出功能模块的软件,均可视为会计核算软件。(   )
10. 如果不使用工资核算、固定资产核算、存货核算模块,则成本核算模块无法取得数据。(   )

系统管理

本章学习目标

本章主要介绍了系统管理的主要功能。通过本章的学习,要求掌握账套的建立、修改、引入、输出等基本操作,以及用户及角色的权限设置和年度账的管理。

第一节 系统管理概述

会计核算系统有若干子系统。各子系统之间相互作用、相互依赖并且数据共享。每个系统都具有一些相同的公共基础信息,拥有相同的账套和年度账,无论是业务数据还是财务数据,都共用一个数据库;各个子系统的操作员和操作权限也是统一集中管理。为此,一般的通用会计软件通常都会设立一个独立的模块,即系统管理模块,作为会计信息系统运行的基础。通过这个模块,为其他子系统提供公共的账套、年度账及其他相关的基础数据,以及进行统一的设置管理,以实现一体化的管理应用模式。

一、系统管理模块的功能

系统管理模块的主要功能是对系统的各个子系统进行统一的操作管理和数据维护,具体包括以下几个方面:

(一)账套管理

账套指的是一组相互关联的数据。一般来说,可以为企业中每一个独立核算的单位建立一个账套,系统最多可以建立 999 个套账。

账套管理包括账套的建立、修改、引入、输出等。

(二)年度账管理

在企业级会计信息系统中,用户不仅可以建立多个账套,而且每个账套中还可以存放不同年度的会计数据。这样,对不同核算单位、不同时期的数据,只需要设置相应的系统路径，就可以方便地进行操作。

年度账管理包括年度账的建立、清空、引入、输出和结转上年数据。

（三）操作权限的集中管理

为了保证系统及数据的安全与保密，系统管理模块提供了操作员及操作权限的集中管理职能。通过对系统操作分工和权限的管理，一方面可以避免与业务无关的人员进入系统，另一方面可以对系统所含的各个子产品的操作进行协调，以保证各负其责，流程流畅。操作权限的集中管理包括设定系统各模块的操作管理员及为操作员分配一定的权限。

（四）安全机制的统一设立

设立统一的安全机制，包括备份数据库、清除单据锁定、清除异常任务等。

二、启动和注册系统管理

用户安装好财务软件后，需要建立本单位的核算账套，首先应运行系统服务下的系统管理。系统允许以两种身份注册进入系统管理：一是以系统管理员（admin）的身份，二是以账套主管的身份。普通的操作员只能在系统管理窗口查看到系统运行情况，但不能注册进入系统管理进行操作。

（一）以系统管理员的身份注册系统管理

系统管理员负责整个系统的总体控制和维护工作，可以管理该系统中所有的账套。以系统管理员身份注册进入，具体可以进行的操作包括：账套建立、恢复、备份、输出；操作员的建立、权限的设置；维护上机日志、清除异常任务等。

（二）以账套主管的身份注册系统管理

账套主管负责所选账套的维护工作。主要包括对所选账套进行修改、对年度账的管理（包括建立、清空、恢复、备份及各子系统的年末结转、所选账套的数据备份等），以及对该账套操作员权限的设置。

【例3-1】以系统管理员的身份启动并注册系统管理。

【操作步骤】

（1）单击"开始"→"程序"→"用友ERP-U8"→"系统服务"命令，然后单击"系统管理"菜单。

（2）在"系统管理"窗口单击"系统"菜单中的"注册"命令，出现"用友ERP-U8[系统管理]"对话框，如图3-1所示。

【注意】

● 系统管理员"admin"的初始密码为空。

● 在教学过程中，由于一台计算机供多个学员使用，为了方便，建议不为系统管理员设置密码。在实际工作中，为了保证系统的安全，必须为系统管理员设置密码。登录时单击"改密码"复选框，然后单击"确定"按钮，即可进入修改密码对话框。

图 3-1　系统管理注册对话框

第二节　企业账套的管理

一、创建账套

创建账套是指在会计软件中为企业建立一套符合核算要求的账簿体系，这是企业应用会计信息系统的首要环节。在同一会计软件中可以建立一个或多个账套。具体操作流程如图 3-2 所示。

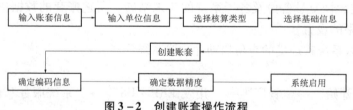

图 3-2　创建账套操作流程

（一）账套基本信息

账套基本信息包括账套号、账套名称、账套路径及启用会计期，如图 3-3 所示。

在会计信息系统中，可以建立多个企业账套（最多可以达到 999 个），因此必须设置账套号作为区分不同账套数据的唯一标识，账套号必须输入且不能重复。

账套名称一般用来描述账套的基本特征，可以输入核算单位的简称或账套的用途名，账套号和账套名称是一一对应的关系，共同代表特定的账套。

账套路径指明账套在计算机中的存放位置，系统提供默认路径，允许修改。

启用会计期规定企业用计算机进行业务处理的起点，一般要指定年、月。确定账套启用会计日期的同时，一般还要设置企业的会计期间，实际经营期不满一个月的，以实际经营期

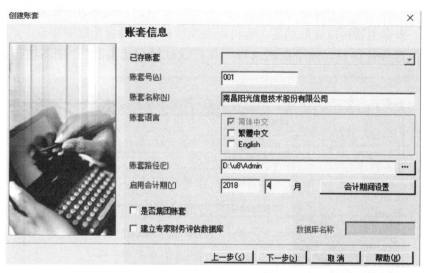

图 3-3 账套基本信息

为一个会计期间。启用会计日期不能在计算机系统日期之后。启用日期在第一次初始设置时设定，一旦设置完毕，便不可更改。

（二）核算单位基本信息

核算单位基本信息包括单位名称、单位简称、单位地址、邮政编码、法人代表等，如图 3-4 所示。

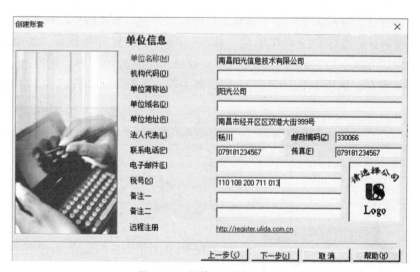

图 3-4 核算单位基本信息

单位名称必须输入。系统只在打印发票时使用企业单位的全称，其余情况全部使用企业的简称。

单位简称是用户单位的简称，最好输入。

（三）核算类型

核算类型主要包括本币代码、行业性质、企业类型、账套主管等，如图 3-5 所示。

其中本币代码、本币名称必须输入。选择行业性质后，系统会为该账套提供适合该行业的基础数据。账套主管可以在此确定，也可以在操作员权限设置功能中修改。系统默认按所选行业性质预置会计科目。如果取消选择"按行业性质预置科目"，则不按行业预置会计科目。

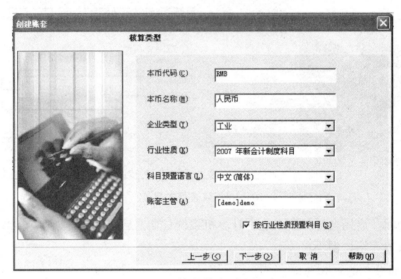

图3-5 核算类型设置

（四）确定基础信息

如果单位的存货、客户、供应商相对较多，可以对其进行分类核算。分类信息可以在初始化时设置，也可以日后由账套主管在账套"修改"功能中设置分类核算。如果存货、客户、供应商相对较少，可以不对它们进行分类核算。如果单位有外币核算，则勾选"有无外币核算"选项，如果没有，则不勾选，日后可由账套主管在账套的"修改"功能中设置。如图3-6所示。

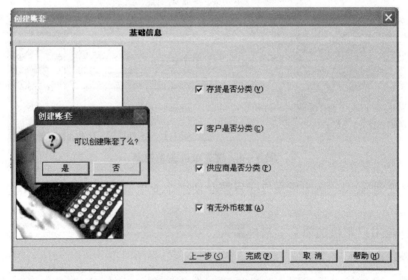

图3-6 录入基础信息

（五）确定编码方案

编码方案，又叫编码规则，是对企业关键核算对象进行分类级次及各级编码长度的指定，以便用户进行分级核算、统计和管理。编码方案设置包括级次和级长的设定。级次是指编码共分几级，级长是指每级编码的位数。如图 3-7 所示。

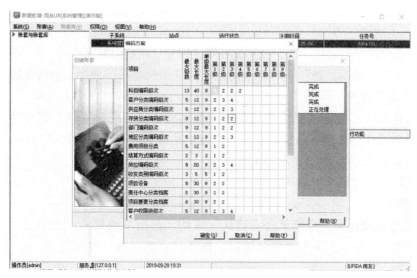

图 3-7　确定编码方案

【注意】
- 编码方案的设置将会直接影响基础信息设置中相关内容的编码级次及每级编码的长度。
- 科目的一级编码为财政部统一规定，其余编码级次和长度可以根据企业实际情况设置。
- 删除编码级次时，必须是从最末一级向前一级依次删除。

（六）确定数据精度

数据精度是对数据的小数位数的定义。由于各单位对数量、单价的核算精度要求不一致，为了适应不同的需求，系统提供了自定义数据精度的功能。如图 3-8 所示。

图 3-8　"数据精度"对话框

（七）系统启用

1. 系统启用的方式

1）创建账套时启用

用户创建一个新的账套后，系统弹出提示信息对话框，系统管理员可以选择立即进行系统启用设置。

2）在企业门户中启用

如果新建账套时没有启用系统，就需要在账套建立、用户设置完成后，由账套主管登录企业应用平台，执行"基础设置"→"基本信息"→"系统启用"命令，进行系统启用的设置。

2. 系统启用的时间

会计电算化系统是由多个系统构成的，要使用其中任何一个系统，都必须先启用该系统。系统启用的操作是使用各系统的起点。系统启用人只能是系统管理员或者账套主管，系统启用日期必须大于或等于账套启用日期。

【例3-2】在创建账套时启用总账。

【操作步骤】

（1）填写数据精度后，直接单击"确认"按钮，弹出系统提示"现在进行系统启用的设置？"，如图3-9所示；单击"是"按钮，打开"系统启用"对话框。

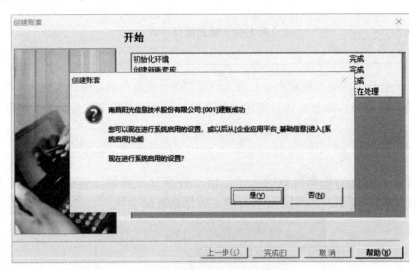

图3-9 系统启用设置对话框

（2）选中"GL"复选项，系统弹出"日历"对话框，选择日期"2018-04-01"，系统提示"确实要启动当前系统吗？"，单击"是"按钮，如图3-10所示。

【例3-3】以账套主管李伟（001）的身份在企业门户中启用总账。

【操作步骤】

（1）以账套主管李伟（001）的身份注册登录企业应用平台，执行"基础设置"→"基本信息"→"系统启用"命令，进入"系统启用"界面，如图3-11所示。

（2）选中"GL"复选框，系统弹出"日历"对话框，选择日期"2018-04-01"，系统提示"确实要启动当前系统吗？"，单击"是"按钮，如图3-12所示。

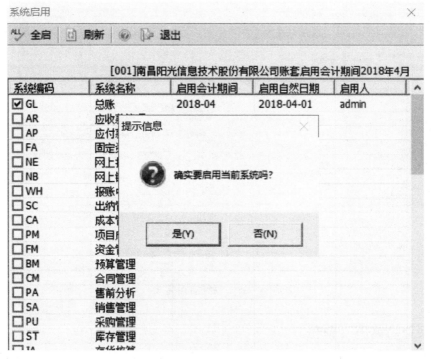

图 3-10　启用总账系统

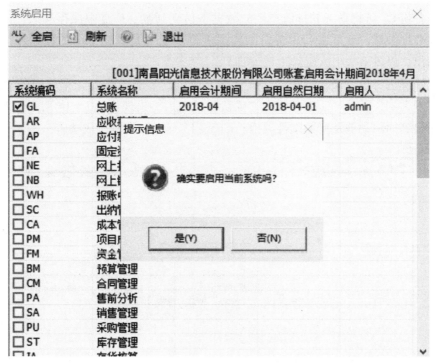

图 3-11　系统启用界面

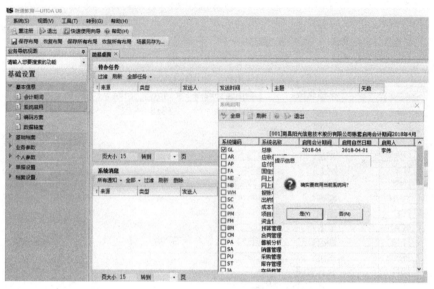

图 3-12 系统启用完成

二、账套的输出（备份）

由于计算机在运行时，经常会受到各方面因素的干扰，如人的因素、硬件的因素、软件的因素、计算机病毒的因素，有时会造成会计数据的破坏，因此，需将账套及时输出（又称会计数据备份）。可将财务软件所产生的数据备份到硬盘、U盘中保存起来，以后如果发生事故造成数据破坏，就可以利用备份的数据进行恢复（装有还原卡的教学环境，学生做完账必须输出，以备下次引入继续上次实训）。

以系统管理员身份登录，打开"系统管理"窗口，单击"账套"菜单中的"输出"命令，出现如图3-13所示对话框；单击"确认"按钮后，出现如图3-14所示的对话框；将账套数据输出到的驱动器及所在文件夹内。图3-15显示账套输出成功。

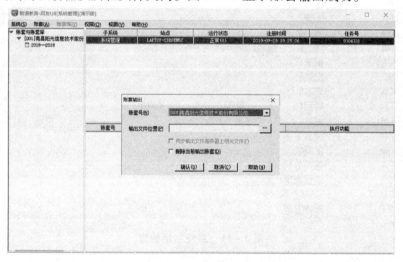

图 3-13 账套输出

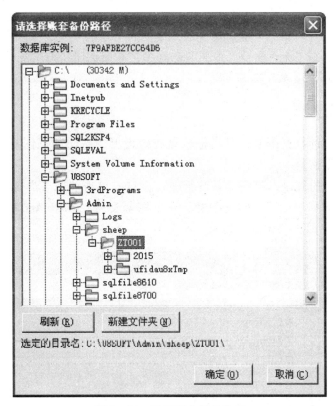

图 3-14　选择账套备份路径

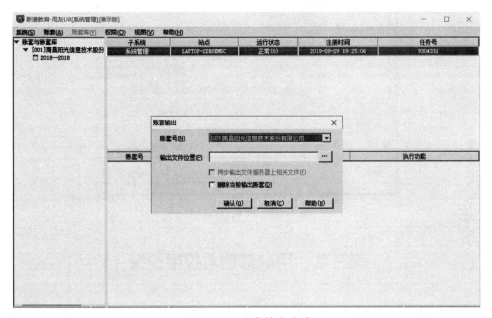

图 3-15　账套输出成功

【注意】

● 只有系统管理员才能进行账套备份，备份的账套数据有两个文件：UFDATA.BAK 和

UfErpAct. Lst。

● 系统一般不能直接识别 U 盘，可先将账套备份到电脑硬盘，然后复制到 U 盘上。

● 正在使用的账套不允许删除。若想删除账套，必须关闭所有系统模块，再在输出账套时选中"删除当前输出账套"即可。

三、账套的引入

账套引入，即会计数据恢复，是指把软盘或硬盘上的备份数据恢复到硬盘上指定目录下，即利用现有数据恢复。

以系统管理员身份登录，打开"系统管理"窗口；单击"账套"菜单中的"引入"命令，打开引入账套数据对话框；将备份数据中的账套文件"UfErpAct. Lst"引入系统当中，单击"确定"按钮。图 3-16 显示账套引入成功。

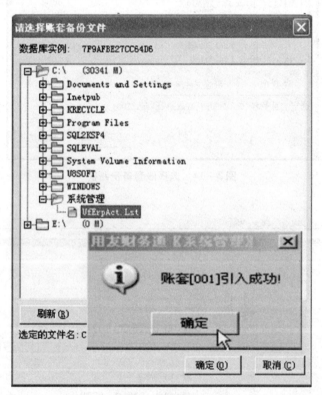

图 3-16　账套引入成功

第三节　用户管理与权限设置

一、用户及角色管理

用户是指有权登录，对会计软件进行操作的人员。角色是指企业管理中拥有某一类职能的组织。这个角色可以是实际的部门，也可以是由拥有同一类职能的人构成的虚拟组织。实际工作中最常见的就是会计和出纳两个角色。

（一）增加操作员

用户管理主要是指将合法的用户增加到系统中，设置其用户名和初始密码或对不再使用系统的人员进行注销其登录系统的权限等操作。

【例3-4】设置操作员。

【操作步骤】

(1) 在"系统管理"窗口，单击"权限"菜单中的"用户"命令，打开"用户管理"窗口。

(2) 在"用户管理"窗口中，单击工具栏中的"增加"按钮，打开"增加用户"对话框。

(3) 在对话框中，输入第一个操作员李伟的资料。

编号：001；姓名：李伟；口令：1；所属部门：财务部。如图3-17所示。

单击"增加"按钮。

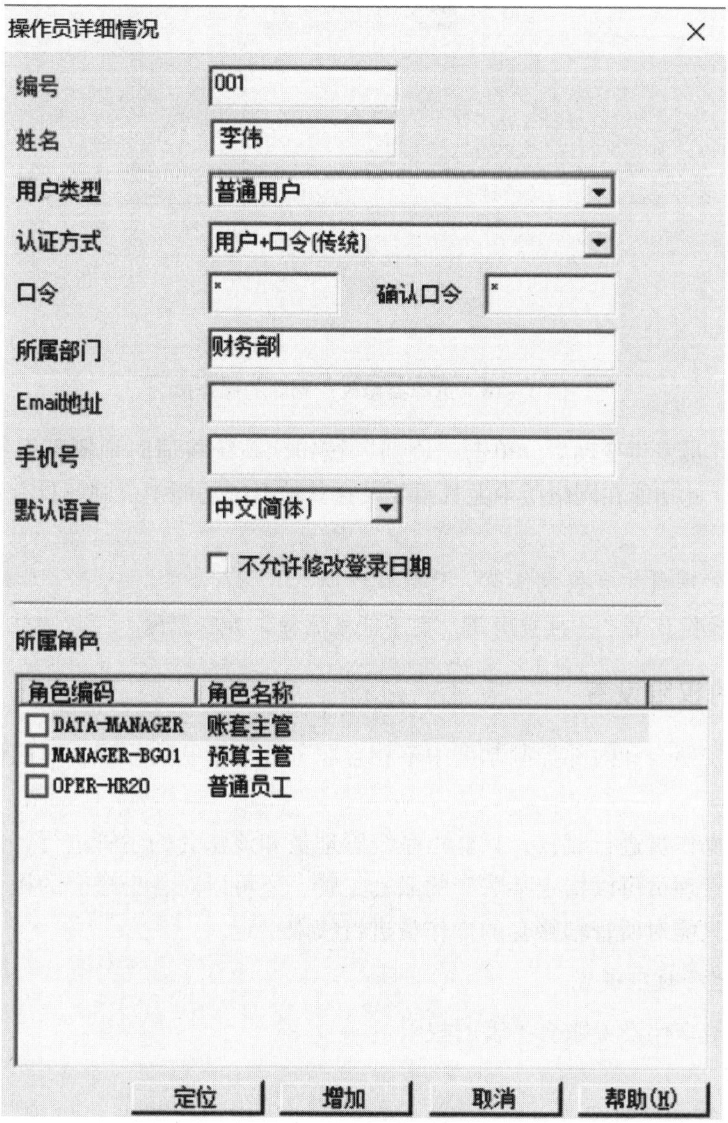

图3-17 增加操作员

【注意】

- 只有系统管理员才有权限设置操作员。
- 操作员编号在系统中必须唯一，即使是不同的账套，操作员编号也不能重复。

（二）修改和删除操作员

选择准备修改或删除的操作员，然后双击鼠标或单击功能菜单中的相应按钮，便可进行有关操作，如图 3－18 所示。

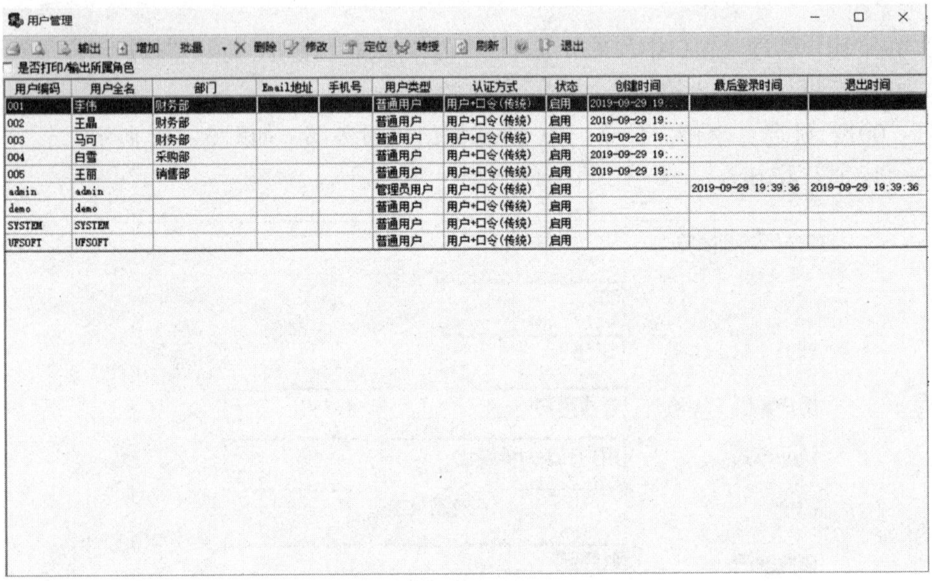

用户编码	用户全名	部门	Email地址	手机号	用户类型	认证方式	状态	创建时间	最后登录时间	退出时间
001	李伟	财务部			普通用户	用户+口令(传统)	启用	2019-09-29 19:...		
002	王晶	财务部			普通用户	用户+口令(传统)	启用	2019-09-29 19:...		
003	马可	财务部			普通用户	用户+口令(传统)	启用	2019-09-29 19:...		
004	白雪	采购部			普通用户	用户+口令(传统)	启用	2019-09-29 19:...		
005	王丽	销售部			普通用户	用户+口令(传统)	启用	2019-09-29 19:...		
admin	admin				管理员用户	用户+口令(传统)	启用		2019-09-29 19:39:36	2019-09-29 19:39:36
demo	demo				普通用户	用户+口令(传统)	启用			
SYSTEM	SYSTEM				普通用户	用户+口令(传统)	启用			
UFSOFT	UFSOFT				普通用户	用户+口令(传统)	启用			

图 3－18　选择要修改或删除的操作员

当设置的操作员发生变动后，单击“刷新”按钮，系统将适时地刷新系统管理中有关操作员设置的内容，此功能在网络版中尤其重要。在其他系统功能中，刷新具有相同的作用。

【注意】

- 只有系统管理员才有权限修改、删除操作员。
- 所设置的操作员用户一旦被引用，便不能被删除，如需删除，可以先注销用户再删除。

二、用户的权限设置

权限设置是按照会计内部控制制度中不相容职务分工牵制的原理，对已设置好的用户所进行的权限分配。

对已设置的操作员进行赋权，只能由系统管理员和该账套的主管进行，但两者的权限又有所区别。系统管理员可以指定某账套的账套主管，还可以对各个账套的操作员进行权限设置；而账套主管只能对所管辖账套的操作员进行权限指定。

（一）账套主管权限设置

【例 3－5】给李伟设置账套主管的权限。

【操作步骤】

（1）以系统管理员身份登录，打开“系统管理”窗口，单击“权限”菜单中的“权限"命令,打开"操作员权限"对话框,如图 3-19 所示。

图 3-19 设置账套主管

(2) 选择 001 号账套和 2018 年度。

(3) 在左栏中,选择操作员"001 李伟",在右栏上方选中"账套主管"复选框,从而确定李伟具有账套主管的权限;如想放弃该操作员的账套主管资格,则取消勾选。

(二) 一般操作员权限设置

【例 3-6】分别为操作员 002 王晶和 003 马可设置相应权限。

【操作步骤】

(1) 在打开的"操作员权限"对话框中。单击"002 王晶",再单击"修改"按钮,打开"增加和调整权限"对话框。

(2) 在"产品分类选择"栏中,勾选"GL",单击"确定"按钮返回"操作员权限"对话框。勾选财务会计里的总账凭证中的出纳签字及出纳的所有权限,这时王晶就拥有了"总账 - 凭证 - 出纳签字""总账 - 出纳"的操作权限。然后单击"保存"按钮。如图 3-20 所示。

(3) 单击"003 马可",再单击"修改"按钮,打开"增加和调整权限"对话框。勾选财务会计中的总账、应收款管理、应付款管理、固定资产权限,勾选人力资源中的薪资管理权限,使马可具有总账管理、薪资管理、固定资产管理、应收款管理、应付款管理的全部操作权限。如图 3-21 所示。

(4) 账套号 +004 白雪(可自定义)。

权限:采购主管、仓库主管、存货核算员。所在部门:采购部。具有公共目录设置、应收款管理、应付款管理、总账管理、采购管理、销售管理、库存管理、存货核算的全部操作权限。

(5) 账套号 +005 王丽(可自定义)。

权限:销售主管、仓库主管、存货核算员。所在部门:销售部。操作权限同白雪。

注意:以上权限设置只是为了实验中的学习,与企业实际分工可能有所不同,企业相关操作员比较多,分工比较细致。

(4) 单击"退出"按钮返回,系统显示已设置好的权限、权限名称及隶属系统。

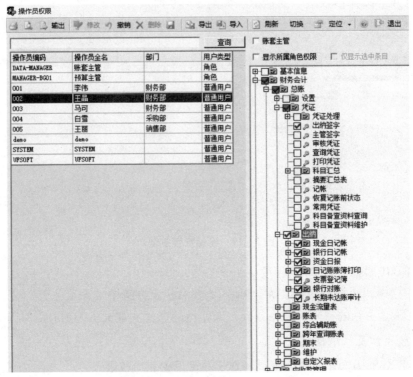

图 3-20 设置王晶操作权限对话框

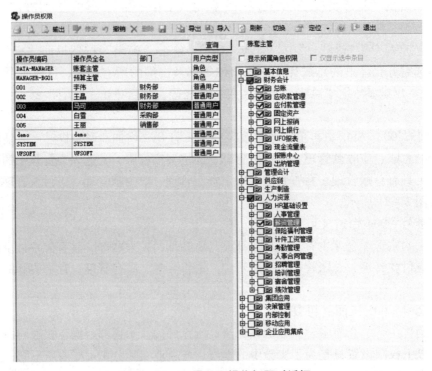

图 3-21 设置马可操作权限对话框

第三章 系统管理

【注意】
- 如果在建立账套时已指定账套主管，此处无须再设置。
- 一个账套可以设定多个账套主管。
- 账套主管自动拥有该账套的所有权限。

第四节 账套修改与年度账管理

一、账套修改

经过一段时间运行之后，如果发现账套某些信息需要修改或补充，可以通过修改账套功能来完成。此功能还可以帮助用户查看某个账套的信息。只有账套主管才有权利使用账套修改功能，可以根据需要对账套信息、单位信息、核算信息、基础设置信息进行修改，但并不是所有的信息都可以修改，比如账套号、启用会计年度等。

以账套主管的身份登录，打开"系统管理"窗口，单击"账套"菜单中的"修改"命令，出现如图3-22所示对话框，对相关信息进行修改；修改完成后，单击"完成"按钮；系统提示"确认修改账套了么？"，单击"是"按钮；确定"分类编码方案"和"数据精度定义"，单击"确认"按钮，这时系统又提示"修改账套成功"，如图3-23所示。

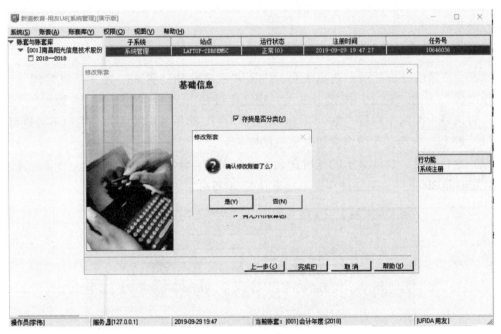

图3-22 账套修改

二、年度账管理

在每个账套文件中，各企业的财务数据按年度分不同的文件夹存放，该文件夹称为年度账。年度账与账套是两个不同的概念。账套是年度账的上一级，账套是由年度账组成的，先

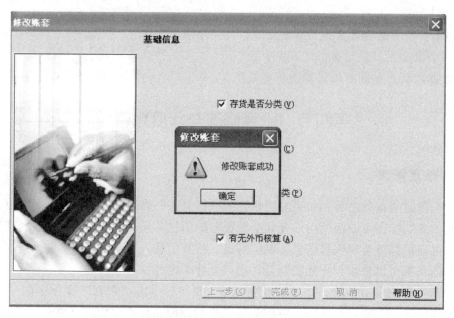

图 3-23 账套修改成功

有账套再有年度账,一个账套可以拥有多个年度的年度账。

年度账的管理只能由账套主管进行,具体包括年度账的建立、引入和输出年度账、结转上年数据及清空年度数据等。

(一)建立年度账

以账套主管的身份登录,选定账套,进入"系统管理"界面。在"系统管理"界面单击"年度账"下的"建立"按钮,进入"建立年度账"界面,如图 3-24 所示。"建立年度账"对话框中的两个栏目"账套"和"会计年度"都是系统默认的,用户不得进行修改。

(1)账套。自动显示用户注册时所选的账套。

(2)会计年度,自动显示的是所选会计账套当前会计年度加1的年度。图 3-24 所示所选会计账套是 2007 年,则会计年度系统默认是 2008 年。

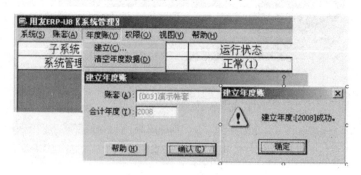

图 3-24 建立年度账

(二)引入和输出年度账

年度账操作中的引入和输出与账套操作中的引入和输出的含义基本一致,作用都是对数据进行备份与恢复。所不同的是，年度账操作中的引入和输出不是针对整个账套，而是针对账套中的某一年度的年度账进行的。具体操作时，注意引入的是年度数据备份文件（由系统输出的年度账的备份文件，前缀名统一为 uferpyer）；在输出操作的界面上选择的是具体的年度，而非账套。

（三）结转上年数据

一般情况下，企业是持续经营的，因此企业的会计工作是一个连续性的工作。每到年末，启用新年度账时，就需要将上年度中的相关账户的余额及其他信息结转到新年度账中。

以账套主管的身份注册，选定账套，进入"系统管理"界面。在"系统管理"界面中单击"年度账"下的"结转上年数据"。

【操作步骤】

（1）在结转上年数据之前，首先要建立新年度账。

（2）建立新年度账后，可以执行供销链产品、资金管理、固定资产、工资系统结转上年度数据的工作，这几个系统的结转不分先后顺序，可以根据需要执行。

（3）如果同时使用了采购系统、销售系统和应收应付系统，那么只有在供销链产品执行完结转上年度数据后，应收应付系统款管理才能执行；如果只使用了应收应付款管理系统而没有使用采购系统、销售系统，可以根据需要直接执行应收应付款管理系统的结转工作。

（4）如果在使用成本管理系统时使用了薪资管理系统、固定资产系统、存货核算系统，那么只有薪资管理系统、固定资产系统、供销链产品执行完结转工作后，才能执行成本管理系统结转；否则，根据需要直接执行成本管理系统的结转工作。

（5）如果在使用总账系统时使用了薪资管理系统、固定资产系统、存货核算系统、应收应付款管理系统、资金管理系统、成本管理系统，那么只有在这些系统执行完结转工作后，才能执行总账系统结转；否则，根据需要直接执行总账系统的结转工作。

（四）清空年度数据

用户有时会发现某年度账中错误太多，或不希望将上年度的余额或其他信息全部转到下一年度，这时便可使用清空年度数据的功能。"清空"并不是指将年度账的数据全部清空，而是要保留一些信息，主要有基础信息和系统预置的科目报表等。保留此信息主要是为了方便用户使用清空后的年度账来重新做账。

以账套主管的身份登录，选定账套，进入"系统管理"界面，在"系统管理"界面中单击"年度账"下的"清空年度数据"即可。

本章小结

系统管理模块是会计信息系统运行的基础。通过这个模块，为其他子系统提供公共的账套、年度账及其他相关的基础数据，以及进行统一的设置管理，以实现一体化的管理应用模式。

本章内容主要包括账套的管理，即账套的建立、修改、引入、输出等；年度账的管理，即年度账的建立、清空、引入、输出和结转上年度数据；操作权限的集中管理，即用户的增加、删除和分配权限；安全机制的统一设立，即清除单据锁定、清除异常任务等。

课后练习

一、单选题

1. 账套是用于存放会计数据的账簿文件，一般以（　　）为单位建立账套。
   A. 数据文件　　　B. 会计主体　　　C. 会计岗位　　　D. 会计职能
2. 会计核算软件的使用，首先必须对系统进行（　　）。
   A. 排序　　　　　B. 清零　　　　　C. 格式化　　　　D. 初始化
3. 如果一个企业的会计科目编码结构为4222，则12111101是一个（　　）科目编码。
   A. 四级　　　　　B. 三级　　　　　C. 二级　　　　　D. 一级
4. 管理费用科目通常设置的辅助核算是（　　）。
   A. 个人往来　　　B. 部门核算　　　C. 项目核算　　　D. 客户往来
5. 辅助核算要设置在（　　）会计科目上。
   A. 一级　　　　　B. 二级　　　　　C. 总账　　　　　D. 末级
6. 会计电算化后，会计科目编码应符合会计制度的要求，与会计制度保持一致的是（　　）会计科目。
   A. 一级及其明细　B. 一级　　　　　C. 一级和部分明细　D. 二级
7. 购买通用会计核算软件之后，必须经过（　　）操作，才能变成适合企业应用的专用会计核算软件。
   A. 账务处理　　　B. 系统初始化　　C. 填制凭证　　　D. 财务报表
8. 《会计核算软件基本功能规范》中规定，会计核算软件中采用的总分类会计科目名称、编号方法必须符合（　　）。
   A. 编号必须为三位数字
   B. 名称不能超过四个汉字
   C. 名称及编号都必须符合国家统一会计制度的规定
   D. 不能增加国家统一会计制度中未规定的明细科目代码
9. 以账套主管的身份注册系统管理时，不能进行的操作是（　　）。
   A. 建立账套　　　B. 修改账套　　　C. 年度账清空　　D. 年度账引入
10. 下列不属于系统初始的工作内容的是（　　）。
    A. 设置操作员及其权限　　　　　　B. 建立账套
    C. 设置会计科目　　　　　　　　　D. 填制会计凭证
11. 关于科目编码方案4-2-2，下列说法错误的是（　　）。
    A. 科目编码级次为四级　　　　　　B. 这是一种群码编码方案
    C. 第二级长度为两位　　　　　　　D. 总级长为8位
12. 系统最多可以建立（　　）个账套。
    A. 996　　　　　B. 997　　　　　C. 998　　　　　D. 999
13. 以下属于系统初始化工作的是（　　）。
    A. 凭证输入　　　B. 凭证打印　　　C. 操作人员分工管理　D. 结账处理

14. 账套一经启用，初始数据（　　）。
A. 还可以再修改　　B. 不能修改　　C. 还可以再增加　　D. 不能增加

15. 下列说法错误的是（　　）。
A. 账套间数据相互独立　　　　　　B. 账套间数据可以相互利用
C. 企业只能建立一个账套　　　　　D. 企业可以为下属独立核算单位各建立一个账套

二、多选题

1. 下列关于会计科目代码的描述，正确的有（　　）。
A. 会计科目代码必须采用全编码
B. 一级会计科目代码由财政部统一规定
C. 设定会计科目代码应从明细账科目开始
D. 科目编号可以不用设定

2. 会计科目体系的设置必须注意（　　）。
A. 满足会计核算的要求，使全部经济业务都能得到反映
B. 满足报表的要求，因为报表数据应该从账上自动生成
C. 满足跨级管理的需求，从管理需要出发设置明细
D. 要注意保持会计科目的相对稳定

3. 下列属于系统管理员的操作权限是（　　）。
A. 建立账套　　　　　　　　　B. 分配操作员权限
C. 设置账套主管　　　　　　　D. 年度账结转

4. 会计核算软件按开发日的和适用范围可以分为（　　）。
A. 会计决策软件　　　　　　　B. 通用会计核算软件
C. 工业企业会计软件　　　　　D. 专用会计核算软件

5. 建立账套完成后，（　　）的信息能修改。
A. 账套号　　B. 账套名称　　C. 编码方案　　D. 单位名称

6. 下列关于账务处理模块初始化的表述中，正确的有（　　）。
A. 它是整个会计电算化工作的基础
B. 初始化工作未完成，系统将拒绝执行某些功能操作
C. 初始化之前，应当对系统能做什么有初步了解
D. 初始化过程由系统自动完成

7. 下列说法正确的是（　　）。
A. 系统初始化包括系统级初始化和模块级初始化
B. 系统级初始化是设置会计软件所公用的数据、参数和系统公用基础信息
C. 系统初始化工作必须完整且尽量满足企业的需求
D. 创建账套并设置相关信息是模块级初始化的内容

8. 会计核算软件应当具备的初始化功能包括（　　）。
A. 输入会计核算所必需的期初数字及有关资料
B. 输入需要在本期进行对账的未达账项

C. 定义自动转账凭证，包括会计制度允许的自动冲回凭证等
D. 输入操作人员岗位分工情况，包括操作人员姓名、操作权限、操作密码等

9. 会计科目编码应遵守的原则有（　　　）。
　A. 唯一性　　　　B. 多样性　　　　C. 统一性　　　　D. 扩展性

10. 建立账套时，需设置的信息包括（　　　）。
　A. 账套信息　　　B. 凭证类别　　　C. 启用日期　　　D. 期初余额

三、判断题

1. 删除会计科目时，应先删除上一级科目，然后再删除本级科目。（　　）

2. 会计核算软件中采用的各级会计科目名称、编码方法，必须符合国家统一会计制度的规定。（　　）

3. 会计电算化具体操作人员只有修改自己的口令和操作权限的权限。（　　）

4. 会计核算软件在进行系统初始化时，必须输入操作员岗位分工情况，但为了保密，可以不输入操作密码。（　　）

5. 系统管理员可以设置和修改所有操作员的权限，账套主管仅有设置所负责的账套操作员的权限。（　　）

6. 系统管理员不能对账套进行修改，但可以建立账套。（　　）

7. 会计核算软件中，对于拟采用的总分类会计科目的名称和编号方法，用户根据自己的需要进行设定。（　　）

8. 会计科目使用后，如果需要，可以随时增加或删除。（　　）

9. 在会计软件中，会计科目可以设置数量核算等辅助核算项目。（　　）

10. 一个账套可以设定多个账套主管。（　　）

第四章

公用基础信息设置

本章学习目标

了解企业门户的内容、企业门户与各个子系统的关系；要求掌握系统启用的方法；掌握有关部门基础档案设置的相关内容，理解基础档案设置在整个系统中的作用，理解基础档案设置的数据对日常业务处理的影响。

第一节 企业应用平台概述

一、企业应用平台的概念

企业应用平台，顾名思义，就是会计电算化软件的集成应用平台，可以实现系统基础数据的集中维护、各种信息的及时沟通和数据资源的有效利用。企业应用平台就如同航空母舰，各个子系统则如同各种舰载机，它们发挥作用要依靠企业应用平台提供的基本公共参数。

二、企业应用平台的功能

企业应用平台为企业员工、合作伙伴提供了访问系统的唯一通道，通过企业应用平台，用户可以定义自己的业务工作，并设计自己的工作流程（个性化定制）。

企业应用平台可以实现信息的及时沟通、资源的有效利用、与合作伙伴的在线和实时的链接，将提高企业员工的工作效率及企业的总处理能力。

通过企业应用平台，可以完成各个模块的基础档案管理、数据权限划分和单据设置等，为各个子系统提供服务。

三、企业应用平台的结构

企业应用平台中包含的内容极为丰富，与系统应用相关的主要项目包括基础设置、业务工作和系统服务三项。

（一）基础设置

包括基本信息、基础档案、业务参数、个人参数、单据设置、档案设置和变更管理七大功能。在基本信息中，可以设置系统启用并修改建账时的分类编码方案和数据精度。在基础档案中可以设置用友 ERP－U8 管理软件各个子系统公用的基础档案信息，如机构人员、客商信息、财务信息等。单据设置提供了个性化单据显示及打印格式的定义。

（二）业务工作

将用友 ERP－U8 管理软件分为财务会计、供应链、集团应用等功能群，每个功能群中又包括若干功能模块，此处也是用户访问用友 ERP－U8 管理软件中各功能模块的唯一通道。

（三）系统服务

包括系统管理、服务器配置、工具管理及权限管理功能。系统管理表示可以根据系统服务进入系统管理模块，而并非一定要通过程序进入；工具管理中提供了常用的系统配置工具；在权限管理中可以针对系统数据的操作权限进行进一步细分。

四、企业应用平台的登录

【例 4－1】以账套主管的身份登录企业应用平台。

【操作步骤】

（1）单击"开始"→"程序"→"用友 ERP－U8"→"企业门户"，打开"登录"对话框，如图 4－1 所示。

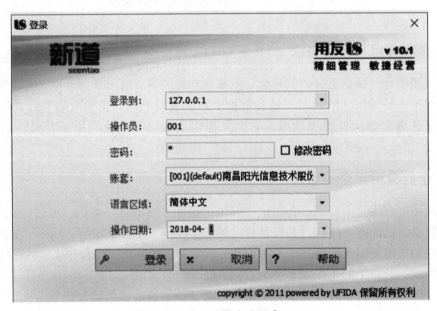

图 4－1　登录企业门户

（2）单击"账套"下拉列表框中的倒三角按钮，选择"001 南昌阳光信息技术股份有限公司总账"。

(3) 选择操作员（通常为账套主管），输入密码。
(4) 单击"确定"按钮，进入用友 ERP – U8 企业应用平台窗口，如图 4 – 2 所示。

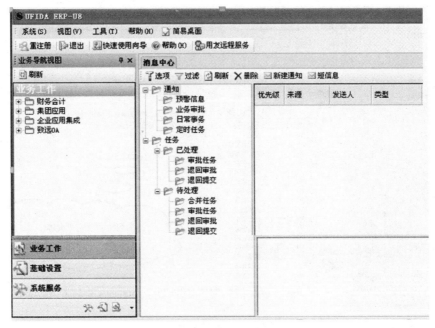

图 4 – 2　企业应用平台窗口

第二节　基本信息设置

基本信息和基础档案的设置都是系统初始工作中非常重要的环节，其中很多项目的设置直接关系到软件功能能否正确、充分地被使用。因此，在实际的使用过程中，最好先充分理解各基本信息设置的目的和作用，再根据实际情况进行灵活运用。

在"基本信息"选项中，可以进行系统启用的设置，也可以对建账过程中确定的编码方案和数据精度进行修改。

一、系统启用

本功能用于已安装系统（或模块）的启用，并记录启用日期和启用人。要使用一个产品，必须先启用这个产品，而只有启用后的子系统才能进行登录。系统启用的方法有两种：

（一）创建账套时启用

用户创建一个新的账套后，系统弹出提示信息对话框，系统管理员可以立即进行系统启用设置。

（二）在企业门户中启用

若新建账套时没有启用系统，就需要在账套建立、用户设置完成后，由账套主管登录企业应用平台，进行系统启用的设置，如图 4 – 3 所示。

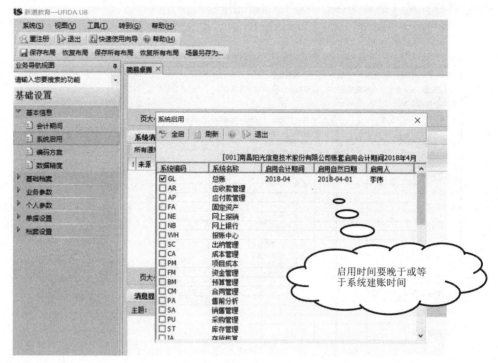

图 4-3 系统启用

【操作步骤】

（1）单击"开始"→"程序"→"用友 ERP-U8"→"企业应用平台"，以账套主管的身份进入企业应用平台。

（2）进入企业应用平台后，选择"基础设置"选项卡后，再选择列表中"基本信息"选项，将其展开。

（3）双击其中的"系统启用"选项，打开"系统启用"窗口。

（4）选中子系统，选择要启用的系统之后，弹出"日历"对话框，对系统的启用日期进行选择。选择好日期后，单击"确定"按钮，弹出提示信息对话框，询问用户是否需要启用当前的系统。

（5）单击"是"按钮，完成对系统的启用，系统将自动记录启用日期和启用人。

【注意】

- 只有账套主管才有权在企业应用平台中进行系统启用。
- 各系统的启用日期必须大于或等于账套的启用日期。
- 集团账套不能启用总账系统。
- 如果总账系统先启用，则应收应付款管理系统、薪资管理系统、固定资产系统的启用月应大于总账系统的已结账月。

二、编码方案

为了便于用户进行分级核算、统计和管理，系统可以对基础数据编码进行分级设置，可以分级设置的内容有科目编码、存货分类编码、地区分类编码、客户分类编码、供应商分类编码、部门编码、成本对象编码、收发类别编码和结算方式编码。

编码级次和各级编码长度的设置将决定用户单位如何编制基础数据的编号，进而构成用户分级核算、统计和管理的基础。

编码方案中各栏目说明如下：

（1）科目编码级次。系统最大限制为六级十五位，且任何一级的最大长度都不得超过九位编码。一般单位用 32222 即可。用户在此设定的科目编码级次和长度将决定用户单位的科目编号如何编制。例如某单位将科目编码设为 32222，则科目编号时，一级科目编码是三位长，二至五级科目编码均为两位长。

（2）存货分类编码级次。系统的最大限制为八级十二位，且任何一级的编码长度都不得超过九位编码。

（3）客户分类编码级次。系统的最大限制为五级十二位，且任何一级的编码长度都不得超过九位编码。

（4）供应商分类编码级次。系统的最大限制为五级十二位，且任何一级的编码长度都不得超过九位编码。

（5）收发类别编码级次。系统将收发类别编码级次固定为二级，总长度不得超过五位编码。

（6）部门编码级次。系统的最大限制为五级十二位，且任何一级的编码长度都不得超过九位编码。

（7）结算方式编码级次。系统将结算方式编码级次固定为二级，总长度不得超过三位编码。

（8）地区分类编码级次。系统的最大限制为三级十二位，且任何一级的编码长度都不得超过九位编码。

（9）成本对象编码级次。系统的最大限制为三级十二位，且任何一级的编冯长度都不得超过九位编码。

如果建立账套时设置存货（客户、供应商）不需分类，则在此不能进行存货分类（客户分类、供应商分类）的编码方案设置。

三、数据精度

由于各用户企业对数量、单价的核算精度要求不一致，为了适应各用户企业的不同需求，系统提供了自定义数据精度的功能。在系统管理部分需要设置的数据精度主要有存货数量小数位数、存货单价小数位数、开票单价小数位数、件数小数位数和换算率小数位数。具体要求是只能输入 0~6 之间的整数，系统默认值为 2。

第三节 基础档案设置

基础档案是系统日常处理必需的基础资料，是系统运行的基石。一个账套总是由若干个子系统构成，这些子系统共享公用的基础档案信息。因此，在启用新账套之前，用户应根据企业的实际情况，结合系统基础信息设置的要求事先做好系统基础数据的准备，以使初始建账能够顺利进行。设置基础档案应该先确定基础档案的分类编码方案，基础档案的设置必须遵循分类编码方案中的级次和各级编码长度的设定。

登录企业应用平台，选择"基础设置"选项卡后，双击"基础档案"，即可进行基础档案的设置，如图4-4所示。

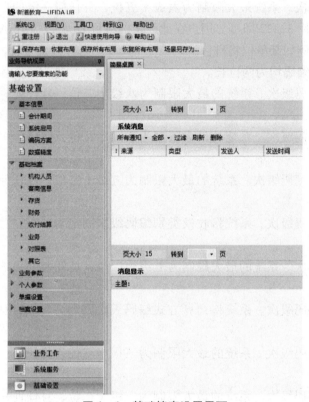

图4-4 基础档案设置界面

基础档案的设置主要包括部门档案、人员档案、客户分类、供应商分类、客户档案、供应商档案的设置等。具体设置顺序如图4-5所示。

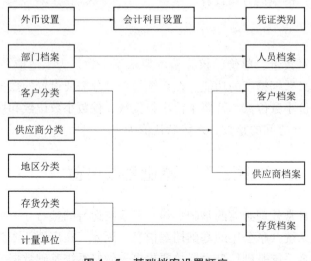

图4-5 基础档案设置顺序

一、机构人员设置

在会计核算中,将数据按部门逐级分类汇总,是常用的数据分类方法之一。因此,一个企业的组织结构对于会计核算体系的设置具有重要意义。

(一)部门档案设置

部门档案就是将企业组织结构按照系统要求所形成的软件系统分类方案。它是会计科目中要进行部门核算时的部门名称,以及个人往来核算中的职员所属部门的名称。部门档案包含部门编码、名称、负责人等信息。

部门编码符合编码级次原则,必须录入且必须唯一,保存后不能进行修改;部门名称必须录入;部门负责人、电话、地址、备注等部门辅助信息,可以为空;部门属性输入的是车间、采购部门、销售部门等部门分类属性,可以为空;信用信息,包括信用额度、信用等级、信用天数等,是指该部门对客户的信用权限,可以为空。如果在销售管理系统——信用控制中选择"部门信用控制",则也应在这里输入相应信息。

【例4-2】进行部门档案的设置。

【操作步骤】

(1)双击"机构人员"中的"部门档案",打开部门档案设置窗口。

(2)单击"增加"按钮,在"部门编码"栏输入"1","部门名称"输入"管理中心","部门属性"输入"管理",其他栏目可为空;其中,负责人不能设置,以后设置完"职员档案"后再补录。

(3)单击"保存"按钮,"职能科室"增加到部门目录中并在左窗中显示。

(4)重复第(2)(3)步,可设置其他部门,如图4-6所示。

(5)设置完毕后,单击"刷新"按钮,然后单击"退出"按钮,返回"基础档案"窗口。

【注意】

● 部门编码必须符合在分类编码方案中定义的编码规则。

● 由于此时还未设置"人员档案",部门中的"负责人"暂时不能设置。如果需要设置,必须在完成"人员档案"设置后,再回到"部门档案"中以修改的方式补充设置。

● 部门编号不能修改,其他信息均可修改。若部门被其他对象引用,就不能被删除。

(二)人员类别设置

企业通过人员类别的分类与设置对企业中不同类别的人员进行分类设置和管理。一般是按树形层次结构进行分类,系统预置在职人员、离退人员、离职人员和其他人员四类顶级类别,用户可以自定义扩充人员子类别。

人员类别与工资费用的分配、分摊有关,工资费用的分配及分摊是薪资管理系统的一项重要功能。人员类别设置的目的是为工资分摊生成凭证设置相应的入账科目做准备,可以按不同的入账科目需要设置不同的人员类别。

人员类别设置的主要内容包括档案编码和档案名称。档案编码和档案名称不能为空且不能重复。

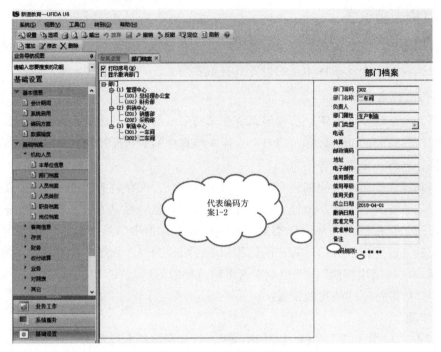

图4-6 部门档案设置

【例4-3】进行人员类别的设置。

【操作步骤】

(1) 双击"机构人员"中的"人员类别",打开人员类别设置窗口。

(2) 单击"在职人员",然后单击"增加"按钮,出现"增加档案项"对话框,在相应的栏目中输入对应的数据。例如,在"档案编码"栏输入"1001",在"档案名称"栏输入管理人员。

(3) 单击"保存"按钮,保存数据。

(4) 重复第(2)(3)步,可设置其他职员,如图4-7所示。

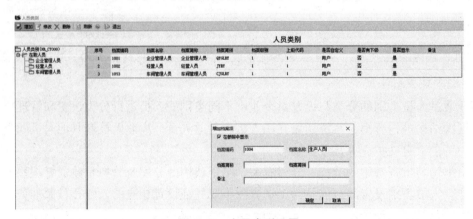

图4-7 人员类别设置

(5) 设置完毕后,在职员档案设置窗口单击"刷新"按钮,然后单击"退出"按钮返回"机构人员"窗口。

【注意】
- 人员类别是人员档案中的必选项目，需要在人员档案建立之前设置。
- 顶层人员类别由系统预置，不能增加。
- 人员类别名称可以修改，但已使用的人员类别名称不能删除。

（三）人员档案设置

人员档案主要用于设置企业各职能部门中需要进行核算和业务管理的职员信息。除固定资产和成本管理模块外，其他模块均需使用人员档案。需要注意的是，人员一般是按部门分类的，因此，一般必须先设置好部门档案，才能在这些部门下设置相应的人员档案。

人员档案中包含的基本信息有人员编码、人员姓名、性别、行政部门、人员属性、人员类别等。其中人员编码必须录入且必须唯一，一经保存，不能修改；人员姓名必须录入，但可以重复和随时修改。

【例4-4】进行人员档案的设置。

【操作步骤】

（1）双击"机构人员"中的"人员档案"，打开人员档案设置窗口。

（2）选取窗口左侧的职员所在部门，然后单击"增加"按钮，出现增加职员对话框，在相应的栏目中输入对应的值。例如，"人员编码"栏输入"101"，"人员名称"栏输入"肖剑"，"人员类别"选择"企业管理人员"，"行政部门"栏选择"总经理办公室"。如果是业务员，则需要在"是否业务员"前面打"√"（"是否业务员"用于后面个人往来辅助核算）等，如图4-8所示。

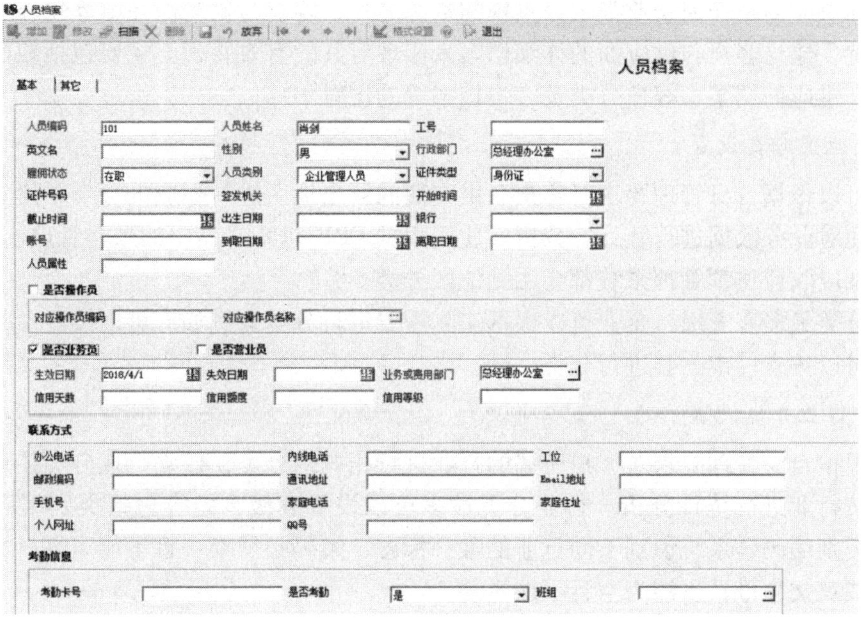

图4-8 人员档案添加

（3）输入职员信息后，单击"保存"按钮，保存数据，单击"退出"按钮退出。

(4) 重复第（2）(3) 步，可设置其他职员，如图 4-9 所示。
(5) 设置完毕后，在职员档案设置窗口单击"刷新"按钮，然后单击"退出"按钮，返回"基础档案"窗口。

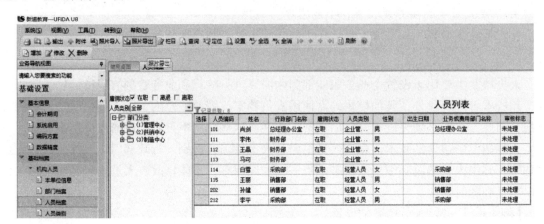

图 4-9 人员档案

【注意】
● 人员编码必须唯一，行政部门只能是末级部门。
● 如果该员工需要在其他档案或其他单据的"业务员"项目中被参照，需要选中"是否业务员"选项。

二、客商信息设置

客户和供应商是任何企业都十分重视的资源之一，客户与供应商在电算化环境下可以通过客商设置，建立客户与供应商的详细档案来实现对其的有效管理。主要包括地区分类、供应商分类、供应商档案、客户分类及客户档案等的设置。

（一）地区分类设置

企业可以根据自身管理要求对客户、供应商的所属地区进行相应的分类，建立地区分类体系，以便对业务数据进行统计、分析。使用用友 ERP-U8 产品中的采购管理、销售管理、库存管理和应收应付款管理系统都会用到地区分类。

地区分类最多有五级，企业可以根据实际需要进行分类。例如，可以按区、省、市进行分类，也可以按省、市、县进行分类。

（二）行业分类设置

企业根据自身管理要求对客户所属的行业进行相应的分类，建立行业分类体系，以便对业务数据按行业进行统计分析。行业分类最多可以设置五级，内容包括类别编码和类别名称。其中类别编码是系统识别不同行业的唯一标志，编码必须唯一且不能重复；类别名称可以是汉字或英文字母，不能为空且不能重复。

（三）客户分类设置

客户分类是将客户按照行业、地区等进行划分，通过建立客户分类体系，对客户进行分类管理。在进行分类管理之前，企业应在建立账套时选择了客户分类。客户分类内容包含分类编码及分类名称等。

【例4-5】进行客户分类的设置。

【操作步骤】

(1) 双击"客商信息"中的"客户分类",打开客户分类设置窗口。

(2) 单击"增加"按钮,在"分类编码"栏输入"04","分类名称"栏输入"专柜",如图4-10所示。

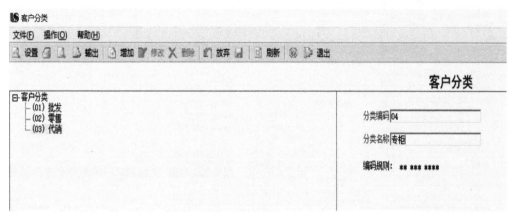

图4-10 客户分类

(3) 单击"保存"按钮,该类别即保存并在左窗中列示。

(4) 重复第(2)(3)步,可输入其他分类。

(5) 单击"刷新"按钮,然后单击"退出"按钮,退回"基础档案"窗口。

【注意】

● 客户是否需要分类应在建立账套时确定。如果要修改,只能在未建立客户档案的情况下,在系统管理中以修改账套的方式修改。

● 客户分类名称可以是汉字或英文字母,但不能为空。

● 已被引用的客户分类不能被删除。

(四)客户档案设置

建立客户档案可以对客户的数据进行分类、汇总和查询,以便加强往来管理。使用客户档案管理往来客户时,首先要收集整理与本单位有业务关系的客户基本信息,以便在进行客户档案设置时将信息准确输入。

【例4-6】进行客户档案的设置。

【操作步骤】

(1) 双击"客商信息"中的"客户档案",打开客户档案设置窗口。

(2) 在窗口中单击要录入客户所属的最末级分类码,如"001",单击"增加"按钮,弹出"增加客户档案"对话框。

(3) 在"基本"页签中,"客户编码"输入"001","客户简称"输入"华宏公司","所属地区"输入"06-西南地区","所属分类"输入"01-批发",其他栏目可输可不输,如图4-11所示。

(4) 单击"联系""信用""其他"页签,输入有关栏目内容。
(5) 单击"保存"按钮,该客户档案即保存,单击"退出"按钮退出。
(6) 重复第(2)~(5)步,可输入其他客户档案。
(7) 设置完毕后,单击"刷新"按钮,然后单击"退出"按钮,退回"基础档案"窗口。

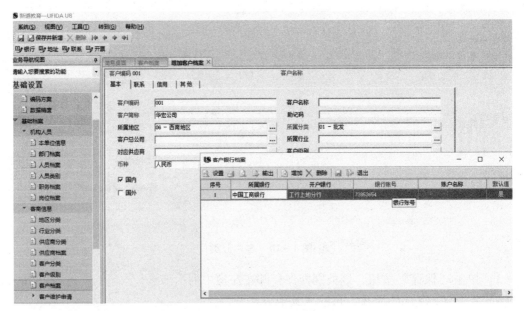

图4-11 客户档案

【注意】

- 在录入客户档案时,客户编码及供应商简称必须录入。
- 客户编码必须唯一。

(五) 供应商分类设置

供应商分类是将供应商按照行业、地区等进行划分,通过建立供应商分类体系,对供应商进行分类管理。在进行分类管理之前,企业应在建立账套时选择了供应商分类。供应商分类与客户分类设置相同,具体操作步骤参考客户分类设置。

(四) 供应商档案设置

建立供应商档案可以对供应商的数据进行分类、汇总和查询,以便加强往来管理。使用供应商档案管理往来供应商时,先要收集整理与本单位有业务关系的供应商基本信息,以便在设置供应商档案时将信息准确输入。供应商档案与客户档案设置相同,具体操作步骤参考客户档案设置。

三、存货设置

存货是企业的一项重要资源,涉及企业财务管理的整个流程,是企业财务核算的主要对象。存货信息的设置主要包括存货分类设置、存货计量单位设置以及存货档案设置。

(一) 存货分类设置

如果企业的存货较多,可以对存货进行分类,以便于核算和管理。通常可以按性质、用途、产地等进行分类。建立了存货分类以后,就可以将存货档案设置在最末级分类之下。

【例4-7】进行存货分类的设置。

【操作步骤】

(1) 双击"存货"中的"存货分类",打开存货分类设置窗口。

(2) 单击"增加"按钮,在"分类编码"栏输入"03",在"分类名称"栏输入"燃料",如图4-12所示。

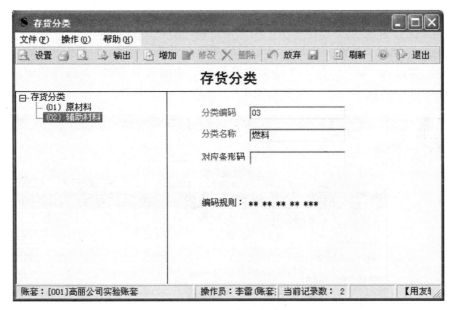

图4-12 存货分类

(3) 单击"保存"按钮,该类别即保存并在左窗中列示。

(4) 重复第(2)(3)步,可输入其他分类。

(5) 单击"刷新"按钮,然后单击"退出"按钮,退回"基础档案"窗口。

【注意】

● 存货分类必须逐级增加。

● 已经使用的存货分类不能删除,非末级存货分类不能删除。

(二) 存货计量单位设置

企业中的存货种类繁多,不同的存货会存在不同的计量单位,因此,在开展企业的日常业务前,需要先定义计量单位。会计电算化系统中计量单位的设置分为两步:先增加计量单位组,再增加组内的具体计量单位内容。

1. 计量单位组

计量单位组分为无换算、浮动换算和固定换算三种类别,每个计量单位组中有一个主计量单位、多个辅助计量单位,可以设置主、辅助计量单位之间的换算率,还可以设置采购、销售、库存和成本系统所默认的计量单位。

无换算计量单位组:在该组下的所有计量单位都以单独形式存在,各计量单位之间不需要输入换算率,系统默认为主计量单位。

浮动换算计量单位组:设置为浮动换算率时,可以选择的计量单位组中只能包含两个计量单位。此时需要将该计量单位组中的主计量单位、辅助计量单位显示在存货卡片界面上。

固定换算计量单位组:设置为固定换算率时,可以选择的计量单位组中才可以包含两个(不包括两个)以上的计量单位,且每一个辅助计量单位对主计量单位的换算率不为空。此时需要将该计量单位组中的主计量单位显示在存货卡片界面上。

【例4-8】进行计量单位组的设置。

【操作步骤】

(1) 双击"存货"中的"计量单位",打开计量单位设置窗口。

(2) 单击"分组"按钮,出现"计量单位组"对话框,单击"增加"按钮,在"计量单位组编码"中输入"01",在"计量单位组名称"中输入"重量",选择相应的计量单位组类别,如"固定换算率"或"浮动换算率",如图4-13所示。

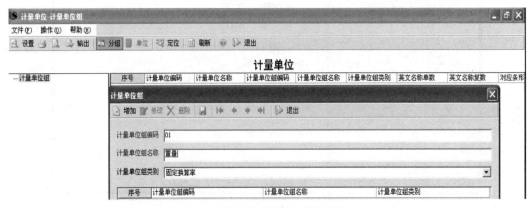

图4-13 "计量单位组"对话框

(3) 单击"保存"按钮,单击"退出"按钮,该计量单位分组即打开系统并在左窗中列示。

(4) 重复第(3)步,可输入其他计量单位分组。

2. 计量单位

必须先增加计量单位组,然后在该组下增加具体的计量单位内容。

【例4-9】沿用例4-8的资料进行计量单位的设置。

【操作步骤】

(1) 在左窗列表中,选择某计量单位组别,单击"单位"按钮,出现"计量单位"对话框,单击"增加"按钮,在"计量单位编码"中输入"001",在"计量单位名称"中输入"吨",单击"保存"按钮;单击"退出"按钮。如图4-14所示。

(2) 重复第(1)步,输入所用到的其他计量单位,如图4-15所示。

【注意】

● 已有数据的存货不允许修改其计量单位组;已经使用过的计量单位组不能修改其已经存在的计量单位信息。

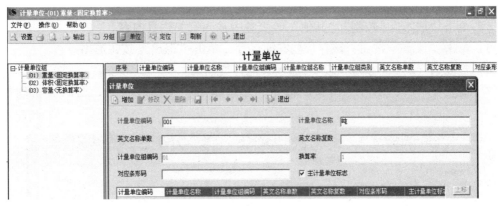

图 4-14 增加计量单位

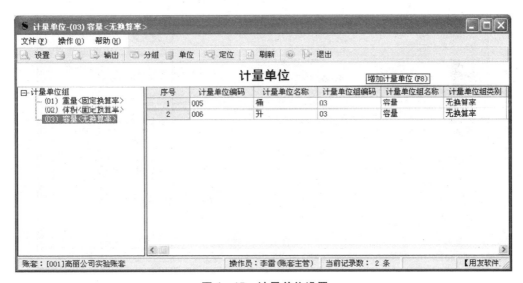

图 4-15 计量单位设置

- 当计量单位组还没有被存货档案引用时,计量单位组类型可做修改。

(三) 存货档案设置

设置存货档案主要是便于进行购销存货管理,加强存货成本核算。存货档案应当按照已经定义好的存货编码原则建立。存货档案建立以后,可进行增加、修改和删除操作。但是,已经使用过的存货不能删除。

【例 4-10】进行存货档案的设置。

【操作步骤】

(1) 双击"存货"中的"存货档案",打开存货档案设置窗口。

(2) 在左窗列表中单击要录入存货所属的最末级分类码,如"01 原材料",单击"增加"按钮,屏幕显示"增加存货档案"对话框。

(3) 在"基本"页签中,"存货编码"输入"01","存货名称"输入"钢材","计量单位组"输入"01","主计量单位"输入"001-吨","存货分类"输入"原材料","销项税率%"和"进项税率%"输入"17",在"存货属性"的相应栏目上打上对勾标记,如图 4-16 所示。

（4）单击"成本""控制""其他"等页签中输入有关栏目内容。

（5）单击"保存"按钮，该存货档案即保存，单击"退出"按钮退出。

（6）重复第（2）～（5）步，可输入其他存货档案。

（7）设置完毕后，单击"刷新"按钮，然后单击"退出"按钮，退回"基础档案"窗口。

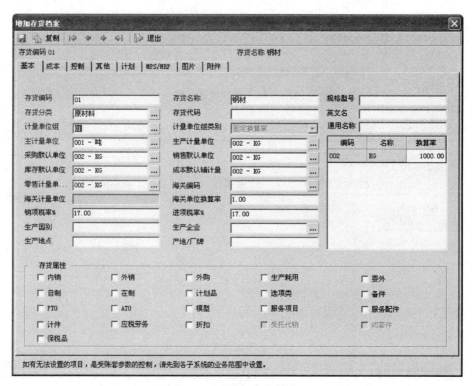

图 4-16　增加存货档案

四、财务设置

财务设置包含会计科目、凭证类别、外币及项目目录等设置。

（一）会计科目设置

建立会计科目就是将会计科目逐一地按系统要求描述给系统。可以根据系统特点，充分利用计算机处理的优势，对原有手工科目进行优化组合。如果在建立账套时选择了预置标准会计科目，则企业只需根据自身实际设置明细科目，对预设科目表做优化调整即可。

一般会计科目设置主要包括增加会计科目、修改会计科目、删除会计科目和指定会计科目。

1. 增加会计科目

1）会计科目编码

科目编码必须唯一，且必须按其级次的先后次序建立，即要从一级科目开始，逐级向下建立。

2) 会计科目名称

科目名称可以用汉字、英文字母、数字等符号表示，但是不能为空。

3) 特定科目核算要求

核算要求包括是否有外币核算和是否有数量核算。标记科目有"数量核算"的，需设置数量的计量单位；标记科目有"外币核算"的，需指定外币名称。

（4）设置辅助核算科目

需要设置辅助核算科目的，一般有两种情况：

①该账户的核算需要增加一些辅助内容，如银行对账。对于这种情况，建立科目时加以注明。如设置"银行存款"时，可在辅助核算中选择"银行账""日记账"，日后需为银行账核算设置企业常用银行结算方式，在使用该账户时，要求输入相应科目。

②该账户的明细账数量繁多，又常需要进行横向、纵向的统计与查询，可设置相应的辅助账核算。

这类辅助核算一般包括部门核算（费用类会计科目）、个人往来核算（其他应收款）、客户往来核算（应收款、预收款）、供应商往来核算（应付款、预付款）、项目核算（生产成本、在建工程）。辅助核算一般设置在末级科目上，如果上级科目也想设置辅助核算，下级科目则必须设置辅助核算。

【例 4 – 11】增加会计科目：100201 工商银行。

【操作步骤】

（1）双击"财务"中的"会计科目"，打开会计科目设置窗口，如图 4 – 17 所示。

图 4 – 17　会计科目设置窗口

（2）单击"增加"按钮，打开"新增会计科目"窗口。

（3）输入科目编码"100201"、科目名称"工商银行"，有些项目采用系统默认设置，有些项目（如会计科目辅助项目）根据会计要求进行选择，单击"确定"按钮，如图 4 –

18所示。

(4) 单击"增加"按钮,重复第(3) 步操作,可继续输入其他会计科目。

(5) 如果不需要再增加会计科目,可以单击"关闭"按钮返回。此时系统显示现有的会计科目,包括已增加的会计科目。

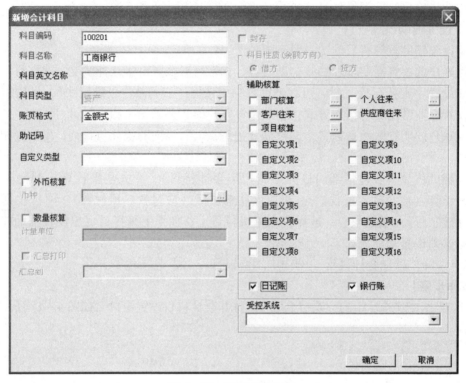

图4-18 增加会计科目

【注意】
- 增加明细科目时,系统默认其类型与上级科目保持一致。
- 已经使用过的末级会计科目不能再增加下级科目。
- 对银行存款的设置,一定要勾选"日记账"和"银行账",否则就看不见"银行存款日记账",连出纳也不能签字。
- 增加的会计科目主要是明细科目,包括"银行存款""原材料""待摊费用""生产成本""制造费用""管理费用""销售费用"和"财务费用"等科目的下级明细科目。

2. 修改会计科目

如果需要对原有的会计科目的某些要素进行修改,则可以通过"修改"功能来完成,但科目编码不能修改;当科目已经被使用时,不能被修改;凡已建有下级科目的科目,不能被直接修改,先修改下一级科目,再修改本级科目;已有数据的会计科目,应先将该科目及其下级科目余额清零后再修改。

3. 删除会计科目

如果某些会计科目暂时不需要用或者不符合企业科目体系的特点,可以从会计科目表中删除。删除会计科目应遵循"自下而上"的原则,即先删除下一级科目,然后再删除本级科目。

4. 指定会计科目

指定会计科目是指定出纳的专管科目。系统中只有指定科目后,才能执行出纳签字,从而实现现金、银行存款管理的保密性,才能查看现金、银行存款日记账。

【例4-12】指定"1001库存现金"为现金总账科目、"1002银行存款"为银行总账科目。

【操作步骤】

(1)在会计科目窗口中,单击"编辑"菜单中的"指定科目"菜单,打开指定科目窗口。

(2)单击"现金科目"单选按钮,在"待选科目"选择框中,将光标移到"1001库存现金"所在行,单击">"按钮,系统自动将其列于"已选科目"框中,如图4-19所示。

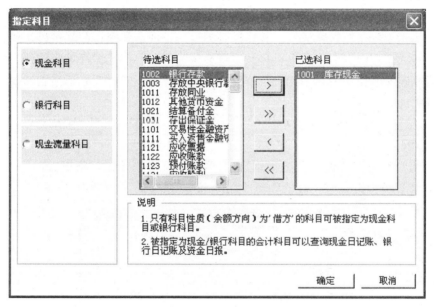

图4-19 指定会计科目

(3)重复第(2)步,继续将"1002银行存款"科目指定为"银行总账科目",单击">"按钮,系统自动将其列于"已选科目"框中。

(4)单击"确定"按钮,查看指定会计科目结果,如图4-20所示。

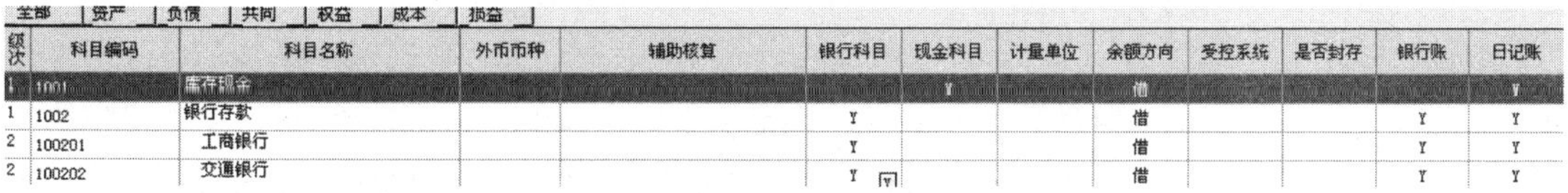

图4-20 指定会计科目结果

【注意】

● 若想取消已指定的会计科目,可单击"<"按钮。

● 要想指定会计科目,应在设置会计科目功能中将现金和银行存款科目设为日记账。

● 此处指定的现金、银行存款科目供出纳管理使用,所以在查询现金、银行存款日记账前,必须指定现金、银行存款总账科目。

● 如果本科目已被制过单或已录入期初余额,则不能删除、修改该科目。如要修改该科目,必须先删除有该科目的凭证,并将该科目及其下级科目余额清零,再进行修改。修改完毕后,要将余额及凭证补上。

(二) 凭证类别设置

许多单位为了便于管理和登账方便,一般对会计凭证进行分类编制,但各单位的分类标准不尽相同,所以系统提供了"凭证类别预置"功能,用户可以按照本单位的需要对凭证进行分类。通用账务处理系统提供了常见的几种凭证类型划分方式,例如可以是单一的按顺序号排列的记账凭证,可以是收款凭证、付款凭证、转账凭证三大类凭证,也可以细分为现金收款凭证、现金付款凭证、银行收款凭证、银行付款凭证、转账凭证五大类凭证,还可以自定义凭证类别。

在设置凭证类别的过程中,有些财务软件还设立了凭证科目必有或必无项目的选择功能。例如,在银行付款凭证中,贷方必有科目设定为银行存款,如果录入的凭证与此不符,系统会自动提示出错。对转账凭证,其凭证必无科目是现金和银行存款科目,如果在填制转账凭证时,输入了现金和银行存款科目,系统会认为有错,拒绝保存该张凭证。

凭证类别定义并使用后,不能进行修改,否则会造成不同时期凭证类别的混乱,影响凭证的查询和打印。

【例 4 – 13】进行凭证类别预置。

【操作步骤】

(1) 双击"财务"中的"凭证类别",打开"凭证类别预置"窗口。

(2) 将凭证类别设置为"收款凭证 付款凭证 转账凭证"的格式,如图 4 – 21 所示。

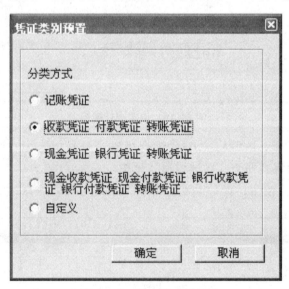

图 4 – 21 凭证类别选择

(3) 单击"确认"按钮,打开凭证类别窗口。

(4) 在收款凭证所在行的"限制类型"栏下双击,单击下拉列表框的倒三角按钮,选择"借方必有"选项;在"限制科目"栏下双击,可单击"参照"按钮,选择"1001 现金"和"1002 银行存款",或直接输入"1001,1002"。

(5) 参照第(4)步,将付款凭证的"限制类型"定义"贷方必有","限制科目"定义为"1001,1002";将转账凭证的"限制类型"定义为"凭证必无","限制科目"定义为"1001,1002",如图4-22所示,单击"退出"按钮。

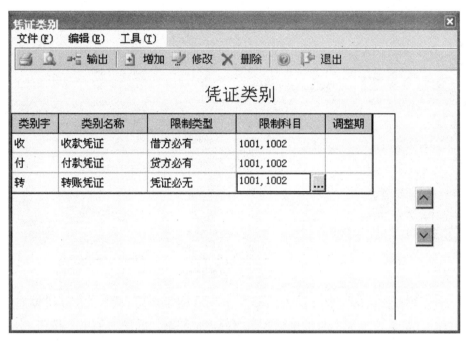

图4-22 凭证类别设置

【注意】
- 限制科目1001和1002之间的逗号要在半角方式下输入。
- 填制凭证时,如果不符合这些限制条件,系统拒绝保存。
- 可以通过凭证类别列表右侧的上下箭头按钮来调整明细账中的凭证的排列顺序。
- 输错或多输可按Esc键撤销。

(三) 外币设置

汇率管理是专为外币核算服务的,在此可以对本账套所使用的外币进行定义:

在"填制凭证"中所用的汇率应先在此进行定义,以便制单时调用,减少录入汇率的次数和差错。

当汇率变化时,应预先在此进行定义,否则制单时不能正确录入汇率。

对于使用固定汇率(即使用月初或年初汇率)作为记账汇率的用户,在填制每月的凭证前,应预先在此录入该月的记账汇率,否则,在填制该月外币凭证时,将会出现汇率为零的错误。

对于使用变动汇率(即使用当日汇率)作为记账汇率的用户,在填制该日期的凭证前,应预先在此录入该日期的记账汇率。

【例4-14】进行外币设置。
【操作步骤】
(1) 双击"财务"中的"外币设置",打开"外币设置"窗口。
(2) 单击"增加"按钮,输入币符"USD",币名"美元",其他各项默认,单击"确认"按钮,系统需要确认各月的记账汇率,如图4-23所示。

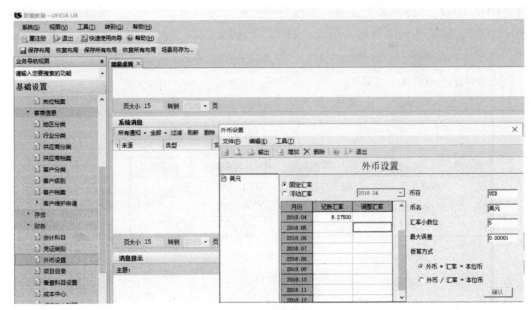

图4-23 外币设置

(3) 选择"固定汇率"或"浮动汇率"单选按钮,然后在时间下拉列表框中选择时间,如"2018.04",在对应的日期中输入当时的记账汇率,单击"退出"按钮。

(4) 重复第(2)(3)步,输入其他外币。

(四)项目目录设置

企业在实际业务处理中会对多种类型的项目进行核算和管理,例如在建工程、对外投资、技术改造项目、项目成本管理、合同等,因此,会计电算化系统提供项目核算管理的功能,可以将具有相同特性的一类项目定义成一个项目大类。一个项目大类可以核算多个项目,为了便于管理,还可以对这些项目进行分类管理,可以将存货、成本对象、现金流量、项目成本等作为核算的项目分类。

使用项目核算与管理的首要步骤是设置项目档案,项目档案设置包括:增加或修改项目大类,设置项目核算科目、项目分类、项目栏目,并进行项目目录的维护,如图4-24所示。

1. 新增项目大类

【操作步骤】

(1) 登录企业应用平台,执行"基础设置"→"基础档案"→"财务"→"项目目录"命令,打开项目档案设置窗口。

(2) 单击"增加"按钮,打开"项目大类定义_增加-项目大类名称"对话框,单击"普通项目"前的单选按钮,如图4-25所示。

(3) 输入新项目大类名称"生产成本"。

(4) 单击"下一步"按钮,打开"项目大类定义_增加-定义项目级次"对话框,如图4-26所示,根据实际需要定义项目级次,假设采用系统默认值。

第四章 公用基础信息设置

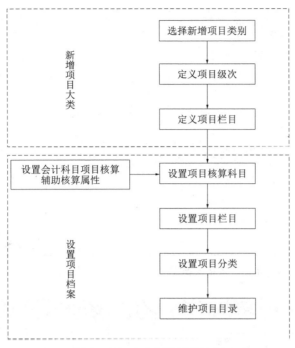

图 4-24 建立项目档案流程

(5) 单击"下一步"按钮，打开"项目大类定义_增加 – 定义项目栏目"对话框，如图 4-27 所示，根据实际需要定义项目栏目，假设采用系统默认值，单击"完成"按钮，返回"项目档案"窗口。

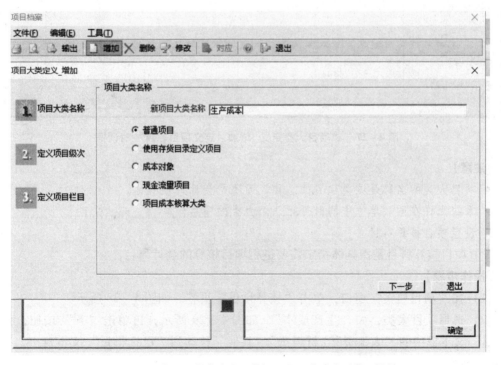

图 4-25 "项目大类定义_增加 – 项目大类名称"对话框

· 75 ·

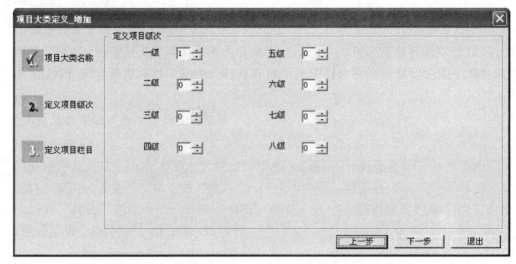

图4-26 "项目大类定义_增加-定义项目级次"对话框

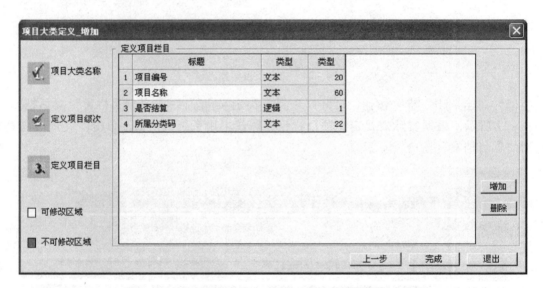

图4-27 "项目大类定义_增加-定义项目栏目"对话框

【注意】
- 项目大类的名称是该类项目的总称,而不是会计科目名称。
- 系统允许在同一单位中同时进行几个大类的项目核算。

2. 设置项目核算科目

设置项目核算科目是指具体指定需要进行项目核算的会计科目。

【操作步骤】

(1) 在"项目档案"窗口,单击"核算科目"页签,如图4-28所示。

(2) 选择项目大类,如"生产成本",如图4-29所示,再单击">"按钮,将"待选科目"文本框中的"人工费""材料费""其他"移动到"已选科目"文本框中,再单击"确定"按钮。

第四章 公用基础信息设置

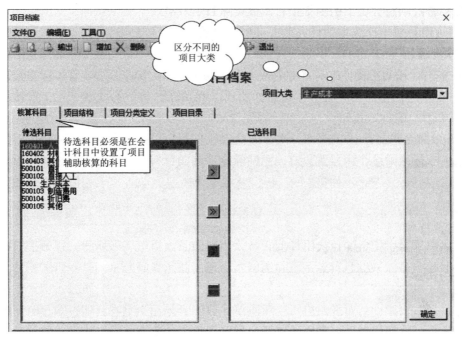

图4-28 设置项目核算科目

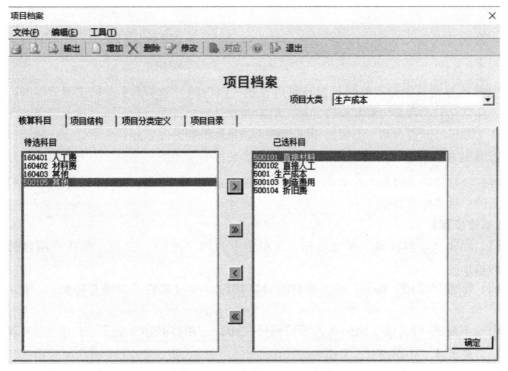

图4-29 设置项目核算科目（2）

3. 设置项目分类

为了便于统计，可以对同一项目大类下的项目进行进一步划分，这就需要进行项目分类定义,如工程的项目大类下的明细项目及分类项目。

【例4-15】对生产成本项目大类进一步划分明细项目,分类编码为"1"。

【操作步骤】

(1) 单击"项目分类定义"单选按钮,选择项目大类"生产成本"。

(2) 单击右下角的"增加"按钮,如图4-30所示,输入分类编码"1"和分类名称"其他",单击"确定"按钮。

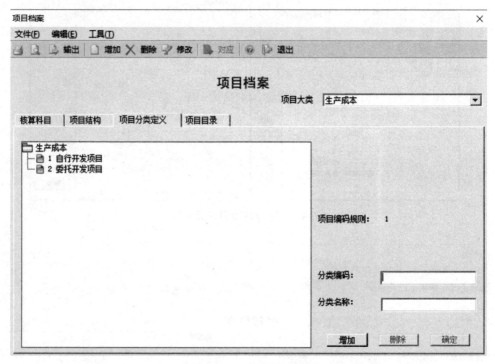

图4-30 设置项目分类

4. 维护项目目录

维护项目目录是将各个大类中的具体项目输入系统。具体输入的内容又取决于项目中所拟定义的栏目名称或数据。

【操作步骤】

(1) 单击"项目目录"单选按钮,再单击右边的"维护"按钮,打开"项目目录维护"对话框。

(2) 单击"增加"按钮,输入项目编号"101"、项目名称"普通打印纸"、所属分类码"1"。

(3) 重复第(2)步,继续输入项目编号"102"、项目名称"凭证套打纸"、所属分类码"1",如图4-31所示。

(4) 单击"退出"按钮,返回到基础档案窗口,再单击"退出"按钮,回到企业门户窗口。

(五) 收付结算

在会计电算化核算中,要完成收付结算业务的核算和管理,必须要把有关的结算方式及

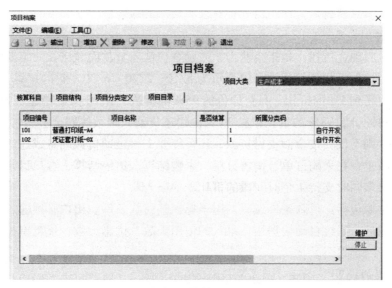

图 4-31　维护项目目录

企业开户行、账号等基本信息在基础档案的收付结算中进行设置。

1. 结算方式的设置

该功能用来建立和管理在经营活动过程中所涉及的与银行之间的货币资金结算方式，如现金结算、电汇结算、商业汇票、银行汇票等。结算方式设置的主要内容包括：结算方式编码，用来标识某结算方式，编码必须唯一；结算方式名称，名称必须唯一；是否票据管理，选择该结算方式下的票据是否要进行支票登记簿管理。

【例4-16】设置结算方式。

【操作步骤】

(1) 双击"收付结算"中的"结算方式"，打开"结算方式"窗口。

(2) 单击"增加"按钮，输入结算方式编码，如"1"，以及结算方式名称，如"现金结算"；选择是否进行票据管理。单击"保存"按钮。

(3) 重复第（2）步，输入其他结算方式，如图4-32所示。

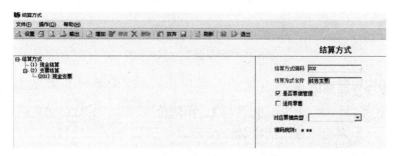

图 4-32　结算方式设置

(4) 单击"刷新"按钮，单击"退出"按钮退出。

【注意】

• 结算方式最多可以分为 2 级。

● 结算方式一旦被引用，便不能进行修改和删除的操作。

2. 付款条件的设置

付款条件也叫现金折扣，是指企业为了鼓励客户偿还贷款而允诺在一定期限内给予的规定的折扣优待。这种折扣条件通常可以表示为 5/10、2/20、n/30，它的意思是客户在 10 天内偿还贷款，可得到 5% 的折扣，只付原价的 95% 的货款；在 20 天内偿还贷款，可得到 2% 的折扣，只要付原价的 98% 的货款；在 30 天内偿还贷款，则须按照全额支付货款；在 30 天以后偿还贷款，则不仅要按全额支付贷款，还可能要支付延期付款利息或违约金。

付款条件将主要在采购订单、销售订单、采购结算、销售结算、客户目录、供应商目录中引用。系统最多同时支持 4 个时间段的折扣。

设置内容主要包括：付款条件编码，用于标识某付款条件。用户必须输入，并且录入值唯一；设置完成后，系统自动根据用户录入的信用天数、优惠天数、优惠率显示该付款条件的完整信息。

3. 银行档案的设置

银行档案是用来设置企业所用的各银行总行的名称和编码，用于工资、HR、网上报销、网上银行等系统。用户可以根据业务的需要方便地增加、修改、删除、查询、打印银行档案。

设置内容主要包括：银行名称，不允许为空，长度不超过 20 个字符；银行编码，不允许为空，长度不超过 5 个字符；个人账户规则等。

4. 本单位开户银行

本单位开户银行用于记录、维护、查询企业开户银行的信息，可以设置多个开户行及账号的情况。

本章小结

企业应用平台是会计电算化软件的集成应用平台，可以实现系统基础数据的集中维护、各种信息的及时沟通和数据资源的有效利用。基础档案的建立就是在企业应用平台完成的。

基础档案是系统日常处理必需的基础资料，是系统运行的基石。一个账套总是由若干个子系统构成，这些子系统共享公用的基础档案信息。基础档案的设置主要包括部门档案、人员档案、客户及供应商分类、客户档案、供应商档案的设置等。

课后练习

一、单选

1. 外币汇率设置通常用（　　）。
   A. 固定汇率　　　B. 卖出汇率　　　C. 中间价　　　D. 买入汇率

2. 通常（　　）科目需要出纳签字。
   A. 现金　　　B. 应收账款　　　C. 应付账款　　　D. 支票登记簿

3. 若会计科目的编码方案为 4-2-2，则以下属于三级科目全编码的是（　　）。
   A. 100101　　　B. 10010102　　　C. 1001010101　　　D. 0101

4. 下列选项中，可以删除的会计科目是（　　）。
   A. 非末级科目　　　　　　　　B. 已被使用的末级科目

C. 已制单的末级科目　　　　　　D. 数据清零后的会计科目

5. 关于设置收付结算方式目的的说法，错误的是（　　）。

A. 建立和管理企业在经营活动中涉及的货币结算方式

B. 方便银行对账

C. 检查凭证信息的录入

D. 方便票据管理

6. 科目编码中的（　　）科目编码可以根据企业自身需要来确定。

A. 明细　　　　B. 二级　　　　C. 一级　　　　D. 各级

7. 对于收款凭证，通常选择（　　）限制类型。

A. 借方必有　　B. 贷方必有　　C. 凭证必有　　D. 凭证必无

8. 下列（　　）不是会计科目设置的内容。

A. 科目编码　　B. 科目名称　　C. 辅助核算方式　　D. 凭证类别

9. 下列（　　）属于会计科目设置的内容。

A. 期初余额　　B. 结算方式　　C. 辅助核算方式　　D. 凭证类别

10. 下列对于会计科目的描述中，不正确的是（　　）。

A. 会计科目建立后不能删除　　B. 科目输入余额后，可将余额置零后删除

C. 科目的删除应自下而上进行　　D. 已有发生额的科目不能删除

11. 下列属于项目设置的内容是（　　）。

A. 凭证类别设置　　B. 会计科目设置　　C. 期初余额录入　　D. 定义项目目录

12. 在进行科目编码设置时，必须输入（　　）。

A. 助记码　　B. 科目编码　　C. 外币　　D. 英文科目名称

13. 会计科目建立的顺序是（　　）。

A. 先建立下级科目，再建立上级科目　　B. 先建立明细科目，再建立一级科目

C. 先建立上级科目，再建立下级科目　　D. 不分先后

二、多选题

1. 下列关于设置基础档案的说法中，正确的有（　　）。

A. 往来单位信息包括客户信息和供应商信息

B. 设置客户信息的目的是方便企业录入、统计和分析客户数据与业务数据

C. 设置供应商信息的目的是方便企业对采购、库存、应付账款等进行管理

D. 项目是指一个特定的核算对象或成本归集对象

2. 设置编码方案是指设置具体的编码规则，包括（　　）。

A. 编码级次　　B. 各级编码长度　　C. 编码含义　　D. 编码意义

3. 系统初始化内容主要包括（　　）。

A. 建立银行存款日记账　　　　B. 创建账套并设置相关信息

C. 增加操作员并设置权限　　　　D. 设置系统公用基础信息

4. 在会计软件中，系统通常提供的限制条件包括（　　）等。

A. 贷方必无　　B. 借方必有　　C. 贷方必有　　D. 凭证必无

5. 设置系统公用基础信息包括设置（　　）。
   A. 编码方案　　　B. 基础档案　　　C. 收付结算信息　　　D. 系统控制参数
6. 通常在设置外币时，需要输入（　　）。
   A. 币符　　　　　　　　　　　　B. 折算方式
   C. 固定汇率或浮动汇率　　　　　D. 记账汇率
7. 下列科目编码级次错误的是（　　）。
   A. 3－2－9　　　　　　　　　　B. 3－2－2－2－2－2－2
   C. 3－10－2　　　　　　　　　　D. 4－2－2－9
8. 关于数据精度，下列说法正确的是（　　）。
   A. 件数小数位默认值为2　　　　B. 账套启用后精度不能修改
   C. 数据精度可任意修改　　　　　D. 存货小数位默认值为3
9. 下列需要在会计科目中设置的有（　　）。
   A. 科目编码　　B. 科目名称　　C. 科目类型　　D. 财务分析类型
10. 以下情况中，会计科目不能修改的是（　　）。
    A. 该会计科目已录入期余额　　　B. 该科目下级明细已在制单中使用
    C. 该科目已期初对账正确　　　　D. 已经开始制单了，但该科目未曾使用

三、判断

1. 设置企业部门档案的目的是方便会计数据按照部门进行分类汇总和会计核算。（　　）
2. 删除会计科目时，应先删除上一级科目，然后再删除本级科目。（　　）
3. 并不是所有科目都需要进行外币核算、数量核算设置。（　　）
4. 用户可以随时删除增加的外币。（　　）
5. 已有余额的科目不能删除。（　　）
6. 指定会计科目就是指定出纳专管的科目。指定科目后，才能执行出纳签字，也才能查看现金日记账或银行存款日记账。（　　）

第五章

总账系统

本章学习目标

本章主要介绍了总账系统的基本功能和具体操作步骤。通过本章的学习，理解总账系统的功能特点、基本处理流程，掌握初始化设置，总账系统的日常业务处理、出纳管理及期末处理。

第一节 总账系统概述

一、总账系统的地位

总账系统，又称为账务处理系统，是会计信息系统的一个子系统。在整个会计信息系统中，总账系统又是最基本的核心子系统，许多企事业单位的会计电算化工作往往都是从总账子系统开始的。

在电算化会计信息系统中，总账系统是最基本也是最重要的一个模块。与各种应收、应付往来核算，工资核算，进销存的材料核算，固定资产的核算，产成品的成本核算，销售核算，以及账务分析、决策支持系统等功能模块相比，总账系统是会计核算系统、管理系统的控制中心，同时也是其他各个功能模块的传输中心、信息存储和汇总中心。其他进行专项核算任务的各子系统必须将核算结果产生的信息资料送到总账系统进行集中处理，才能实现信息的交换、汇总和存储。同时，各子系统在核算中也需要从总账系统中提取一些会计数据进行专项处理。所以，总账系统在电算化会计信息系统中处于核心地位。评价一套会计应用软件的好坏，总账系统是关键的因素，它与各种应用模块之间的控制方式与接口好坏，直接影响会计信息系统的整体性能。总账系统与各子系统的关系如图 5-1 所示。

图 5-1 总账系统与各子系统的关系

二、总账系统的功能结构

总账系统由若干功能模块组成，一般包括系统初始化、凭证处理、出纳管理、账簿管理、辅助核算管理和期末处理等模块。总账系统的基本功能结构如图5-2所示。

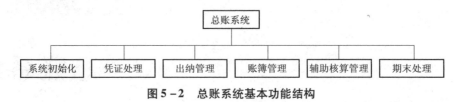

图5-2　总账系统基本功能结构

（一）系统初始化

总账系统初始化工作包括系统工作环境设置、账套设置、会计科目设置、凭证类别设置、项目目录设置、客户/供应商档案设置、录入期初余额、录入初始银行未达账等操作。其中一部分已在基础信息中设置，只有系统工作环境和录入期初余额是总账最主要的初始设置。

（二）凭证处理

凭证处理是指通过严密的制单控制来保证填制凭证的正确性。其提供资金赤字控制、支票控制、预算控制、外币折算误差控制及查看最新余额等功能，加强对发生业务的及时管理和控制，完成凭证的录入、审核、记账、查询、打印及出纳签字、主管签字等。

（三）出纳管理

出纳管理为出纳人员提供一个集成的办公环境，加强对现金及银行存款的管理，包括查询和打印现金日记账、银行日记账、资金日报表，进行支票登记和管理，进行银行对账并编制银行存款余额调节表。

（四）账簿管理

账簿管理包括查询和打印各种已记账凭证、总账、明细账、日记账、辅助账及各种汇总表。

（五）辅助核算管理

辅助核算管理包括个人往来、客户往来、供应商往来、部门核算、项目核算等。

（六）期末处理

期末处理主要完成期末结转业务、期末结转凭证、记账凭证的自动编制和期末对账、结账工作，包括月末的"月结"和年末的"年结"。

三、总账系统的基本工作流程

事实上，除了总账系统，对于其他的子系统，通常的应用流程都包括系统初始化、日常处理和期末处理三个环节。

（一）系统初始化

系统初始化是系统首次使用时，根据企业的实际情况进行参数设置，并录入基础档案与初始数据的过程。系统初始化是会计软件运行的基础。它将通用的会计软件转变为满足特定企业需要的系统，使手工环境下的会计核算和数据处理工作得以在计算机环境下延续和正常运行。系统初始化的内容包括系统级初始化和模块级初始化。

1. 系统级初始化

系统级初始化设置会计软件所公用的数据、参数和系统公用基础信息。其初始化的内容涉及多个模块的运行，不特定专属于某个模块。

2. 模块级初始化

模块级初始化设置特定模块运行过程中所需要的参数、数据和本模块的基础信息，保证模块按照企业的要求正常运行。模块级初始化的内容主要包括设置系统控制参数、设置基础信息、录入初始数据。

（二）日常处理

日常处理是指在每个会计期间，企业日常运营过程中重复、频繁发生的业务处理过程。日常处理的特点：一是日常业务频繁发生，需要输入的数据量大；二是日常业务在每个会计期间内重复发生，所涉及金额不尽相同。

（三）期末处理

期末处理是指在每个会计期间的期末所要完成的特定业务。期末处理的特点：一是有较为固定的处理流程；二是业务可以由计算机自动完成。

具体总账系统的基本操作流程可概括为图5-3所示。

第二节　总账系统初始化

总账系统的初始化主要是指总账系统的设置功能，其主要是将企业在会计核算中的内部控制及核算规范录入系统，以及将手工会计下的期初业务数据录入电算化系统。保证电算化系统中各项控制的实施，并使电算化系统的会计业务数据与手工会计系统保持连续性。其主要内容包括录入期初余额、选项设置、数据权限分配、金额权限分配及账簿清理等。

一、录入期初余额

为了保证会计数据连续、完整，并与手工账簿数据衔接，账务系统第一次投入使用前，还需要将各种基础数据录入系统。这些基础数据主要是各明细科目的年初余额和系统启用前各月的发生额。其上级科目的余额和发生额由系统自动进行汇总。一般情况下，资产、费用类科目余额在借方，负债、所有者权益、收入、利润类科目余额在贷方。如果是数量金额类科目，还应输入相应的数量和单价；如果是外币科目，还应输入相应的外币金额。

在输入期初数据时，如果某一科目设置了辅助核算类别，还应输入辅助核算类别的有关初始余额。数据录入完毕后，为了保证数据的准确性，满足数据间的平衡关系，系统将自动对数据进行校验。

（一）录入基本科目期初余额

期初余额栏有三种颜色：白色的可以直接输入数字；灰色的是有下级科目的，不能直接

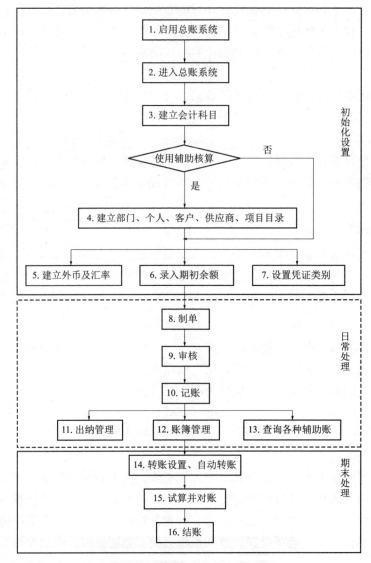

图 5-3 总账系统基本工作流程

输入数字,当在其下级明细科目中输入了数字,在此上级科目中就会自动出现汇总数字;黄色的也不能直接输入数字,双击就会打开辅助项,只要在辅助项中输入有关数据,在此栏就会出现汇总辅助项的数据。

【操作步骤】

(1) 以账套主管(001)身份注册企业应用平台,在用友 ERP-U8 门户窗口单击"业务工作"→"财务会计"→"总账",打开"总账"窗口,双击"设置"菜单下的"期初余额",打开"期初余额录入"对话框。

(2) 在"1001 库存现金"科目的期初余额栏,输入期初余额"6875.70",如图 5-4 所示。

【注意】

● 如果某科目为数量、外币核算,应录入期初数量、外币余额,并且必须先录入本币余额,再录入数量外币余额。

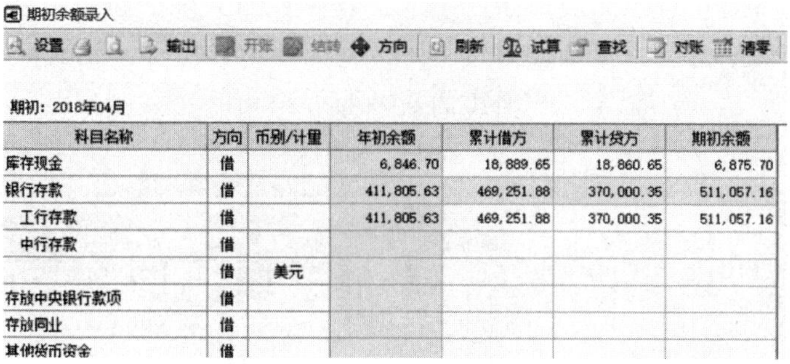

图 5-4 期初余额录入

- 非末级会计科目余额不用录入,系统将根据其下级明细科目自动汇总计算填入,其数据栏为黄色。
- 出现红字余额用负号输入。
- 修改余额时,直接输入正确数据即可,然后单击"刷新"按钮进行刷新。
- 凭证记账后,期初余额变为只读状态,不能再修改。
- 总账科目与其下级明细科目的余额方向必须一致。
- 余额的方向应以科目属性或类型为准,不以当前余额方向为准。

(二) 录入辅助账期初余额

1. 客户(供应商)往来辅助期初余额

【操作步骤】

(1) 在"期初余额录入"对话框中,将光标移到"1122 应收账款"科目所在行,系统提示这是"客户往来"。

(2) 双击"期初余额"栏,打开客户往来窗口,如图 5-5 所示。

图 5-5 辅助期初余额客户往来窗口

(3) 单击"增行"按钮,单击选择对应的客户,如图 5-6 所示。

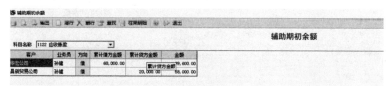

图 5-6 辅助期初余额客户选择

(4) 系统默认方向为"借",输入期初余额"60 000",如图 5-7 所示。

(5) 用同样的方法录入其他客户的数据。

(6) 输入完成后,单击"退出"按钮,此时"应收账款"期初余额栏内显示金额

图 5-7 客户往来辅助期初余额录入

"157 600"。

【注意】

● 如果使用应收应付款管理系统,则应该到应收应付款管理系统中录入含客户、供应商账类的科目的明细期初余额。在总账系统中,只能录入这些科目的总余额,然后将总账与应收应付款管理系统余额对账。

2. 个人往来辅助期初余额

【操作步骤】

(1) 在"期初余额录入"对话框中,将光标移到"1221 其他应收款"科目所在行,系统提示这是"个人往来"。

(2) 双击"期初余额"栏,打开个人往来窗口,如图 5-8 所示。

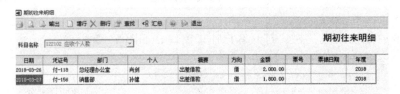

图 5-8 辅助期初余额个人往来窗口

(3) 单击"增行"按钮,直接在文本框中输入,或双击后单击"参照"按钮选择,在部门中输入"总经理办公室"、个人中输入"肖剑",如图 5-9 所示。

图 5-9 辅助期初余额个人往来录入

(4) 系统默认方向为"借",输入期初余额"2 000"。

(5) 用同样的方法录入第二个借款人的数据。

(6) 输入完成后,单击"退出"按钮,此时"其他应收款"期初余额栏内显示金额

"3 800"。

3. 项目核算期初余额

【操作步骤】

(1) 在"期初余额录入"对话框中，将光标移到"1604 在建工程"科目所在行，系统提示这是"项目核算"。

(2) 双击"期初余额"栏，打开项目核算"辅助期初余额"对话框。

(3) 单击"增行"按钮，直接输入"普通打印纸"，或双击后单击"参照"按钮，选择"普通打印纸"；系统默认方向为"借"，输入期初余额"4 800"。

(4) 用同样的方法录入第二个项目的数据，如图 5－10 所示。

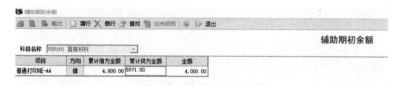

图 5－10　项目核算辅助期初余额录入

(5) 输入完成后，单击"退出"按钮，此时"其他应收款"期初余额栏内显示金额"4 000"。

(三) 试算平衡

期初余额及累计发生额输入完成后，为了保证初始数据的正确性，必须依据"资产 = 负债 + 所有者权益 + 收入 － 成本费用"的原则进行试算平衡。校验工作由计算机自动完成，校验完成后，系统会自动生成一个校验结果报告。如果试算结果不平衡，则应依次逐项进行检查、更正后，再次进行试算平衡，直至平衡为止。

【操作步骤】

(1) 在"期初余额录入"对话框中，首先单击"刷新"按钮，再单击"试算"按钮，查看期初余额试算平衡表，检查余额是否平衡，如图 5－11 所示。

(2) 单击"确认"按钮。

【注意】

● 如果期初余额试算不平衡，将不能记账，但可以填制凭证。

● 如果已经记过账，则不能再录入、修改期初余额，也不能执行"结转上年余额"的功能。

● 如果对账后发现有错误，可以单击"显示对账错误"按钮，系统将把对账中发现的问题列出来。

(四) 对账

【操作步骤】

(1) 在"期初余额录入"对话框中单击"对账"按钮，打开"期初对账"对话框，如图 5－12 所示。

(2) 单击"开始"按钮，对当前期初余额进行对账。

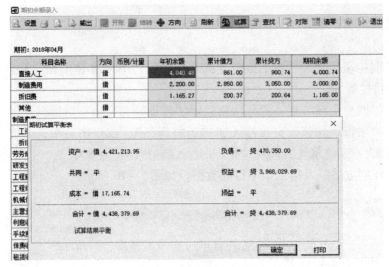

图 5-11 试算平衡结果

图 5-12 期初对账

【注意】
- 如果对账错误,则需要找到错误并修改,直至对账正确。

二、设置总账系统选项

系统启用后,如果默认账套参数与实际需要不符,用户应根据实际情况,在建立账套之前通过设置"总账系统选项"功能来正确选择适合本单位的各种参数,以达到会计核算和财务管理的目的。总账系统的"选项"对话框中包括凭证、账簿、凭证打印、权限、预算控制、会计日历、其他和自定义项核算8个选项卡。这里主要讲解凭证选项。

(一)凭证选项

凭证选项包括制单控制、凭证控制、凭证编号方式和现金流量参考科目设置。

1. 制单控制

主要设置在填制凭证时,系统应对哪些操作进行控制。

（1）制单序时控制：此项和"系统编号"选项联用，制单时，凭证编号必须按日期顺序排列，10月5日编制到15号凭证，则10月6日只能开始编制16号凭证。

（2）支票控制：若选择此项，在制单时使用银行科目编制凭证时，系统针对票据管理的结算方式进行登记，如果录入支票号在支票登记簿中已存在，系统提供登记支票报销的功能；否则，系统提供登记支票登记簿的功能。

（3）赤字控制：如选择了此项，在制单时，当"资金及往来科目"或"全部科目"的最新余额出现负数时，系统将予以提示。

（4）应收受控科目：若科目为应收款管理系统的受控科目，为了防止重复制单，只允许应收款管理系统使用此科目进行制单，总账系统是不能使用此科目制单的。如果企业希望在总账系统中也能使用这些科目填制凭证，则不应选择此项。

【注意】

● 如果总账和其他业务系统使用了受控科目，会引起应收款管理系统与总账对账不平。

（5）应付受控科目：若科目为应付款管理系统的受控科目，为了防止重复制单，只允许应付款管理系统使用此科目进行制单，总账系统是不能使用此科目制单的。如果企业希望在总账系统中也能使用这些科目填制凭证，则不应选择此项。

【注意】

● 如果总账和其他业务系统使用了受控科目，会引起应付款管理系统与总账对账不平。

（6）存货受控科目：若科目为存货核算系统的受控科目，为了防止重复制单，只允许存货核算系统使用此科目进行制单，总账系统是不能使用此科目制单的。如果企业希望在总账系统中也能使用这些科目填制凭证，则不应选择此项。

【注意】

● 总账和其他业务系统使用了受控科目，会引起存货核算系统与总账对账不平。

2. 凭证控制

（1）管理流程设置：若要求现金、银行科目凭证必须由出纳人员核对签字后才能记账，则选择"出纳凭证必须经由出纳签字"；若要求所有凭证必须由主管签字后才能记账，则选择"凭证必须经由主管签字"。若要求出纳签字、审核后才可以对凭证执行领导签字，则选择"主管签字以后不可取消审核和出纳签字"。

（2）现金流量科目必录现金流量项目：选择此项后，在录入凭证时，如果使用现金流量科目，则必须输入现金流量项目及金额。

（3）自动填补凭证断号：如果选择凭证编号方式为系统编号，则在新增凭证时，系统按凭证类别查询本月的第一个断号默认为本次新增凭证的凭证号。如无断号，则为新号，与原编号规则一致。

（4）批量审核凭证进行合法性校验：批量审核凭证时，针对凭证进行二次审核，提高凭证输入的正确率，与保存凭证时的合法性校验相同。

（5）凭证录入时结算方式及票据号是否必录。

（6）同步删除业务系统凭证：选中此项后，业务系统凭证删除凭证时，相应地将总账的凭证同步删除；否则，将总账凭证作废，不予删除。

3. 凭证编号方式

系统在"填制凭证"功能中一般根据凭证类别按月自动编制凭证编号，即"系统编号",但有的企业需要系统允许在制单时手工录入凭证编号,则应选择"手动编号"。

4. 现金流量参考科目

用来设置现金流量录入界面的参考内容和方式。选中"现金流量科目"选项时,系统只参照凭证中的现金流量科目;选中"对方科目"选项时,系统只显示凭证中的非现金流量科目。

(二)总账系统"选项"设置的操作

【操作步骤】

(1) 在用友 ERP - U8 门户窗口,单击"业务工作"→"财务会计"→"总账",打开总账窗口,双击"设置"菜单下的"选项",打开"选项"对话框。

(2) 在"凭证"选项卡中,单击"编辑"按钮,选中"制单序时控制""支票控制""可以使用存货受控科目",如图 5 – 13 所示。

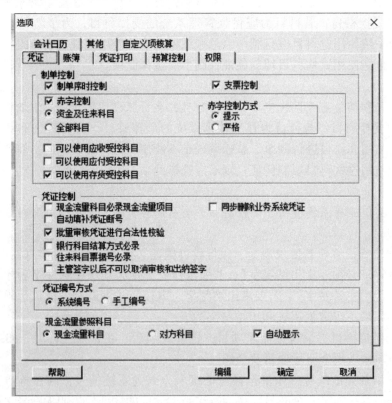

图 5 – 13 "凭证"选项卡

(3) 在"权限"选项卡中,选定"凭证审核控制到操作员""出纳凭证必须由出纳签字"(其中,"允许修改、作废他人填制凭证""可查询他人凭证"只能用在教师教学过程中,在实际工作中不用勾选)。

(4) 其他选项为系统默认,单击"确定"按钮退出。

三、数据权限分配

数据权限分配包括记录权限分配和字段权限分配。记录权限分配是指对具体业务对象进行权限分配。其使用前提是在"数据权限控制设置"中选择控制至少一个记录级业务对象。字段权限分配是对单据中包含的字段进行权限分配。

必须在系统管理中定义角色或用户,并分配功能级权限后,才能在这里进行数据级权限设置。账套主管拥有本账套内时所有权限,故不参与数据权限的分配。

四、金额权限分配

金额权限分配可以用来设置用户可使用的金额级别,对业务对象提供金额级权限设置,包括采购订单的金额审核额度和科目的制单金额制度。在设置这两个金额权限之前,必须先设定对应的金额级别。

五、账簿清理

年初建完账后,发现账簿建得太乱或错误太多,此时用户可能希望将该账冲掉,然后重新建账,账簿清理就是满足这种要求的。执行本功能后,系统将已建好的账全部冲掉,用户可以重新录入财务数据。

账簿清理可以将账套本年度已录入的财务数据清空,包括凭证及明细账、科目总账、辅助总账、多辅助总账、银行对账单、支票登记簿、汇率等内容,仍然保留会计科目、部门目录、客户目录、供应商目录、项目目录、个人目录、凭证类别、常用摘要、常用凭证等公用目录的内容。

第三节 总账系统日常业务处理

当初始设置工作完成并确保正确以后,就可以进行账务处理系统的日常业务处理工作了。账务系统业务处理是会计核算中经常性的工作,是实行计算机记账后会计日常业务处理中的重要部分。日常业务处理的任务是通过输入和处理记账凭证,审核凭证,记账,查询和打印输出各种凭证、日记账、明细账和总分类账,进行月末对账和结账,最终生成和输出各种常用报表等。

一、凭证管理

(一)填制凭证

记账凭证是登记账簿的依据,是总账系统的唯一数据来源,填制凭证也是最基础和最频繁的工作。在实行计算机处理账务后,电子账簿的准确与完整完全依赖于记账凭证,因而在实际工作中,必须确保准确、完整地输入记账凭证。

在实际工作中,填制记账凭证主要有两种方式:一是用户可以直接在计算机上根据审核无误准予报销的原始凭证填制记账凭证,这也称为前台处理;二是先由人工制单而后集中输入计算机,称为后台处理。

使用单位可以根据本单位的实际情况决定采用哪种方式。一般来讲,业务量不多或基础工作较好或使用网络版的单位可采用第一种方式(前台处理),而在第一年首次使用账务处理系统或正处于人机并行阶段的,可以采用后台处理方式。

记账一般包括两部分：一是凭证头部分，包括凭证类别、凭证编号、凭证日期和附件张数等；二是凭证正文部分，包括摘要、科目、借贷方向和金额等。如果输入会计科目有辅助核算要求，则应输入辅助核算内容；如果一个科目同时兼有多种辅助核算，则同时要求输入各种辅助核算的有关内容。

【例 5 – 1】1 日，用银行存款支付到期汇票。

借：应付票据　　　　　　　　　　　　　　　　　　　100 000.00

　　贷：银行存款——工商银行（203—0001）　　　　　　100 000.00

1）输入凭证头部分

【操作步骤】

①单击"开始"→"程序"→"用友 ERP – U8"→"财务会计"→"总账"，打开"登录"对话框，如图 5 – 14 所示，选择操作员"003"（即以会计身份登录），输入密码"3"，单击"登录"按钮，打开总账窗口。

图 5 – 14　会计登录

②在"总账"窗口中，单击"凭证"菜单中的"填制凭证"菜单，打开"填制凭证"窗口，如图 5 – 15 所示。

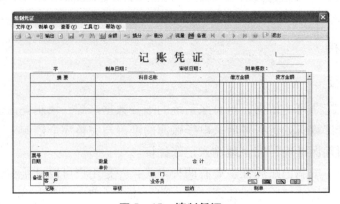

图 5 – 15　填制凭证

③单击"增加"按钮（或按 F5 键），增加 1 张新凭证。

④在"凭证类别"框中单击"参照"按钮，选择"付　付款凭证"选项，输入制单日期"2018.04.03"，输入附单据数"1"（因为学生实验时一般没有原始凭证，所以可以为

空），如图 5-16 所示。

图 5-16　凭证抬头录入

2）输入凭证正文部分

【操作步骤】

①输入摘要"支付到期汇票"（自定义）。

②输入科目名称"应付票据"，或输入现金科目的编码"2201"，或单击"参照"按钮，选择"2201 应付票据"科目。

③输入借方金额"100 000"，按 Enter 键，继续输入下一行。

3）输入辅助核算信息

【操作步骤】

①输入科目名称"工行存款"，或输入编码"100201"，系统打开"辅助项"对话框，如图 5-17 所示。

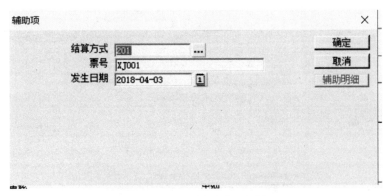

图 5-17　"辅助项"对话框

②输入结算方式"转账支票"，或单击"参照"按钮，选择"201"；输入票号"XJ001"；单击"参照"按钮，选择发生日期"2018-04-03"，或直接输入。

③单击"确认"按钮，返回。

④输入贷方金额"100 000"后，单击"保存"按钮或按 F6 键进行保存，系统显示一张完整的凭证，如图 5-18 所示。

【注意】

● 正文中不同行的摘要可以相同，也可以不同，但不能为空。每行摘要将随相应的会计科目在明细账、日记账中出现。新增分录完成后，按 Enter 键，系统将摘要自动复制到下一

图 5-18 完整凭证

分录行。
- 会计科目通过科目编码或科目助记码输入。
- 科目编码必须是末级的科目编码。
- 金额不能为"零",红字以"-"号表示。如果方向不符,可以按空格键调整金额方向。
- 若想放弃当前未完成的分录的输入,可按"删行"按钮或按 Ctrl + D 组合键删除当前分录。
- 如果科目设置了辅助核算属性,则在这里还要输入辅助信息,如部门、个人、项目、客户、供应商、数量等。录入的辅助信息将在凭证下方的备注中显示。
- 录入项目核算辅助账时,单击"辅助明细"按钮,选择相应的项目,弹出如图 5-19 所示对话框。

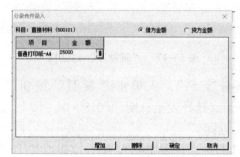

图 5-19 项目辅助账

- 结账在建工程成本时,各明细可以通过余额查询得知,如图 5-20 所示。
- 生成常用凭证,在填制完凭证后,单击"制单"→"生成常用凭证",弹出如图 5-21 所示对话框。

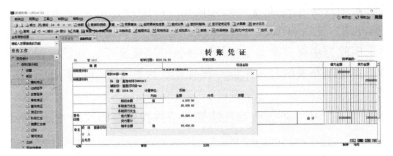

图 5－20　在建工程转入余额查询

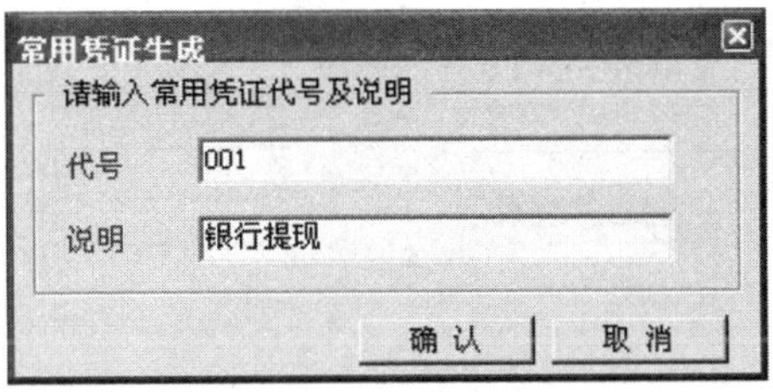

图 5－21　生成常用凭证

● 单击"查询凭证"可以看到所填凭证，如图 5－22 所示。

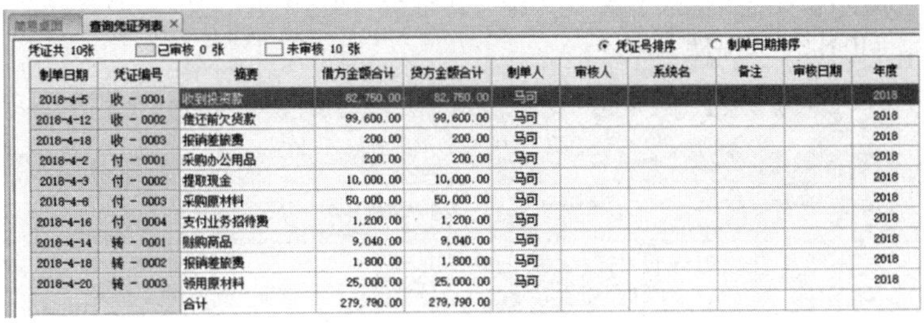

凭证共 10张　已审核 0 张　未审核 10 张　凭证号排序　制单日期排序

制单日期	凭证编号	摘要	借方金额合计	贷方金额合计	制单人	审核人	系统名	备注	审核日期	年度
2018-4-5	收 - 0001	收到投资款	82,750.00	82,750.00	马司					2018
2018-4-12	收 - 0002	偿还前欠货款	99,600.00	99,600.00	马司					2018
2018-4-18	收 - 0003	报销差旅费	200.00	200.00	马司					2018
2018-4-2	付 - 0001	采购办公用品	200.00	200.00	马司					2018
2018-4-3	付 - 0002	提取现金	10,000.00	10,000.00	马司					2018
2018-4-6	付 - 0003	采购原材料	50,000.00	50,000.00	马司					2018
2018-4-16	付 - 0004	支付业务招待费	1,200.00	1,200.00	马司					2018
2018-4-14	转 - 0001	赊购商品	9,040.00	9,040.00	马司					2018
2018-4-18	转 - 0002	报销差旅费	1,800.00	1,800.00	马司					2018
2018-4-20	转 - 0003	领用原材料	25,000.00	25,000.00	马司					2018
		合计	279,790.00	279,790.00						

图 5－22　查询凭证

（二）修改凭证

尽管在填制凭证时系统提供了多种控制错误的措施，但仍然不可避免地会出现错误。如果在填制或审核凭证时发现凭证有误，则可以借助系统提供的功能对错误凭证进行修改。在电算化账务处理系统中，对错误凭证的修改要严格按照会计制度的要求进行。对不同状态下的错误凭证要求采用不同的修改方式。

1. 错误凭证的"无痕迹"修改

"无痕迹"修改是指不留下任何曾经修改的线索和痕迹。以下两种状态下的错误凭证可以实现无痕迹修改：一是对已经输入但未审核的错误凭证，通过凭证的编辑输入功能直接进行修改或删除，但凭证编号不能修改；二是对已经过审核但未记账的错误凭证可以先取消审核，再通过凭证的编辑输入功能进行修改。

2. 错误凭证的"有痕迹"修改

"有痕迹"修改是指通过保留错误凭证和更正凭证的方式，留下曾经修改的线索和痕迹。如果发现已经记账的凭证有错，不能直接修改，这时对错误凭证的修改要采用有痕迹修改。修改的方法可采用红字冲销法或补充凭证法。红字冲销法是将错误凭证采用增加一张"红字"凭证全额冲销,然后再编制一张正确的"蓝字"凭证进行更正。如果原错误凭证是金额多计,也要采用此方法将多余的金额填写一张红字凭证予以冲销。补充凭证法是将原错误凭证少计金额,再按照原来的分录填制一张凭证,以补充少计的差额。

【操作步骤】

(1) 在"填制凭证"中,通过查询功能筛选条件找到要修改的凭证,如图 5-23 所示。

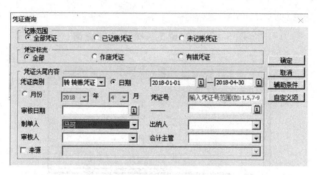

图 5-23 凭证查询筛选条件

(2) 将光标移到需修改的位置即可直接修改。

(3) 如果辅助项有错误,可以直接双击要修改的辅助项,在"辅助项"对话框中直接修改相关的内容,如图 5-24 所示。

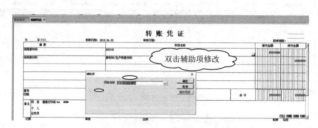

图 5-24 辅助账修改

(4) 在当前金额的相反方向,按空格键可修改金额方向。

(5) 单击"增行"按钮,可在当前分录前增加一条分录。

(6) 按 Ctrl + D 组合键可删除该行分录,如图 5-25 所示。

图 5-25 辅助账删除

(7) 若当前分录的金额为其他所有分录的借贷方差额,则在金额处按 = 键即可。

(8) 单击"保存"按钮,保存当前修改。

【注意】
- 若凭证已经审核、签字或记账，则不能直接修改，需要取消相应审核、签字或记账。
- 若已采用制单序时控制，则在修改制单日期时，日期不能在上一张凭证的制单日期之前。
- 若已选择不允许修改或作废他人填制的凭证权限控制，则不能修改或作废他人填制的凭证。
- 如果涉及银行科目的分录已录入支票信息，并对该支票做过报销处理，修改操作将不影响"支票登记簿"中的内容。
- 外部系统传递来的凭证不能在总账系统中修改，只能在生成该凭证的系统中进行修改。

（三）冲销凭证

如果需要冲销某张已记账的凭证，可以在"制单"菜单中的"冲销凭证"功能中制作红字冲销凭证。

【操作步骤】

（1）在"填制凭证"窗口中，单击"制单"菜单中的"冲销凭证"，打开"冲销凭证"对话框，如图5-26所示。

图5-26 冲销凭证

（2）输入月份、凭证类别和凭证号。

（3）单击"确定"按钮，系统自动生成一张红字冲销凭证。

【注意】
- 制作红冲销凭证将错误凭证冲销后，需要再编制正确的蓝字凭证进行补充。
- 通过红字冲销法增加的凭证，应视同正常凭证进行保存和管理。

（四）作废及删除凭证

日常操作过程中，若遇到非法凭证需要作废时，可以使用"作废/恢复"功能，将这些凭证作废。

【操作步骤】

（1）在"填制凭证"窗口中，通过"查询"功能找到要删除的凭证。

（2）单击"制单"菜单中的"作废/恢复"选项。

（3）凭证左上角显示"作废"字样，表示该凭证已作废，如图5-27所示。

图 5-27 作废凭证

(4) 如果不想保留作废凭证,可以通过"整理凭证"菜单进行处理,系统要求选择凭证期间。

(5) 选择要整理的月份。

(6) 单击"确定"按钮,系统打开"作废凭证表"对话框,如图 5-28 所示。

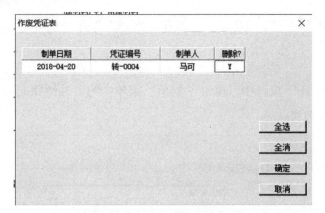

图 5-28 删除凭证

(7) 选择要彻底删除的作废凭证,在"删除"栏双击,系统以"Y"标记。

(8) 单击"确定"按钮,系统将这些凭证从数据库中删除并对剩下的未记账凭证重新排号。

【注意】

● 作废凭证仍保留凭证内容及编号,只显示"作废"字样。

● 作废凭证不能修改,不能审核。

● 在记账时,已作废的凭证将参与记账,否则月末无法结账,但系统不对作废凭证进行数据处理,即相当于一张空凭证。

● 账簿查询时,找不到作废凭证的数据。

● 若当前凭证已作废,可单击"制单"菜单中的"作废/恢复"选项,取消作废标志,并将当前凭证恢复为有效凭证。

● 只能对未记账的凭证做凭证整理。

● 已记账凭证做凭证整理时,应先取消记账,再做凭证整理。

(五) 查询凭证

在制单过程中,可以通过查询功能对凭证进行查看,以便随时了解经济业务发生的情况,保证填制凭证的正确性。

【操作步骤】

(1) 在填制凭证窗口中，单击"查询"按钮或者单击"查看"菜单中的"查询"菜单，打开"凭证查询"对话框；还可以在"总账"窗口中单击"凭证"菜单中的"查询凭证"菜单，打开"凭证查询"对话框，如图 5-29 所示。

图 5-29 "凭证查询"对话框

(2) 选择"凭证类别"下拉列表框中的"收 收款凭证"选项。

(3) 输入凭证号"0003"，其他栏目可以为空；单击"确认"按钮，即可找到符合查询条件的凭证，如图 5-30 所示。

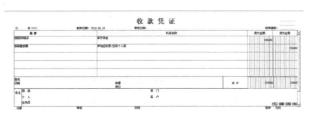

图 5-30 符合查询条件的凭证

(4) 在各会计分录间移动光标，备注栏将动态显示出该分录的辅助信息。

【注意】

● 在"填制凭证"窗口中，单击"查看"菜单中的选项可以查看到当前科目最新余额、外部系统制单信息、联查明细账及查找分单等。

(六) 生成和调用常用凭证

生成和调用常用凭证是指可以将某张凭证作为常用凭证存入常用凭证库中，以后可按所存代号调用这张常用凭证。

在填制一张与"常用凭证"相类似或完全相同的凭证时，可调用此常用凭证，这样可以加快凭证的录入速度。调用方法为：在制单时，通过"制单"菜单下的"调用常用凭证"功能，从中选择要调用的常用凭证即可调出指定常用凭证。若调出的常用凭证与业务有出入或缺少部分信息，可直接将其修改成所需的凭证。

1. 增加常用凭证

【操作步骤】

(1) 单击"常用凭证"，单击"增加"选项，添加相应信息，如图 5-31 所示。

(2) 单击"详细"选项，添加借方科目和贷方科目，如图 5-32 所示。

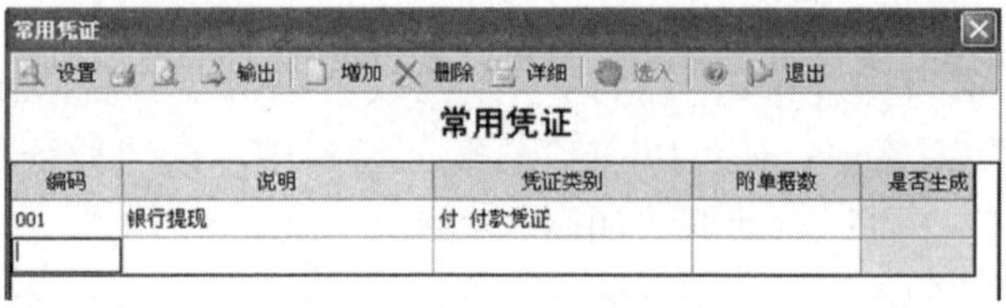

图 5-31 添加常用凭证对话框

图 5-32 定义常用凭证

2. 调用常用凭证

如果在"常用凭证"中已定义了与目前将要填制的凭证相类似或完全相同的凭证,调用此常用凭证会加快凭证的录入速度。调用常用凭证后,对金额为 0 的分录系统不予保存。

调用方法一:制单时,单击"编辑"菜单下的"调用常用凭证",根据提示输入常用凭证的编号,即可调出该常用凭证,如图 5-33 所示。若调出的常用凭证与当时的业务有出入或缺少部分信息,可以直接将其修改成所需的凭证。

图 5-33 调用常用凭证

调用方法二:在"填制凭证"对话框下按 F4 键。

二、审核凭证与出纳签字

审核凭证是指由具有审核权限的操作员按照会计制度规定,对制单人填制的记账凭证进行合法性检查。其目的是防止错误及舞弊。

审核时，可以直接根据原始凭证对屏幕上显示的记账凭证进行审核，对正确的记账凭证发出签字指令，计算机在凭证上填入审核人名字。审核与制单不能为同一人。

审核凭证主要包括出纳签字和审核凭证两方面工作。

（一）出纳签字

【操作步骤】

（1）在“总账”窗口中单击“系统”菜单下的“重新注册”，出现“注册”对话框，重新选择用户名（具备出纳权限），输入该用户的密码，例如，用户名为“002”，密码为“2”，单击“确认”按钮。

（2）单击“财务会计”→“总账”，在“凭证”菜单下单击“出纳签字”，打开“出纳签字”对话框，如图 5－34 所示。

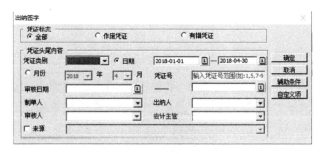

图 5－34　出纳签字筛选

（3）单击“全部”单选按钮，单击“确认”按钮，系统显示全部记账凭证。也可以进行筛选，选择特定的凭证进行签字，如图 5－35 所示。

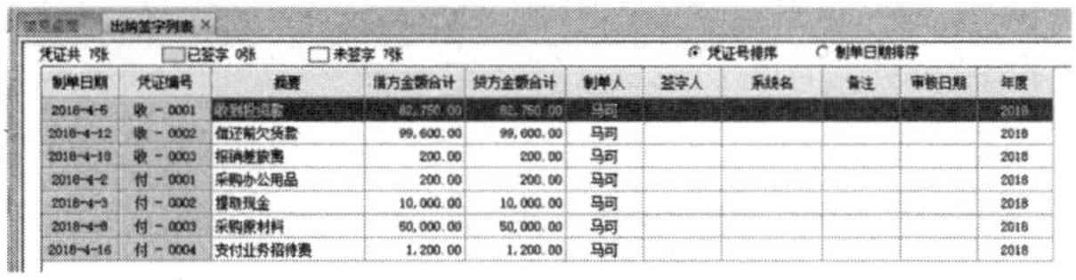

凭证共 7张　已签字 0张　未签字 7张　凭证号排序　制单日期排序

制单日期	凭证编号	摘要	借方金额合计	贷方金额合计	制单人	签字人	系统名	备注	审核日期	年度
2018-4-5	收－0001	收到投资款	82,750.00	82,750.00	马可					2018
2018-4-12	收－0002	偿还前欠货款	99,600.00	99,600.00	马可					2018
2018-4-18	收－0003	报销差旅费	200.00	200.00	马可					2018
2018-4-2	付－0001	采购办公用品	200.00	200.00	马可					2018
2018-4-3	付－0002	提取现金	10,000.00	10,000.00	马可					2018
2018-4-8	付－0003	采购原材料	50,000.00	50,000.00	马可					2018
2018-4-16	付－0004	支付业务招待费	1,200.00	1,200.00	马可					2018

图 5－35　筛选出来的凭证

（4）单击“确定”按钮，出现待签字的记账凭证，单击“签字”按钮，凭证底部的“出纳”处自动签上出纳姓名，如图 5－36 所示。

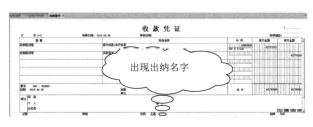

图 5－36　出纳签字

（5）单击“下张”按钮，继续对其他凭证进行签字；或者可以进行成批签字，所有出纳凭证一起签，如图 5－37 所示。

（6）全部完成以后，单击“退出”按钮。

图 5-37 出纳签字状态

【注意】
- 涉及指定科目的凭证才需出纳签字。
- 凭证一经签字,就不能被修改、删除,只有取消签字后,才可以修改或删除,取消签字只能由出纳人员自己进行。
- 在确定凭证无误时,可以使用成批出纳签字功能,以便加快签字速度,但请慎用。
- 取消签字和出纳签字的操作是一样的,这里不再叙述。

(二)审核凭证

【操作步骤】

(1)在"总账"窗口,单击"系统"菜单下的"重新注册",出现"注册"对话框,重新选择用户名(应该是专职的审核员,这里让账套主管兼任审核工作),输入该用户的密码,用户名"001",密码"1",单击"确认"按钮。

(2)单击"凭证"菜单中的"审核凭证",打开"凭证审核"对话框。

(3)单击"全部"单选按钮,单击"确认"按钮,系统显示全部记账凭证,如图 5-38 所示。

图 5-38 待审核的凭证

(4)单击"确定"按钮,检查待审核的凭证后,单击"审核"按钮,凭证底部的"审核"处自动签上审核人的姓名,如图 5-39 所示。

图 5-39 单张审核

(5)自动出现下一张待审核凭证,继续对其他凭证进行审核,检查后,如认为有错误,可单击"审核"菜单中的"标错"按钮,凭证左上角显示"有错"字样,然后交回制单员纠正。

(5) 也可以进行成批审核，如图 5-40 所示。审核完成以后，单击"退出"按钮，退出审核操作。

图 5-40　成批审核

【注意】

● 审核人和制单人不能是同一个人。

● 若想对已审核的凭证取消审核，单击"取消"按钮即可。取消审核签字只能由审核人自己进行。

● 凭证一经审核，就不能被修改、删除，只有被取消审核签字后，才可以进行修改或删除。

● 审核人除了要具有审核权外，还需要有对待审核凭证制单人所制凭证的审核权，这个权限在"基础设置"的"数据权限"中设置。

● 作废凭证不能被审核，也不能被标错。

● 已标错的凭证不能被审核，若想审核，需先取消标错后才能审核。已审核的凭证不能标错。

● 取消审核和审核凭证的操作是一样的，这里不再叙述。

三、记账

记账是以会计凭证为依据，将经济业务全面、系统、连续地记录到具有账户基本结构的账簿中的一种方法。

在手工方式下，记账是由会计人员根据已审核的记账凭证，以及所附有的原始凭证逐笔或汇总后登记有关的总账和明细账；在电算化方式下，记账是由具有记账权限的操作员发出记账指令，由计算机按照预先设计的记账程序自动进行合法性检查、科目汇总、登记账簿等。

（一）记账

记账凭证审核及出纳签字后，即可进行登记总账、明细账、日记账及往来账等操作。本系统记账采用向导方式，使记账过程更加明确，记账工作由计算机自动进行数据处理，不用人工干预。

【操作步骤】

（1）在"总账"窗口，单击"系统"菜单下的"重新注册"，出现"注册"对话框，重新选择用户名（账套主管），输入该用户的密码，比如，用户名为"001"，密码为"1"，单击"确认"按钮。

（2）在"财务会计"窗口中，单击"凭证"菜单中的"记账"，打开如图 5-41 所示对话框。

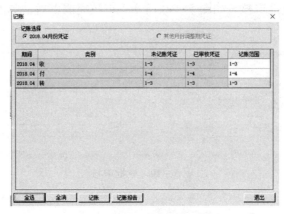

图 5-41 记账范围选择

(3) 选择需要记账的范围，默认为所有已审核并经出纳签字的凭证。

(4) 单击"记账"按钮，打开"期初试算平衡表"对话框，如图 5-42 所示。

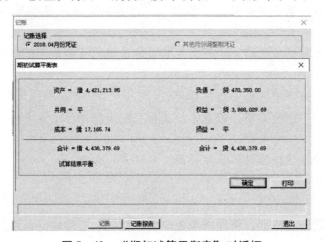

图 5-42 "期初试算平衡表"对话框

(5) 单击"确定"按钮，打开"记账"对话框，单击"记账"按钮，如图 5-43 所示。

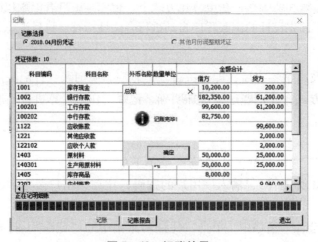

图 5-43 记账结果

(6) 单击"确认"按钮,系统开始记录有关的总账和明细账、辅助账,结束后系统弹出"记账完毕"提示对话框,单击"退出"按钮结束记账。

【注意】
- "记账范围"中可输入数字、"-"、","。
- 第一次记账时,若期初余额试算不平衡,不能记账。
- 上月未结账,本月不能记账。
- 未审核凭证不能记账,记账范围应小于等于已审核范围。
- 作废凭证不需要审核,可直接记账。
- 如果不想再继续记账,可单击"取消"按钮,取消本次记账工作。
- 记账过程一旦断电或由于其他原因造成中断,系统将自动调用恢复记账前状态,恢复数据,然后再重新记账。

(二) 恢复记账前状态(取消记账)

如果由于某种原因,事后发现本月已记账的凭证有错误且必须在本月进行修改,可以利用"恢复记账前状态"功能,将本月已记账的凭证恢复到未记账前状态,进行修改、审核后再进行记账。

【操作步骤】

(1) 在"总账"窗口中,单击"期末"菜单中的"对账"菜单,打开"对账"窗口,如图5-44所示。

图5-44 "对账"窗口

(2) 单击2018.04月份所在行,按Ctrl+H组合键,系统弹出"恢复记账前状态功能已被激活"提示对话框,单击"确定"按钮,如图5-45所示。单击"确定"按钮退出。

(3) 在"总账-凭证"下,找到"恢复记账前状态"按钮,单击打开对话框,如图5-46所示,单击"最近一次记账前状态"或"2018年04月初状态"按钮。

(4) 单击"确定"按钮,系统弹出"恢复记账完毕"提示对话框,再单击"确定"按钮返回。

【注意】
- 需要输入会计主管的口令,系统才开始进行恢复工作。
- 对于已结账的月份,不能恢复记账前状态。

图 5-45 激活提示

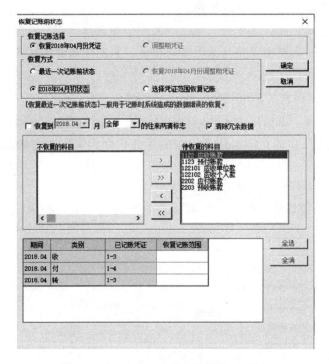

图 5-46 恢复记账前状态按钮对话框

- 如果再按 Ctrl+H 组合键，则隐藏恢复记账前状态功能。

四、出纳管理

出纳管理是总账系统为出纳人员提供的一套管理工具，它主要可以完成现金和银行存款日记账的输出、支票登记簿的管理，进行银行对账，以及为长期未达账提供审计报告。

（一）查询日记账及资金日报表

现金日记账功能用于查询现金日记账，现金科目必须在"会计科目"功能下的"指定科目"中预先指定。可在"我的账簿"中选择已保存的查询条件，或设置新的查询条件进行查询。

银行日记账功能用于查询银行日记账，银行科目必须在"会计科目"功能下的"指定科目"中预先指定。

资金日报表是反映现金、银行存款日发生额及余额情况的报表，在企业财务管理中占据重要位置。

【操作步骤】

(1) 首先重新注册更换操作员,在"总账"窗口中,单击"出纳"菜单中的"资金日报"菜单,打开"资金日报表查询条件"对话框。

(2) 输入日期或单击"参照"按钮选择日期。

(3) 单击"确认"按钮,即可显示当日的资金日报表。

(二) 银行对账

银行对账是货币资金管理的主要内容,是企业出纳员的最基本的工作之一。为了能够准确掌握银行存款的实际金额,了解实际可以动用的货币资金数额,防止记账发生差错,企业必须定期将银行存款日记账与银行出具的对账单进行核对,并编制银行存款余额调节表。在计算机总账系统中,要求银行对账的科目是在设置科目时定义为"银行账"辅助账类的科目。

系统提供两种对账方式:自动对账和手工对账。自动对账,即由计算机进行银行对账,是计算机根据对账依据将银行日记账未达账项与银行对账单进行自动核对、勾销;手工对账是对自动对账的补充。采用自动对账后,可能还有一些特殊的已达账项未勾出来而被视作未达账项。为了保证银行账能够彻底、准确,可以通过手工对账进行调整勾销。

银行对账一般通过以下几个步骤完成:录入银行对账期初数据、录入银行对账单、银行对账、编制余额调节表和核销已达账。

1. 录入银行对账期初数据

第一次使用银行对账功能前,系统要求录入日记账及对账单未达账项,在开始使用银行对账之后不再使用。

【操作步骤】

(1) 在"总账"中,单击"出纳"→"银行对账"→"银行对账期初录入",打开"银行科目选择"对话框。

(2) 选择"工行存款",单击"确定"按钮,打开"银行对账期初"对话框,如图5－47所示。

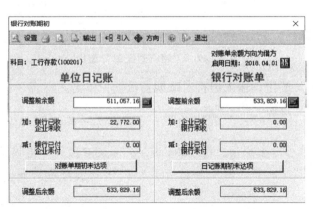

图5－47 "银行对账期初"对话框

(3) 单击日期按钮,确定启用日期为"2018.04.01";在"单位日记账"和"银行对账单"的"调整前余额"栏中输入数字。

(4) 单击"对账单期初未达项"按钮,打开"银行方期初"对话框,如图 5-48 所示。

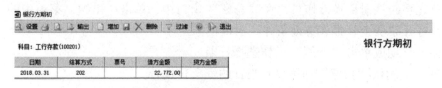

图 5-48 "银行方期初"对话框

(5) 单击"增加"按钮,分别输入对账单和日记账期初余额,单击"保存"按钮,单击"退出"按钮。

【注意】

● 在录入完单位日记账、银行对账单期初未达账项后,请不要随意调整启用日期,尤其是向前调,这样可能会造成启用日期后的期初数不能再参与对账。

2. 录入银行对账单

要实现计算机自动进行银行对账,在每月月末对账前,必须将银行开出的银行对账单输入计算机,存入"对账单文件"。

【操作步骤】

(1) 在"总账"中,单击"出纳"→"银行对账"→"银行对账单"菜单,打开"银行科目选择"对话框。

(2) 选择"工行存款",单击"确定"按钮,打开"银行对账单"窗口,如图 5-49 所示。

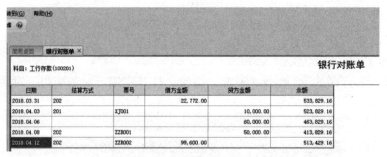

图 5-49 "银行对账单"窗口

(3) 单击"增加"按钮,输入银行对账期初数据,单击"保存"按钮。

(4) 单击"退出"按钮。

【注意】

● 输入每笔经济业务的金额后,按 Enter 键后,系统自动计算出该日的银行存款余额。

● 若企业在多家银行开户,对账单应与其对应账号所对应的银行存款下的末级科目一致。

3. 银行对账

银行对账采用自动对账与手工对账相结合的方式。自动对账是计算机根据对账依据自动进行核对、勾销,对账依据由用户根据需要选择。

【操作步骤】

(1) 在"总账"中,单击"出纳"→"银行对账"→"银行对账",打开"银行科目选择"对话框。

(2) 选择"工行存款",单击"确定"按钮,打开"银行对账"窗口,单击"对账"按钮,打开"自动对账"对话框,如图5-50所示。

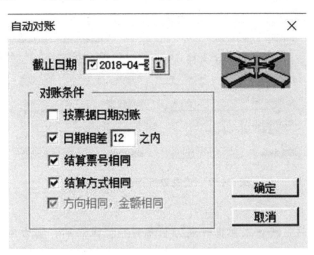

图5-50 "自动对账"对话框

(3) 单击日期按钮,选择截止日期"2018-04-30";单击"日期相差12之内""结算票号相同""结算方式相同"复选框,取消这个对账条件的限制,以最大条件进行银行对账。

(4) 单击"确定"按钮,系统进行自动对账,并显示自动对账结果,如图5-51所示。

图5-51 银行自动对账

【注意】

● 对账条件中的方向、金额相同是必选条件。

● 对账截止日期可以录入,也可以不录入。

● 对于已达账项,系统自动在单位日记账和银行对账单双方的"两清"栏上打上红圆圈标志,其所处行背景色变为绿色。如果没有红圆圈,可能就是未达账款。

● 有时可能存在不规范的人工录入情况,造成自动对账无法勾销,此时可以使用手工对账功能。双击左右两侧的对应记录,系统显示手工对账两清的标记"√"。

● 单击"检查"按钮,系统在"对账平衡检查"对话框中显示平衡检查结果。如果不平衡,则需继续通过手工对账功能进行调整,直至平衡为止。

4. 编制余额调节表

对账完成后,系统自动整理汇总未达账和已达账,生成银行存款余额调节表。

【操作步骤】

(1) 在"总账"中,单击"出纳"→"银行对账"→"银行对账",打开"余额调节表查询"对话框。

(2) 单击"查看"按钮,可查看详细的银行存款余额调节表,如图 5-52 所示。

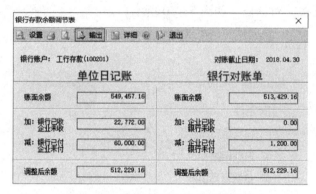

图 5-52　查看银行存款余额调节表

【注意】

● 此余额调节表截止到对账截止日期,若无对账截止日期,则为最新余额调节表。

5. 核销已达账

在总账系统中,用于银行对账的单位日记账和银行对账单的数据是会计核算和财务管理的辅助数据。正确对账后,已达账项数据已无保留价值,因此,通过对上述对账的结果和对账明细情况的查询,确信对账准确后,可以通过核销已达账功能核销用于对账的单位日记账和银行对账单的已达账项。

1) 查询对账勾对情况

在进行核销已达账之前,应先查询单位日记账及银行对账单的对账结果,用户在检查无误后,即可核销已达账项。核销后的单位日记账及银行对账单的数据将不再参与以后的银行存款的勾对。

【操作步骤】

①在"总账"中,单击"出纳"→"银行对账"→"查询对账勾对情况",打开"银行科目选择"对话框。

②选择"工行存款",单击"确定"按钮,打开"查询银行勾对情况"窗口,单击"银行对账单"和"单位日记账"选项卡进行检查,如图 5-53 所示。

③检查无误后,单击"退出"按钮。

图 5-53　查询银行勾对情况

2）核销银行账

核销用于对账的单位日记账和银行对账单的已达账项，核销后已达账项消失，不能被恢复。如果银行对账不平衡，则不能使用核销银行账的功能。核销银行账不影响单位日记账的查询和打印。

【操作步骤】

①在"总账"中，单击"出纳"→"银行对账"→"核销银行账"，打开"核销银行账"对话框。

②选择"工行存款"，单击"确定"按钮，系统弹出"您是否确实要进行银行账核销？"的提示对话框。

③单击"退出"按钮，银行账核销完毕，如图5-54所示。

图5-54　核销银行账

五、总账及明细账查询

企业发生的经济业务，经过制单、审核、记账操作之后，就形成了正式的会计账簿。为了能够及时地了解账簿中的数据资料，并满足对账簿数据的统计分析及打印的需要，在总账系统中，系统提供了强大的查询功能，包括基本会计核算账簿的查询输入、各种辅助核算账簿及现金和银行存款日记账的查询与输出。整个系统实现总账、明细账、凭证联查功能。

（一）总账及明细账查询

总账查询不但可以查询各总账科目的年初余额、各月发生额合计和月末余额，而且可以查询所有各级明细科目的年初余额、各月发生额和月末余额。

明细账查询用于平时查询各账户的明细发生情况，以及按任意条件组合查询明细账。在查询过程中可以包含未记账凭证。

【例5-2】查询所有资产类账户的总账余额。

【操作步骤】

（1）在"总账"窗口中，单击"账表"→"科目账"→"总账"，打开"总账查询条件"对话框，如图5-55所示。

（2）在"科目"框中，直接输入或单击"参照"按钮选择起止科目范围"1001-191102"；在"级次"框中，选择级次范围"1-1"。

（3）单击"确定"按钮，显示查询结果，如图5-56所示。可以单击"科目"下拉列

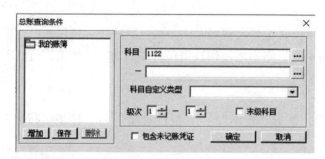

图 5-55 总账余额查询

表框的下三角按钮查询其他总账。

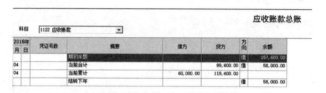

图 5-56 总账余额

(二)发生额及余额表查询

发生额及余额表查询与总账查询基本相似,余额表用于查询统计各级科目的本期发生额、累计发生额和余额等。

查询所包含未记账凭证的所有科目(包含末级科目)的余额。

【例 5-3】查询 2018 年 4 月份的发生额及余额。

【操作步骤】

(1)在"总账"窗口中,单击"账表"→"科目账"→"余额表",打开"发生额及余额查询条件"对话框,如图 5-57 所示。

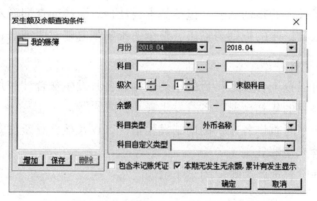

图 5-57 "发生额及余额查询条件"对话框

(2)在"月份"框中输入起止月份,当只查询某个月的资料时,应将起止月份都选择为同一月份,如查询 2018 年 4 月,则月份范围应选择"2018.04 - 2018.04"。

(3)选中"末级科目"及"包含未记账凭证"复选框。

(4)单击"确认"按钮,系统显示发生额及余额表,如图 5-58 所示。

发生额及余额表

科目编码	科目名称	期初余额		本期发生		期末余额	
		借方	贷方	借方	贷方	借方	贷方
1404	材料成本差异	1,642.00				1,642.00	
1405	库存商品	2,554,000.00		8,000.00		2,562,000.00	
1601	固定资产	260,860.00				260,860.00	
1602	累计折旧		47,120.91				47,120.91
1701	无形资产	58,500.00				58,500.00	
资产小计		4,558,334.86	137,120.91	250,550.00	188,000.00	4,620,884.86	137,120.91
2001	短期借款		200,000.00				200,000.00
2202	应付账款		276,850.00		9,040.00		285,890.00
2211	应付职工薪酬		8,200.00				8,200.00
2221	应交税费	16,800.00		1,040.00		17,840.00	
2241	其他应付款		2,100.00				2,100.00
负债小计		16,800.00	487,150.00	1,040.00	9,040.00	17,840.00	496,190.00
4001	实收资本		2,609,052.00		82,750.00		2,691,802.00
4103	本年利润		1,478,000.00				1,478,000.00
4104	利润分配	119,022.31				119,022.31	
权益小计		119,022.31	4,087,052.00		82,750.00	119,022.31	4,169,802.00
5001	生产成本	17,165.74		25,000.00		42,165.74	
成本小计		17,165.74		25,000.00		42,165.74	
6001	主营业务收入						
6051	其他业务收入						
6401	主营业务成本						
6402	其他业务成本						
6403	营业税金及附加						
6601	销售费用			200.00		200.00	
6602	管理费用			3,000.00		3,000.00	
6603	财务费用						
损益小计				3,200.00		3,200.00	
合计		4,711,322.91	4,711,322.91	279,790.00	279,790.00	4,803,112.91	4,803,112.91

图 5－58　发生额及余额表

第四节　总账系统期末业务处理

期末会计业务是指会计人员将本月所发生的日常经济业务全部登记入账后，在每个会计期末都需要完成的一些特定的会计工作，主要包括期末转账业务、试算平衡、对账及结账等。由于各会计期间的许多期末业务均具有较强的规律性，因此由计算机来处理期末会计业务，不但可以规范会计业务的处理，还可以大大提高处理期末业务的工作效率。

一、定义转账凭证

定义转账凭证是进行期末账务处理的第一步。自动转账凭证必须先定义后使用。其过程是先登记一个转账凭证模板，然后对转账凭证模板进行定义。登记转账凭证模板包括设置转账序号、输入转账摘要、选择凭证类型等；转账凭证模板的定义包括设置科目编码、方向及金额公式等。定义转账凭证主要包括自定义转账、对应结转、销售成本结转、期间损益结转、汇兑损益结转等。

（一）自定义转账设置

由于各个企业情况不同，必然会造成各个企业对各类成本费用的分摊结转方式的不同。在电算化方式下，为了实现各个企业不同时期期末会计业务处理的通用性，用户可以自行定义自动转账凭证，以完成每个会计期末的固定会计业务的自动转账。自定义转账凭证功能可以完成对各种费用的分配、分摊、计提、税金的计算及期间损益转账凭证的设置等。

自定义转账设置的内容包括转账序号、转账说明、凭证类别、摘要、科目编码、部门、项目、方向、金额公式等。其中，摘要是录入每笔转账业务的主要文字说明，如果预先设置了常用摘要，则可单击“参照”按钮参照输入；科目编码是录入每笔转账凭证的科目，可单击“参照”按钮参照输入；方向是指结转科目的结转借贷方向；金额公式可以录入计算公式，也可使用“参照”按钮，通过“公式向导”选择“公式名称”“函数名”“科目”

等,完成自动转账的设置。

1. 输入转账目录条件

定义计提短期借款利息业务的自动转账分录格式。

【操作步骤】

(1) 在"总账"窗口中,单击"期末"→"转账定义"→"自定义结转",打开"自定义转账设置"对话框。

(2) 单击"增加"按钮,打开"转账目录"对话框。

(3) 输入转账序号"0001"、转账说明"计提短期借款利息",单击"凭证类别"下拉列表框中的下三角按钮,选择"转 转账凭证"选项,如图5-59所示。

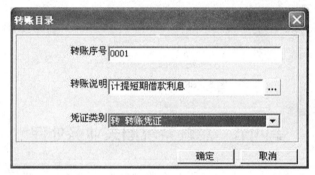

图 5-59 "转账目录"对话框

2. 定义借方转账分录信息

【例5-3】按短期借款期末余额的0.2%计提短期借款利息。

借:财务费用/利息支出(660301)　　　　　　　QM(2001,月)*0.002

　贷:应付利息(223101)　　　　　　　　　　　　JG( )

【操作步骤】

(1) 在"转账目录"对话框中,单击"确定"按钮,返回到"自定义转账设置"对话框,单击"增行"选项,如图5-60所示。

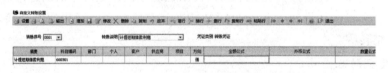

图 5-60 自定义转账设置

(2) 输入科目编码"660301",双击"金额公式"栏,出现"参照"按钮,单击"参照"按钮,打开"公式向导"对话框,如图5-61所示。

(3) 选择公式名称"期末余额"或函数"QM( )"。

(4) 单击"按默认值取数"单选按钮,选中"继续输入公式"复选框,再单击"乘"单选按钮。

(5) 单击"下一步"按钮,输入常数"0.01",单击"完成"按钮,返回"自定义转账设置"对话框,如图5-62所示。

(6) 单击"增行"选项,选择科目"计提短期借款利息(223101)"。

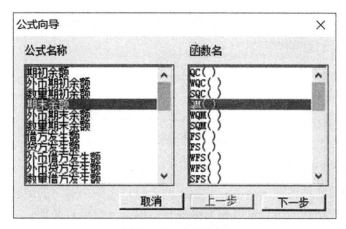

图 5-61　公式向导

图 5-62　自定义结转账设置

(7) 打开"公式向导"对话框,选择公式名称"取对方科目计算结果"或函数"JG( )"。
(8) 单击"保存"按钮,单击"退出"按钮退出。

【注意】

● 转账序号不是凭证号,其可以任意定义,但只能输入数字、字母,不能重号。
● 转账凭证号在执行自动转账时由系统生成,一张转账凭证对应一个转账序号。
● 转账科目为末级科目,部门可为空,表示所有部门。
● 科目缺省,取对方所有科目的金额之和。
● 如果使用应收应付款管理系统,在总账系统中,不能按客户、供应商辅助项进行结转,只能按科目总数进行结转。
● 如果公式的表达式明确,可以直接输入公式;输入公式时,如果公式的表达式不太明确,可以采用向导方式输入金额公式。

3. 定义贷方转账分录信息

计提短期借款利息业务的自动转账分录的贷方信息:科目"应付利息"、金额公式"JG( )"。

【操作步骤】

(1) 在"转账目录"对话框中,单击"确定"按钮,返回到"自动转账设置"对话框。
(2) 输入科目编码"2231",双击"金额公式"栏,出现"参照"按钮,单击"参照"按钮,打开"公式向导"对话框,如图 5-63 所示。
(3) 选择公式名称"取对方科目计算结果"或函数名"JG( )"。
(4) 单击"下一步"按钮,选择科目。
(5) 此处科目缺省,单击"完成"按钮返回。

图 5-63 公式向导

(二) 对应结转设置

对应结转功能只能结转期末余额,它用于两个科目之间一对一的结转,也可以用于科目的一对多结转。对应结转的科目可以是上级科目,但其下级科目必须一一对应,如有辅助核算,则两个科目的辅助账类也必须一一对应。

对应结转设置需要输入的主要项目包括编号、转出科目、转入科目及凭证类别等。

【例 5-4】定义"制造费用 4105"结转至"生产成本 4101",系数"1"。

【操作步骤】

(1) 在"总账"窗口中,单击"期末"→"转账定义"→"对应结转",打开"对应结转设置"对话框。

(2) 输入编号"0002",单击"凭证类别"下拉列表框中的下三角按钮,选择"转 转账凭证"选项,输入摘要"对应结转"。

(3) 输入或单击"参照"按钮,选择转出科目编码"5101";单击"增行"按钮,输入转入科目编码"500104"、结转系数"1",如图 5-64 所示。

图 5-64 对应结转设置

(4) 单击"保存"按钮。

(5) 单击"增加"按钮,继续定义其他对应结转分录,再单击"退出"按钮。

【注意】

● 对应结转只结转期末余额。

● 一张凭证可定义多行,转出科目及辅助项必须一致,转入科目及辅助项可以不相同。

● 如果同一凭证转入科目有多个,并且同一凭证的结转系数之和为 1,则最后一笔结转金额为转出科目余额减当前凭证已转出的余额。

（三）销售成本结转设置

此功能是将月末库存商品销售数量乘以库存商品的平均单价来计算各类库存商品的销售成本并进行结转。在设置销售成本结转时，要求库存商品科目、商品销售收入科目、商品销售成本科目下的明细科目必须设置为数量核算，并且这三个科目的下级必须一一对应，同时，都不能带辅助账类核算。如果想对辅助类的科目进行成本的自动结转，可以在"自定义转账"中进行定义。

【操作步骤】

（1）在"总账"窗口中，单击"期末"→"转账定义"→"销售成本结转"，打开"销售成本结转设置"对话框。

（2）单击"凭证类别"下拉列表框中的下三角按钮，选择"收 收款凭证"选项。

（3）输入或单击参照按钮，选择库存商品科目"140502"、商品销售收入科目"6001"、商品销售成本科目"6401"，如图5-65所示，单击"确定"按钮返回。

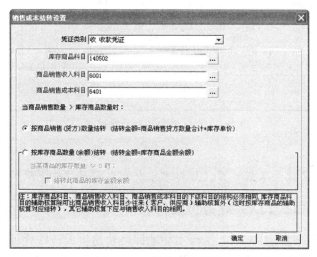

图5-65　销售成本结转

【注意】

● 库存商品科目、商品销售收入科目、商品销售成本科目的账簿格式必须是数量金额式。

● 一张凭证可以定义多行，转出科目及辅助项必须一致，转入科目及辅助项可以不相同。

● 库存商品科目、商品销售收入科目、商品销售成本科目的下级科目的结构必须相同，并且都不能带往来辅助核算，如果想对带往来辅助核算的科目结转成本，需到"自定义转账"中定义。

（四）期间损益结转设置

为了及时反映企业利润的盈亏情况，在一个会计期间终了时，需要将损益类科目的余额结转到本年利润中去。期间损益结转设置可以对管理费用、营业费用、账务费用、主营业务收入、其他业务收入、营业外收入、营业外支出、投资收益等科目进行设置。

此外，有外币核算业务的单位也可以通过设置汇兑损益结转，在期末对汇兑损益进行自动计算并自动结转。注意，系统中已经设置好了期间损益结转，学生可以不用再设置。

【操作步骤】

（1）在"总账"窗口中，单击"期末"→"转账定义"→"期间损益"，打开"期间损益结转设置"对话框，如图 5-66 所示。

（2）单击"凭证类别"下拉列表框中的下三角按钮，选择"转 转账凭证"选项，输入本年利润科目或单击"参照"按钮，选择"4103"。

（3）单击"确定"按钮。

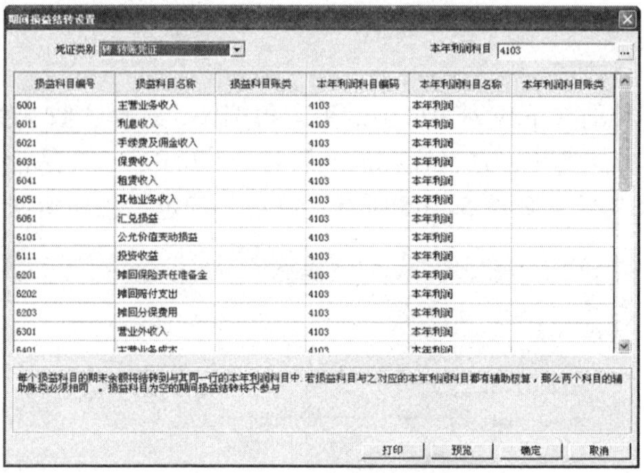

图 5-66 期间损益结转设置

【注意】

● 本年利润科目必须为末级科目，且为本年利润入账科目的下级科目。

二、生成转账凭证（以会计身份进行）

转账定义完成后，每月月末只需执行本功能即可快速生成转账凭证，在此生成的转账凭证将自动追加到未记账凭证文件库中。在进行月末转账工作之前，对于相关自动转账凭证，必须首先将所有未记账凭证进行记账操作，因为相关自动转账凭证是按照已经记账的有关凭证取数计算的，如果没有将相关凭证全部记账，则生成的自动转账凭证数据会不准确。由于独立自动转账凭证不与其他凭证有取数关系，因而其数据来源不受其他凭证是否记账的限制，可以在任何时候生成转账凭证，通常一个独立自动转账凭证每月只使用一次。

在生成自动转账凭证时，摘要、会计科目、借贷方向、系统自动计算的金额等内容直接存入凭证临时文件中。

自动转账凭证生成后，就可以对新生成的凭证进行审核及记账操作，以便系统对本会计期间的全部数据进行处理，为期末对账、结账、编制账务报表和进行账务分析等工作做好数据准备。

（一）其他转账生成

【操作步骤】

（1）在"总账"窗口中，单击"期末"→"转账生成"，打开"转账生成"对话框。

(2) 选择"结转月份"下拉列表框中的"2018.04",单击"自定义转账"单选按钮。
(3) 在"是否结转"栏双击显示"Y"标志,或单击"全选"按钮,如图 5-67 所示。

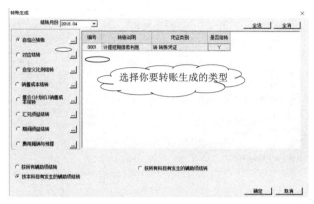

图 5-67　转账生成类型选择

(4) 单击"确定"按钮,系统显示生成的转账凭证,如图 5-68 所示。

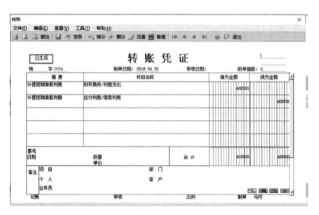

图 5-68　转账生成的凭证

(5) 单击"保存"按钮,系统自动将当前凭证追加到未记账凭证中。

【注意】
- 转账生成之前,注意转账月份为当前会计月份。
- 进行转账生成之前,应将相关经济业务的记账凭证登记入账。
- 生成对应结转凭证、销售成本结转等凭证的操作与自定义转账生成的操作基本相同。
- 转账凭证每月只生成一次。
- 生成的转账凭证,仍须审核才能记账。
- 在生成凭证时,必须注意业务发生的先后次序,否则计算金额时就会发生差错。

(二) 期间损益结转生成

在其他期末结转之后,并把生成的凭证审核记账后再进行期间损益结转。

【操作步骤】
(1) 在"总账"窗口中,单击"期末"→"转账生成",打开"转账生成"对话框。
(2) 选择"结转月份"下拉列表框中的"2018.04",单击"期间损益结转"单选按钮。

(3) 单击"全选"按钮,单击"确定"按钮,出现如图 5-69 所示窗口(需对未记账的凭证进行审核、记账)。

图 5-69 期间损益结转提示

(4) 单击"确定"按钮,系统显示生成的转账凭证,如图 5-70 所示。

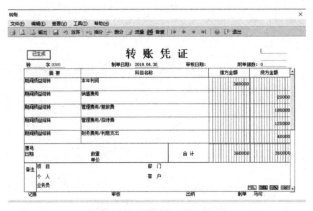

图 5-70 期间损益结转

(5) 单击"保存"按钮,系统自动将当前凭证追加到未记账凭证中。

【注意】
● 对于最后转账生成的期间损益凭证,还需要进行凭证审核和记账。

三、对账与结账

无论是在手工方式下还是在账务处理系统下,在每一个会计期末都要对本会计期间的会计业务进行期末对账与结账,并要求在结账前进行试算平衡。

(一) 对账

为了确保会计核算的真实性和完整性,符合账账相符、账证相符、账实相符的要求,在期末结账前,应首先对账。账务处理系统中的对账是系统对账簿数据进行核对,以检查记账是否正确,账簿的金额是否平衡,这与手工会计核算方式下的对账不同。手工方式下的对账工作是会计人员将账簿之间的数字、账簿与会计凭证的内容、账簿记录与实物数量之间进行人工核对,目的是防止记账过程中发生人为的错误。而电算化方式下的对账是由系统自动完成的,避免了大量繁杂的人工劳动。尽管在账务处理系统中有的日记账、总账、明细账都来源于同一数据,记账工作也是由计算机对已经过校验和审核的记账凭证进行会计数据自动处理而完成的,正常情况下只要凭证录入正确,即不会发生账账不符、账证不符的情况。然而,为了保证会计核算的准确性和会计数据的安全性,防止计算机病毒和非法操作者对会计数据的破坏,确保账账相符、账证相符,账务处理系统仍然保留了计算机自动对账的功能,使用单位应经常使用这个功能进行对账。

对账主要是核对各类账簿与凭证的记录内容来完成账证核对,核对总账与明细账、辅助账的数据来完成账账核对。对账应经常进行,至少一个月一次,一般可在月末结账前进行。

【操作步骤】

(1) 在"总账"窗口中,单击"期末"菜单中的"对账"菜单,打开"对账"窗口,如图 5 - 71 所示。

图 5 - 71 "对账"窗口

(2) 将光标定在要进行对账的月份,如 2018.04,单击"选择"按钮或双击"是否对账"栏。

(3) 单击"对账"按钮开始自动对账,并显示对账结果。

(4) 单击"试算"按钮,可以对各科目类别余额进行试算平衡,如图 5 - 72 所示。

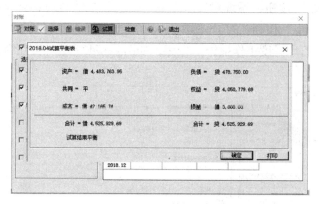

图 5 - 72 试算平衡表

(5) 单击"确认"按钮返回,再单击"退出"按钮,完成对账工作。

【注意】

● 在对账功能中，可以按 Ctrl + H 组合键恢复记账前功能。

（二）结账

为了将持续不断的经济活动按照会计期间进行分期总结和报告，反映一定会计期间的账务状况和经营成果，会计核算单位必须按照有关规定定期地进行结账。结账是在把一定时期内发生的全部经济业务登记入账的基础上，计算、记录并结转各账簿的本期发生额和期末余额，并终止本期的账务处理工作。

由于计算机在每次记账时，都已经结出各科目的发生额和余额，所以账务处理系统下的结账功能更侧重于对当月日常处理的限制和对下月账簿的初始化。因为如果结账已经完成，就不能再进行凭证和账簿的处理操作了，系统会自动计算本月各账户的发生额和期末余额，并将期末余额结转到下期期初，为下个会计期间的连续核算做好初始化准备。

结账只能每月进行一次，要正确地完成结账工作，必须符合系统对结账工作的要求。

【操作步骤】

（1）在"总账"窗口中，单击"期末"→"结账"，打开"结账 – 开始结账"对话框，如图 5 – 73 所示。

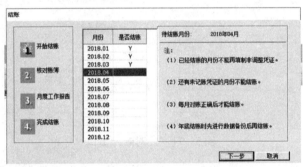

图 5 – 73　"结账 – 开始结账"对话框

（2）单击要结账的月份"2018.04"，单击"下一步"按钮，打开"结账 – 核对账簿"对话框。

（3）单击"对账"按钮，系统对要结账的月份进行账账核对，并显示对账结果。

（4）单击"下一步"按钮，打开"结账 – 月度工作报告"对话框，查看月度工作报告。若需要打印，单击"打印月度工作报告"按钮，如图 5 – 74 所示（可在结账报告中查阅不能结账的原因）。

图 5 – 74　"结账 – 月度工作报告"对话框

(5) 单击"下一步"按钮，打开"结账－完成结账"对话框，如图 5－75 所示。

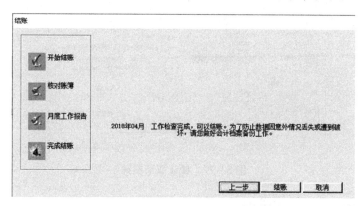

图 5－75 "结账－完成结账"对话框

(6) 单击"结账"按钮，若符合结账要求，系统将进行结账，否则不结账。

【注意】
- 本月还有未记账凭证时，不能结账。
- 结账必须按月连续进行，上月未结账，本月也不能结账，但可以填制、审核凭证。
- 若总账与明细账对账不符，不能结账。
- 如果与其他系统联合使用，其他子系统未全部结账，本系统不能结账。
- 已结账月份不能再填制凭证。
- 结账前，要进行数据备份。在结账的过程中，可以单击"取消"按钮取消正在进行的结账操作。
- 结账只能由有结账权限的人进行。

(三) 取消结账

【操作步骤】

(1) 单击"结账"按钮，在弹出的窗口中，选择一个月份，如图 5－76 所示。

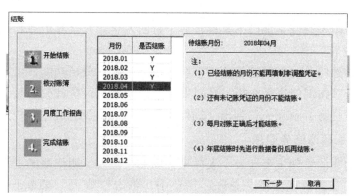

图 5－76 取消结账窗口

(2) 按 Ctrl + Shift + F6 组合键，弹出如图 5－77 所示窗口。
(3) 输入操作员密码，单击"确定"按钮。

图 5-77 确认取消结账

四、各种辅助核算账簿管理

辅助核算账簿管理包括个人往来、部门核算、项目核算账簿的总账及明细账查询输出，以及部门收支分析和项目统计表的查询输出。供应商往来和客户往来核算账簿的管理在应收应付款管理系统中进行。

（一）部门辅助账的管理

部门辅助账的管理主要涉及部门辅助总账、明细账的查询，正式账簿的打印，以及如何得到部门收支分析表。在"总账"窗口中，单击"账表"菜单下的"部门辅助账"可以进行相应的操作。

1. 部门辅助总账的查询

本功能主要用于查询部门业务发生的汇总情况，当在"会计科目"中指定某科目为部门核算类科目，并且在录入凭证时认真填写辅助信息窗，在此可以从部门角度检查费用或收入的发生及余额情况。系统提供了横向和纵向查询。

以科目查询：用于查询某部门核算科目下各个部门的发生额及余额汇总和明细情况。

以部门查询：用于查询某部门核算的各费用、收入科目的发生额及余额汇总和明细情况。

三栏式查询：用于查询某部门下某科目各个月的发生额及余额汇总和明细情况。

2. 部门收支分析

为了加强对各部门收支情况的管理，系统提供部门收支分析功能，可以对所有部门核算科目的发生额及余额按部门进行分析。在对发生额及余额进行统计分析时，系统将科目及部门的期初、借方、贷方、余额一一列出，进行比较分析。

（二）个人往来辅助账的管理

个人往来辅助账的管理主要涉及个人往来辅助账余额表、明细账的查询及正式账簿的打印，以及个人往来账的清理。在"总账"窗口中，单击"账表"菜单下的"个人往来账"可以进行相应的操作。

（三）项目辅助账的管理

项目辅助账的管理包括项目总账、明细账的查询及打印，以及项目统计表的查询。

项目总账的查询用于查询各项目所发生业务的汇总情况，可按科目总账查询、项目总账查询、三栏总账查询、部门项目总账查询、分类总账查询。项目统计表用来统计所有项目的发生额及余额情况。在"总账"窗口中，单击"账表"菜单下的"项目辅助账"可以进行相应的操作。

本章小结

总账系统是会计信息系统的基础和核心，是整个会计信息系统最基本和最重要的内容，其他财务和业务子系统有关资金的数据最终要归集到总账系统中，以生成完整的会计账簿。

总账系统的功能主要有会计凭证处理、出纳管理、账簿管理、辅助核算管理及期末处理等。凭证处理一般包括填制凭证、审核凭证、凭证汇总和记账等内容，其主要任务是通过输入和处理记账凭证，完成记账工作，查询和输出各种账簿；账簿管理包括总账、明细账等基本会计核算账簿的输出，以及个人往来、单位往来等各种辅助核算账簿的查询输出；期末处理包括转账、对账、结账工作。转账工作是会计自动化的重要体现，可以由计算机系统完成自动转账。月末必须进行对账和结账工作，这是会计前后期间衔接的重要内容。

课后练习

一、单选题

1. 在总账系统中输入凭证时，可以不输入或不选择的项目是（ ）。
   A. 凭证类别   B. 凭证日期   C. 附件张数   D. 凭证摘要

2. 使用总账系统填制凭证时，如果要求输入对应的票据日期、结算方式和票号，则是进行（ ）辅助核算。
   A. 数量账   B. 往来账   C. 待核银行账   D. 外币核算

3. 在总账系统中，修改已记账凭证的方法是（ ）。
   A. 直接修改   B. 取消审核后修改
   C. 由电算主管修改   D. 红字冲销

4. 在总账系统中，对记账次数的要求是（ ）。
   A. 每月只能记一次账   B. 每天只能记一次账
   C. 月末时记一次账   D. 不受限制

5. 在总账系统中，计算机根据单位日记账与银行对账单进行核对、勾销，并生成银行存款余额调节表的操作称为（ ）。
   A. 自动核销   B. 手工核销   C. 自动银行对账   D. 手工银行对账

6. 使用总账系统时，自动转账工作过程的顺序是（ ）。
   A. 设置自动转账分录→记账处理→生成自动转账凭证
   B. 设置自动转账分录→生成自动转账凭证→记账处理
   C. 设置自动转账凭证→生成自动转账分录→记账处理
   D. 记账处理→设置自动转账分录→生成自动转账凭证

7. 在总账系统中，对结账的叙述，错误的是（ ）。
   A. 结账前，本月凭证必须登记入账   B. 结账后，不能再输入该月凭证
   C. 结账必须按月连续进行   D. 每月可以结账多次

8. 凭证一旦保存，则以下内容不能修改的是（　　）。
   A. 凭证类别及凭证编号　　　　B. 凭证类别及凭证日期
   C. 凭证类别及附单据张数　　　D. 凭证摘要
9. 修改期初余额方向时，不需要（　　）。
   A. 进入期初余额录入界面　　　B. 一级会计科目
   C. 末级会计科目　　　　　　　D. 选中要修改余额方向的会计科目
10. 指定会计科目是确定出纳的专管科目，其作用并不包括（　　）。
    A. 指定现金和银行科目后，可以填制包含现金及银行科目的记账凭证和银行日记账
    B. 指定现金和银行科目后，可以进行银行对账
    C. 指定现金和银行科目后，可以进行出纳签字
    D. 指定现金及银行科目后，可以查询现金
11. 用友 ERP-U8 总账系统中，以下关于结账的意义，说法不正确的是（　　）。
    A. 结账就是计算本月各科目的本期借贷方累计发生额和期末余额
    B. 结账就是计算和结转各账簿的本期发生额和期末余额
    C. 结账就是终止本月的账务处理工作
    D. 结账工作每月进行一次
12. 总账系统初始设置不包括（　　）。
    A. 会计科目　　　B. 结算　　　C. 单据设置　　　D. 数据权限分配
13. 在用友 ERP 管理系统中，（　　）模块与总账系统之间不存在凭证传递关系。
    A. 工资管理　　　B. 应收管理　　　C. UFO 报表　　　D. 固定资产管理
14. 在总账系统中，已记账凭证的查询应通过（　　）界面进行。
    A. 凭证－填制凭证　　　　　　B. 凭证－查询凭证
    C. 凭证－常用凭证　　　　　　D. 账表－科目账
15. 在总账系统中录入有数量核算要求的记账凭证时，系统根据"数量×单价"自动计算出金额，并将金额先放在借方，如果方向不符，用户可以使用（　　）调整金额方向。
    A. F2 键　　　B. Enter 键　　　C. Shift 键　　　D. 空格键

二、多选题

1. 月末处理是指将本月发生的经济业务全部登记入账后所要做的工作，通过总账系统的"月末处理"功能，用户可以实现（　　）等操作。
   A. 转账定义　　　B. 转账生成　　　C. 对账　　　D. 结账
2. 总账系统为企业提供清理所有具有往来性质的账户的功能，如（　　）账户的清理。
   A. 内部往来　　　B. 客户往来　　　C. 供应商往来　　　D. 个人往来
3. 通过总账系统的"银行对账"功能，可以实现（　　）等各项操作。
   A. 输入银行对账单　　　　　　B. 查询银行对账单
   C. 引入银行对账单　　　　　　D. 自动银行对账
4. 总账系统的"出纳管理"功能是出纳人员进行管理的一套工具，它包括（　　）等

功能。

A. 现金和银行存款日记账输出　　B. 支票登记簿管理
C. 银行对账　　　　　　　　　　D. 长期未达账审计

5. 在总账系统中，只有经过审核的记账凭证才能作为正式凭证进行记账处理，在这里，审核凭证包括（　　）等几个方面的工作。

A. 出纳签字　　　　　　　　　　B. 主管签字
C. 审核员审核凭证　　　　　　　D. 修改标错凭证

6. 通过总账系统的"凭证－查询凭证"功能，可以查询到（　　）。

A. 已记账凭证　　B. 未记账凭证　　C. 作废凭证　　D. 有错凭证

7. 在总账系统的"期初余额"功能中，（　　）不能直接输入期初余额，需要通过辅助项输入期初数据。

A. 往来核算科目　　　　　　　　B. 外币核算科目
C. 项目核算科目　　　　　　　　D. 数量核算科目

8. 总账系统提供的各科目会计账页格式有（　　）。

A. 多栏备查式　　B. 辅助账式　　C. 金额式　　D. 数量金额式

9. 在总账系统的"设置－选项"功能中，可以进行（　　）参数的设置。

A. 赤字控制　　　　　　　　　　B. 凭证类别
C. 科目级数及每级科目代码长度　D. 凭证编号方式

10. 总账系统与其他财务管理子系统之间存在数据传递关系，它可以接收其他子系统生成的凭证，也可以向（　　）等子系统提供财务数据。

A. 应收应付款管理系统　　　　　B. UFO报表管理系统
C. 管理驾驶舱　　　　　　　　　D. 存货核算系统

三、判断题

1. 对于通用会计核算软件，业务流程简单的企业可能感到不易操作。（　　）
2. 总账系统是财务管理系统的一个基本子系统，并在财务管理系统中处于中枢地位。（　　）
3. 在已使用过的会计科目下增设明细科目时，系统自动将该科目的数据自动结转到新增加的第一个明细科目上。（　　）
4. 总账系统项目目录设置功能中，已定义下级项目目录的项目分类不能直接删除，但可以再定义下级分类。（　　）
5. 在总账系统中输入会计科目期初余额时，应遵循由下至上的原则，先输入下级科目余额，再输入上级科目余额。（　　）
6. 在总账系统中录入科目期初余额时，辅助账的期初余额要求在辅助项中输入，其借贷方累计发生额则可以直接输入。（　　）
7. 如果凭证上的金额为负数，则在录入金额时，需按空格键才能将金额显示为红字。（　　）
8. 在总账系统中，已作废的凭证不能审核，也不参与记账，在账簿查询时，查不到作

废凭证的数据。（ ）

9. 在总账系统中进行银行对账时，由于存在凭证不规范输入等情况，可能会造成一些特殊的已达账项未能被系统自动勾对出来，这时为了保证对账彻底准确，可以通过手工对账进行调整勾销。（ ）

10. 若当前分录的金额为其他所有分录的借贷方差额，则在金额处按 F5 键即可。（ ）

第六章

UFO 报表管理系统

本章学习目标

本章主要介绍了 UFO 报表管理系统的功能及报表的运用。通过学习本章，了解 UFO 报表管理系统的功能特点，理解报表系统的有关概念，熟悉报表处理的基本流程；掌握报表格式设置和公式设置的方法及报表数据的计算方法；掌握常用报表的编制方法。

第一节　UFO 报表管理系统概述

UFO 报表管理系统是会计信息系统中的一个独立的子系统，它为企业内部各管理部门及外部相关部门提供综合反映企业一定时期财务状况、经营成果和现金流量的会计信息。

UFO 报表管理系统是用友软件股份有限公司开发的电子表格软件，可单独使用，用于处理日常办公事务，包括制作表格、数据运算、图形制作、打印等电子表的所有功能；也可以和其他模块结合使用，作为通用财务报表系统使用，广泛用于各行业的财务、会计、人事、计划、统计、税务等部门。

一、UFO 报表管理系统的主要功能

UFO 报表管理系统与其他电子表软件的最大区别在于它是真正的三维立体表，在此基础上提供了丰富的实用功能，完全实现了三维立体表的四维处理能力。UFO 报表管理系统的主要功能有文件管理、格式管理、数据处理、图表功能、打印功能、二次开发功能和提供各行业报表模板（包括现金流量表）。

（一）文件管理功能

对报表文件的创建、读取、保存和备份进行管理，并且能够进行不同文件格式的转换。UFO 报表管理系统提供的文件形式有报表文件（*.rep）、文本文件（*.txt）、Access 文件（*.mdb）、数据库文件（*.dbf）、Excel 文件（*.xls）、Lotus1－2－3（4.0 版）、*.wk4 文件。支持多个窗口

同时显示和处理，可同时打开的文件和图形窗口多达 40 个。提供了标准财务数据的"导入"和"导出"功能，可以和其他流行财务软件交换数据。

（二）格式管理功能

提供了丰富的格式设计功能，如设置组合单元、画表格线（包括斜线）、调整行高和列宽、设置字体和颜色、设置显示比例等，可以制作各种要求的报表。

（三）数据处理功能

UFO 报表管理系统以固定的格式管理大量不同的表页，能将多达 99 999 张具有相同格式的报表资料统一在一个报表文件中管理，并且在每张表页之间建立有机的联系。

提供了排序、审核、舍位平衡、汇总功能；提供了绝对单元公式和相对单元公式，可以方便、迅速地定义计算公式；提供了种类丰富的函数，可以从账务处理、应收管理、应付管理、工资管理、固定资产管理、销售管理、采购管理、库存管理等子系统中提取数据，生成财务报表。

（四）图表功能

采用"图文混排"方式，可以很方便地进行图形数据组织，制作包括直方图、立体图、圆饼图、折线图等 10 种图式的分析图表；可以编辑图表的位置、大小、标题、字体、颜色等，并打印输出图表。

（五）打印功能

采用"所见即所得"的方式打印，报表和图形都可以打印输出；提供"打印预览"，可以随时观看报表或图形的打印效果。

打印报表时，可以打印格式或数据，可以设置财务表头和表尾，可以在 0.3～3 倍之间缩放打印，可以横向或纵向打印等。支持对象的打印及预览功能（包括 UFO 报表管理系统生成的图表对象和插入 UFO 报表管理系统中的嵌入与链接对象）。

（六）二次开发功能

提供批命令和自定义菜单，自动记录命令窗中输入的多个命令，可以将有规律的操作过程编制成批命令文件。提供了 Windows 风格的自定义菜单，综合利用批命令，可以在短时间内开发出本企业的专用系统。

（七）提供各行业报表模板（包括现金流量表）

这是 UFO 报表管理系统的主要功能。提供 21 个行业的标准财务报表模板，包括最新的现金流量表，可以轻松生成复杂报表；提供自定义模板的新功能，可以根据本单位的实际需要定制模板。

二、UFO 报表管理系统数据的主要来源

编制会计报表是每个会计期末最重要的工作之一，从一定意义上说，编制完会计报表是一个会计期间工作完成的标志。在报表管理系统中，会计报表的数据一般有三个来源。

（一）手工录入

报表中有的数据需要手工录入。例如，资产负债表中"一年内到期的非流动资产"和

"一年内到期的非流动负债"都需要直接输入数据。

（二）来源于报表管理模块的其他报表

在会计报表中，某些数据可能取自某会计期间同一会计报表，也可能取自某会计期间其他会计报表。

（三）来源于系统内其他模块

会计报表数据也可以来源于系统内的其他模块，包括总账、应收核算、应付管理、工资管理、固定资产、销售资产、存货核算、库存管理等系统模块，具体关系如图6-1所示。

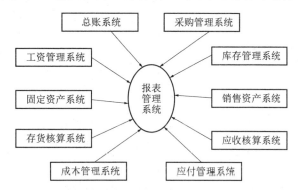

图6-1　UFO报表管理系统与其他系统的主要数据关系

三、UFO报表管理系统业务处理流程

利用UFO报表管理系统编制会计报表的流程与手工方式下编制会计报表的类似，但并不完全相同。一般的报表处理流程如下，具体如图6-2所示。

第一步：启动UFO报表管理系统，建立报表文件；

第二步：在格式状态下设计报表的格式；

第三步：在格式状态下定义各类公式；

第四步：在数据状态下进行报表数据处理；

第五步：报表图形处理；

第六步：打印报表；

第七步：退出UFO报表管理系统。

在以上步骤中，第一、二、四、七步是必需的，因为要完成一般的报表处理，一定要有启动系统建立报表、设计格式、处理数据、退出系统这些基本过程。在实际应用时，具体的操作步骤应视情况而定。

四、UFO报表管理系统的格式状态和数据状态

UFO报表管理系统的报表制作分为两大部分处理：报表格式设计工作与报表数据处理工作，它们是在不同状态下进行的。实现状态切换的是一个特别重要的按钮——"格式/数据"按钮（位于屏幕左下角）。

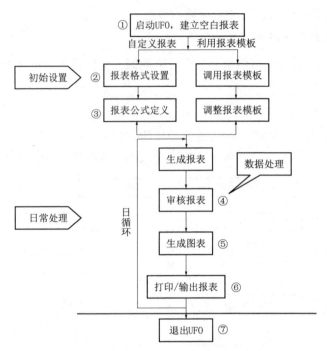

图 6－2　UFO 报表管理系统业务处理流程

（一）格式状态

在格式状态下设计报表的格式，如表尺寸、行高列宽、单元属性、报表公式等。在格式状态下时，所看到的是报表的格式，报表的数据全部都隐藏了。在格式状态下所做的操作对本报表所有的表页都发生作用。在格式状态下不能进行数据的录入、计算等操作。

（二）数据状态

在数据状态下管理报表的数据，如输入数据、增加或删除表页、审核、舍位平衡、作图形、汇总、合并报表等。在数据状态下，不能修改报表的格式。在数据状态下，所看到的是报表的全部内容，包括格式和数据。

第二节　报表格式设计

在手工处理过程中，编制会计报表是在事先印制好的统一格式的报表上填写，只要取得一张可供填写的空白表格，就可以编制会计报表了。而在电算化报表处理过程中，首先要定义报表格式，即将报表格式输入计算机，才能保证计算机能够按正确的格式输出报表。因此，报表格式是整个报表系统的基础，是报表数据录入和处理的基础，没有报表格式，报表数据就失去了载体。

一、报表结构

定义报表格式的实质就是定义报表的结构，而一张二维表一般由 4 个基本要素组成，即标题、表头、表体和表尾，如图 6－3 所示。

图6-3 报表结构说明

（一）标题

用来描述报表的名称。报表的标题可能不止一行，有时会有副标题、修饰线等内容。

（二）表头

用来描述报表的编制单位名称、日期等辅助信息和报表栏目。特别是报表的表头栏目名称，是表头的最主要内容，它决定报表的纵向结构、报表的列数及每一列的宽度。有的报表表头栏目比较简单，只有一层，而有的报表表头栏目却比较复杂，需分若干层次。

（三）表体

表体是报表的核心，决定报表的横向组成。它是报表数据的表现区域，是报表的主体。表体在纵向上由若干行组成，这些行称为表行；在横向上，每个表行又由若干个栏目构成，这些栏目称为表列。

（四）表尾

表尾指表体以下进行辅助说明的部分及编制人、审核人等内容。

二、报表格式设计的主要内容

不同的报表文件，其最主要的区别就在于报表格式的不同，但无论是内部报表还是外部报表，一般情况下其格式设计的内容包括：设置表尺寸、定义报表的行高和列宽、画表格线、定义组合单元、输入固定项目内容、定义单元属性、设置关键字、录入单元公式和保存报表。

（一）报表的单元属性

报表的单元属性包括单元类型、对齐方式、字体颜色、表格边框等。单元类型有数值型、字符型和表样型。

数值单元：是报表的数据，在数据状态下输入。数值单元必须是数字，可以直接输入，也可以由单元中存放的公式运算生成。在建立一个新表时，所有单元的单元类型均默认为数值型。

字符单元：是报表的数据，在数据状态下输入。字符单元的内容可以是汉字、字母、数字及各种键盘可输入的符号组成的一串字符。字符单元的内容可以直接输入，也可以由单元公式生成。

表样单元：是报表的格式，是在格式状态下输入的所有文字、符号、数字。表样单元对所有表页都有效。表样单元在格式状态下输入和修改，在数据状态下只能显示而无法修改。

(二) 关键字

关键字是一种特殊数据单元，可以唯一标识一个表页，用于在大量表页中快速选择表页。关键字的显示位置在格式状态下设置，关键字的值则在数据状态下录入，每个报表可以定义多个关键字。

UFO 报表管理系统共提供了以下 6 种关键字，关键字的显示位置在格式状态下设置，关键字的值则在数据状态下录入，每个报表可以定义多个关键字。

(1) 单位名称：字符（最大 28 个字符），为该报表表页编制单位的名称；
(2) 单位编号：字符型（最大 10 个字符），为该报表表页编制单位的编号；
(3) 年：数字型（1980~2099），该报表表页反映的年度；
(4) 季：数字型（1~4），该报表表页反映的季度；
(5) 月：数字型（1~12），该报表表页反映的月份；
(6) 日：数字型（1~31），该报表表页反映的日期。

除此之外，UFO 报表管理系统有自定义关键字功能，可以用于业务函数中。

三、报表的公式管理

一个报表文件中所有表页的格式是不同的，不同表页数据单元和字符单元的内容将随着编制单位和时间的不同而有所不同，除了个别单元数据需要手工录入外，大多数单元数据的来源和计算方法具有一定规律性。依据这一特点，用友 UFO 报表管理系统设计了报表的公式管理功能，从而使报表系统能够自动、及时、准确地编制会计报表。

报表公式是指报表或报表数据单元的计算规则，主要包括单元公式、审核公式和舍位平衡公式三大类。公式的定义必须在格式状态下进行。

(一) 单元公式

1. 单元公式的概念

单元公式，是指为了报表数据单元进行赋值的公式，也称为计算公式，其作用是从账簿、凭证、本报表文件、其他报表文件或其他子系统等处调用、运算所需要的数据，并填入相应的报表单元中。

单元公式一般由目标单元、取数单位运算符和函数构成，如图 6-4 所示。

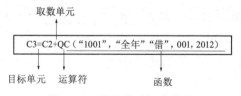

图 6-4 单元公式组成说明

2. 单元公式的分类

常用的报表数据一般来自总账系统或者系统本身，从报表中取数又可以分为从本报表文件取数和从其他报表文件取数两种情况。因此，单元公式又分为账务取数公式、表页内部取数公式、本表其他表页取数公式和其他报表文件取数公式四种。

1）账务取数公式

账务取数是指从总账系统中提取数据放到目标单元格中，是会计报表数据的主要来源。系统通过提供丰富的账务取数函数来实现总账和报表之间数据的传递。

账务取数函数的基本格式为：

函数名（"科目编码"，会计期间，["方向"]，["账套号"]，[会计年度]，[编码1]，[编码2]）

【注意】

- 账务取数公式必须在半角英文标点状态下输入。
- 函数名可用大写字母，也可用小写字母来表示。
- 公式中各定义项均可用双引号括起来，其中"方向"和"账套号"必须用双引号。
- 输入公式时，某些定义项可省略，但除公式中最后两个编码定义项外，相应的间隔逗号不能省略。

公式应用举例：

①发生数公式：FS（"1002"，"月"，"贷"，001，2012），表示提取用友系统中001账套2012年的1002科目的当月贷方发生额。

②期初数公式：QC（"1301"，"月"，"借"，001，2012），表示提取用友系统中001账套2012年的1301科目的当月借方发生额。

2）表页内部取数公式

主要由数据单元和统计函数组成。统计函数的基本表达式：函数名（区域）。

公式应用举例：

PTOTAL（C5:C11），表示求报表中C5:C11单元格区域中所有单元的和。

3）本表他页取数公式

主要由本表他页取数函数构成。

基本表达式：

SELECT（〈区域〉，[〈页面筛选条件〉]，…）

"页面筛选条件"用于确定数据源所在表页，格式为：

〈目标页关键字@〉〈关系运算符〉〈数据源表页关键字〉

公式应用举例：

B1:C4 = SELECT（B1:C4，单位编号 = "1011"）

表示本页B1:C4单元格区域取关键字"单位编号"为1011的表页中B1:C4单元格区域的数值。

4）其他报表文件取数

也叫报表之间取数公式，用于在不同报表之间定义取数关系。

公式基本表达式为：

〈目标区域〉= "〈他表表名〉"[.rep]→〈数据源区域〉[@〈页号〉]

公式应用举例：

C8 = "资产负债表"→D6@3

表示取"资产负债表"第3页的D6单元格数值到当前表页的C8单元格。

【注意】
● 他表取数公式适用于报表文件存放于同一磁盘中的情况，如果报表文件存放在不同的磁盘中，则系统不能运用他表取数公式自动进行他表取数。

（二）审核公式

1. 定义

报表审核公式是把报表中某一单元或某一区域与另外一单元或其他字符之间用逻辑运算符连接起来，反映报表之间或报表内部的勾稽关系。其设置目的是将来利用这种勾稽关系对报表数据的准确性进行审核。

2. 基本格式

审核公式的基本格式为：〈区域〉=〈算术表达式〉[FOR〈表页筛选条件〉][RELATION〈表页关联条件〉]MESSAGE"〈提示信息〉"。其中，提示信息是当审核关系不满足时屏幕上出现的信息。

公式应用举例：

利润表中"主营业务利润"的公式 C7 = C4 - C5 - C6，若此项关系不平，则系统提示"主营业务利润计算错误！"，该检验内容相应的审核公式为：

C7 = C4 - C5 - C6

MESS"主营业务利润计算错误！"

（三）舍位平衡公式

在编制好的报表对外报送或进行报表汇总时，有可能需要改变原有的计量单位，如把原来的"元"改为"千元"而进行数据进位操作。在具体操作过程中，还需要保持报表原有的平衡关系。由于改变报表的计量单位而用于对报表进行数据舍位及调整报表舍位之后平衡关系的公式就是舍位平衡公式。

定义舍位平衡公式需要指明舍位表名、舍位范围及舍位位数，并且必须输入平衡公式。

四、自定义报表格式设计的实施

【例6-1】 自定义报表格式（表6-1），设计报表的计算公式与审核公式，保存为"货币资金表.rep"。

表6-1 货币资金表

编制单位：　　　　　　　　　　　年　月　日　　　　　　　　　　　单位：元

项目	行次	期初数	期末数
库存现金	1		
银行存款	2		
合计	3		

制表人：

(一) 建立新报表文件

【操作步骤】

(1) 单击"开始"按钮,执行"程序"→"用友 ERP-U8"→"财务会计"→"UFO 报表"菜单命令,进入 UFO 报表管理系统。

(2) 执行"文件"→"新建"菜单命令,建立一张空白报表,报表名默认为"report1",如图 6-5 所示。

图 6-5 报表格式设计窗口

【注意】

● 空白报表建立起来以后,里面没有任何内容,所有单元的类型均默认为数值单元。

● 新报表建立后,默认的状态栏为格式状态。

(二) 设置报表尺寸

设置报表尺寸是指设置报表的行数和列数。

【操作步骤】

(1) 执行"格式"→"表尺寸"菜单命令,打开"表尺寸"对话框,如图 6-6 所示。

(2) 输入行数"7",列数"4",如图 6-6 所示。

图 6-6 设置表尺寸

(3) 单击"确认"按钮,就会出现如图 6-7 所示的 7 行 4 列的表格。

【注意】

● 行数应该包括标题、表头、表体和表尾的所有行数。

● 报表的尺寸设置完之后,还可以单击"格式"菜单中的"插入"或"删除"选项来增加或减少行或列,以调整报表大小。

图 6-7 表尺寸设置完成

（三）画表格线

报表的尺寸设置完成之后，在数据状态下，该报表是没有任何表格线的，为了满足查询和打印的需要，还需要画上表格线。

【操作步骤】

（1）选中报表需要画线的单元格区域 A3：D6。

（2）执行"格式"→"区域画线"菜单命令，打开"区域画线"对话框。

（3）选择"网线"，单击"确认"按钮，将所选区域画上表格线，如图 6-8 所示。

图 6-8 画表格线

【注意】

● 如果不画线，将来在数据状态下表格中没有网格线。

● 画好的表格线在格式状态下变化并不明显。操作完成以后，可以在数据状态下查看效果。

（四）定义组合单元

有些内容如标题、编制单位、日期及货币单位等信息可能一个单元容纳不下，所以，为了实现这些内容的输入和显示，需要定义组合单元。

【操作步骤】

（1）选择需合并的单元格区域 A1：D1，如图 6-9 所示。

(2) 执行"格式"→"组合单元"菜单命令，打开"组合单元"对话框，如图 6-10 所示。

(3) 选择组合方式"整体组合"或"按行组合"，该单元即合并成一个单元。

(4) 同理，定义 A2：D2 单元格区域为组合单元。

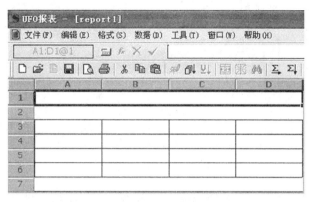

图 6-9　定义组合单元

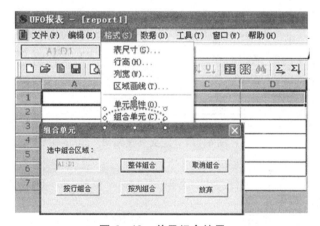

图 6-10　单元组合结果

【注意】

● 组合单元的名称可以用该区域名或者区域中的任一单元名。

● 组合单元实际上就是一个大的单元，所有针对单元的操作对组合单元均有效。

● 若所定义的组合单元取消，可以在"组合单元"对话框中单击"取消组合"按钮实现。

(五) 定义报表的行高和列宽

如果报表中某些单元的行或列要求比较特殊，则需要调整该行的行高或该列的列宽。

【操作步骤】

(1) 选中需要调整的 A1 单元格所在行，执行"格式"→"行高"菜单命令，打开"行高"对话框，输入行高"7"，单击"确定"按钮。

(2) 选中 A 列到 D 列，执行"格式"→"列宽"命令，打开"列宽"对话框，输入列宽"30"，单击"确定"按钮，如图 6-11 和图 6-12 所示。

【注意】

● 行高和列宽可以通过菜单操作，也可以直接利用鼠标拖动某行或某列来调整。

图 6-11 定义列宽

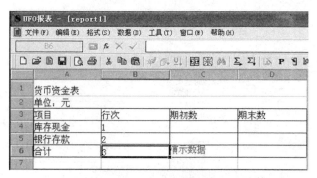

图 6-12 定义列宽结果

（六）输入固定项目内容

选中需要输入内容的单元。

按照实验资料所给的"货币资金表"，在单元或组合单元中输入相关文字内容。表标题"货币资金表"在 A1 单元格中输入，如图 6-13 所示。

图 6-13 输入表样内容

【注意】

● 在输入报表项目时，编制单位、日期一般不需要输入，UFO 报表管理系统将其单独设置为关键字；如果需要制表人每月不同，也可以将"制表人"自定义为关键字。

● 项目输入完之后，默认的格式均为普通宋体 12 号，居左。

（七）定义单元属性

1. 定义单元类型

单元类型有数值型、字符型和表样型。

【操作步骤】

（1）选定单元格 D7，执行"格式"→"单元属性"菜单命令，打开"单元格属性"对话框。

（2）单击"单元类型"选项卡，单击"字符"选项，单击"确定"按钮退出，如图 6 - 14 所示。其他单元采用默认单元类型。

图 6 - 14　定义单元类型

【注意】

● 格式状态下输入内容的单元均默认为表样单元，未输入数据的单元均默认为数值单元，在数据状态下可输入数值。若希望在数据状态下输入字符，应将其定义为字符单元。

● 字符单元和数值单元输入后，只对本表页有效；表样单元输入后，对所有表页有效。

2. 设置单元风格

单元风格主要指的是单元内容的字体、字号、字型、对齐方式、颜色图案等。设置单元风格会使报表更符合阅读习惯，更加美观清晰。

【操作步骤】

（1）选中标题所在组合单元 A1，执行"格式"→"单元属性"菜单命令，打开"单元格属性"对话框。

（2）单击"字体图案"选项卡，设置字体为"黑体"，字号为"14"；单击"对齐"选项卡，设置对齐方式为"居中"。单击"确定"按钮，如图 6 - 15 所示。

图 6 - 15　设置单元风格

（3）同理，设置表体、表尾的单元属性，效果如图6-16所示。

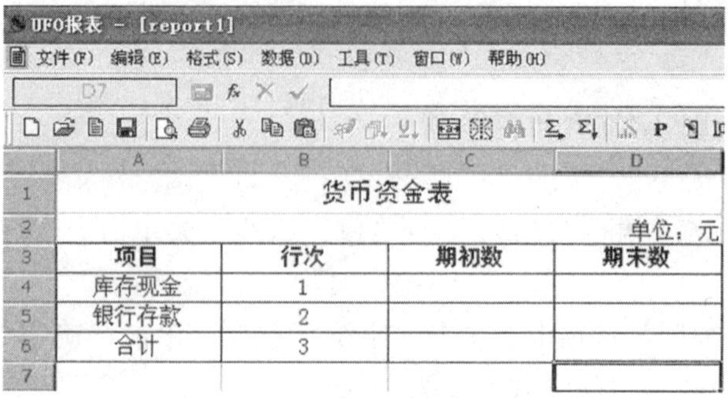

图6-16 单元属性设置效果

（八）设置关键字

1. 设置关键字的操作步骤

【操作步骤】

（1）选中需要输入关键字的组合单元A2:D2，执行"数据"→"关键字"→"设置"菜单命令，打开"设置关键字"对话框，如图6-17所示。

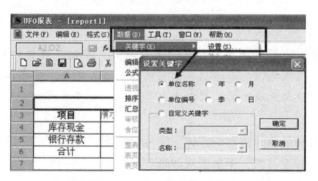

图6-17 设置关键字对话框

（2）单击"单位名称"单选按钮，单击"确定"按钮退出，如图6-18所示。

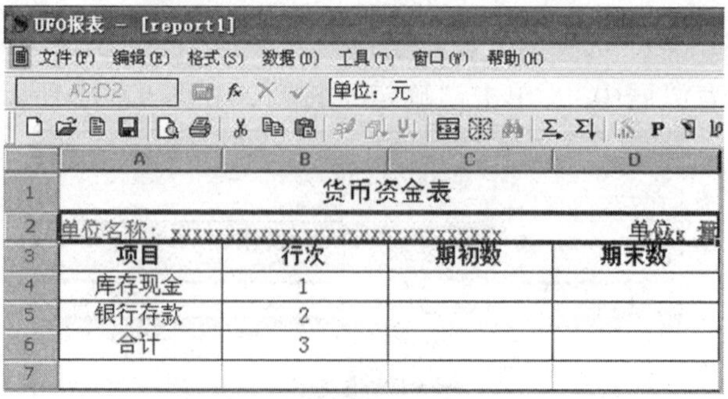

图6-18 设置单位名称

（3）同理，设置"年""月""日"为关键字。

（4）同理，选中D7单元格，设置"制表人"为自定义关键字，如图6-19所示。

图 6-19 设置自定义关键字

【注意】

- 关键字在格式状态下定义，关键字的值则在数据状态下录入。
- 每张报表可以同时定义多个关键字。
- 如果关键字的位置设置错误，可以执行"数据"→"关键字"→"取消"命令取消后再重新设置。
- 关键字在一张报表中只能定义一次，即同一张报表中不能有重复的关键字。

2. 调整关键字位置

关键字设置后，其水平位置可以通过关键字"偏移"进行调整，偏移量为正数表示向右偏移，为负数表示向左偏移，为 0 表示位置不变。

【操作步骤】

（1）执行"数据"→"关键字"→"偏移"菜单命令，打开"定义关键字偏移"对话框，如图 6-20 所示。

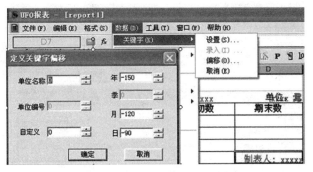

图 6-20 "定义关键字偏移"对话框

（2）在需要调整位置的关键字后面输入偏移量：年"-150"，月"-120"，日"-90"。单击"确定"按钮，可以看到如图 6-21 所示效果。

（九）录入单元公式

1. 定义单元公式

单元公式可以直接输入，也可以利用函数向导输入，下面以利用函数向导输入为例进行讲解。货币资金表各单元对应公式见表 6-2。

图 6-21 关键字偏移设置效果

表 6-2 货币资金表各单元对应公式

项目	单元	公式
库存现金期初数	C4	QC("1001",月,"借")
银行存款期初数	C5	QC("1002",月,"借")
合计数	C6	C4+C5 或 PTOTAL(C4:C5)
库存现金期末数	D4	QM("1001",月,"借")
银行存款期末数	D5	QM("1002",月,"借")
合计数	D6	D4+D5 或 PTOTAL(D4:D5)

【操作步骤】

(1) 选定需要定义公式的 C4 单元格,即"库存现金"的期初数,执行"数据"→"编辑公式"→"单元公式"菜单命令,打开"定义公式"对话框,如图 6-22 所示。

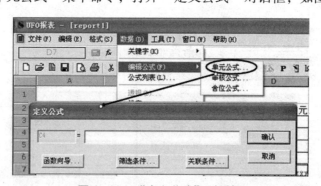

图 6-22 "定义公式"对话框

(2) 单击"函数向导"按钮,打开"函数向导"对话框,在函数分类列表框中选择"用友账务函数",在右边的函数名列表中选中"期初(QC)",如图 6-23 所示。

(3) 单击"下一步"按钮,打开"用友账务函数"对话框,如图 6-24 所示。

(4) 单击"参照"按钮,打开"账务函数"对话框,输入相关信息,如图 6-25 所示。单击"确定"按钮,返回"用友账务函数"对话框。单击"确定"按钮,返回"定义公式"对话框,如图 6-26 所示,单击"确认"按钮。

第六章　UFO 报表管理系统

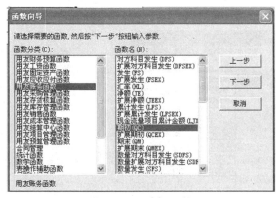

图 6-23　选择函数

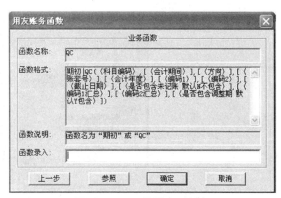

图 6-24　函数录入对话框

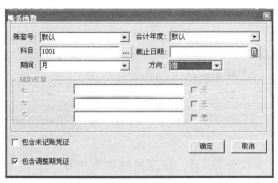

图 6-25　"账务函数"对话框

图 6-26　"定义公式"对话框

（5）按照以上方法录入其余所有单元计算公式。

【注意】

● 单元公式中涉及的符号均为英文半角字符。

● 单击"fx"按钮或双击某公式单元或按"="键，都可以打开"定义公式"对话框。

● 如果希望报表中所取数字包含未记账凭证，则需选中"包含未记账凭证"。

● 如果输入的会计科目有辅助核算，还可以输入相关辅助核算内容；如果没辅助核算，则"辅助核算"选择框呈灰色，不可以输入。

2. 定义审核公式

审核公式用于审核报表内或报表之间勾稽关系是否正确。

【操作步骤】

（1）单击"数据"→"编辑公式"→"审核公式"菜单命令，系统弹出"审核公式"对话框。

（2）在左侧编辑框中输入审核公式：

C6 = C4 + C5

MESS"期初货币资金合计数错误！"

D6 = D4 + D5

MESS"期末货币资金合计数错误！"

如图 6-27 所示。

图 6-27 定义审核公式

(3) 输入完成后，单击"确定"按钮退出。

【注意】

● 在格式状态下编辑审核公式，在数据状态下执行审核公式。

3. 定义舍位平衡公式

舍位平衡公式是指用来重新调整报表数据进位后的小数位平衡关系的公式。

【操作步骤】

(1) 执行"数据"→"编辑公式"→"舍位公式"菜单命令，打开"舍位平衡公式"对话框。

(2) 舍位表名：SW1，舍位范围：C4:D6，舍位位数：3，在左侧编辑框中输入舍位平衡公式："C6 = C4 + C5，D6 = D4 + D5"，如图 6-28 所示。

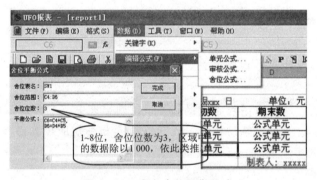

图 6-28 定义舍位平衡公式

(3) 输入完成后，单击"确定"按钮退出。

【注意】

● 写公式时，按倒序写，首先写最终运算结果，然后一步一步向前推。

● 每个公式一行，各公式之间用逗号","（半角）隔开，最后一条公式不用写逗号，否则公式无法执行。

● 等号左边只能为一个单元（不带页号和表名）。

● 舍位公式中只能使用"+""-"符号，不能使用其他运算符及函数。

（十）保存报表

报表的格式设置完成之后，为了确保今后能够随时调出使用并生成报表数据，应将会计报表的格式保存起来。

【操作步骤】

（1）执行"文件"→"保存"菜单命令。如果是第一次保存，则打开"另存为"对话框，如图 6-29 所示。

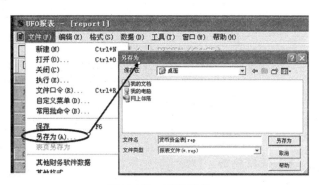

图 6-29　保存报表

（2）选择要保存的文件夹，输入报表文件名"货币资金表.rep"，选择文件类型"报表文件（*.rep）"。单击"保存"按钮，保存报表文件。

【注意】

- 报表格式设置完成后，切记要及时将这张报表格式保存下来，以便以后随时调用。
- 如果没有保存就退出，系统会出现提示："是否保存报表？"，以防误操作。
- ".rep"为用友报表文件专用扩展名。

第三节　报表数据处理

报表数据处理主要包括生成报表数据、审核报表数据和舍位平衡操作等工作。数据处理工作必须在数据状态下进行。由于企业的很多报表每月都要编制，每月所形成的报表数据各占一个表页，或者系统中同类型的不同企业也需要编制同一种报表，则报表数据处理一般是针对某一特定表页进行的。因此，在数据处理时，还涉及表页的操作。

一、表页管理

表页管理主要包括增加、删除、插入和追加表页等。向一个报表中增加表页，有追加和插入两种方式。插入表页即在当前表页前面增加新的表页，追加表页即在最后一张表页后面增加新的表页。删除表页是将指定的整个表页删除，报表的表页数相应减少。交换表页是将指定的任何表页中的全部数据进行交换。

二、报表数据生成

报表数据生成即编制报表，生成报表的过程是在人工控制下由计算机自动完成的。具体操作步骤如图 6-30 所示。

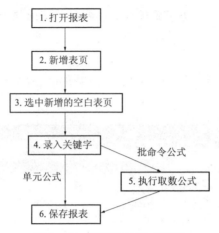

图 6-30 报表数据生成步骤

（一）打开报表，进入数据状态。

【操作步骤】

（1）启动 UFO 报表管理系统，执行"文件"→"打开"菜单命令。

（2）选择需要打开的报表文件"货币资金表.rep"，单击"打开"按钮，如图 6-31 所示。

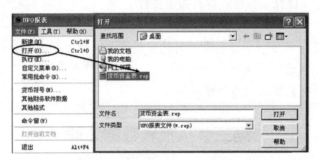

图 6-31 选择需要打开的报表文件

（3）单击报表底部左下角的"格式/数据"按钮，使当前状态为"数据"状态，如图 6-32 所示。

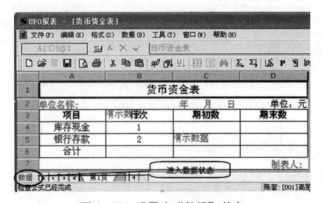

图 6-32 设置为"数据"状态

【注意】
● 报表数据处理必须在"数据"状态下进行。

（二）增加表页

【操作步骤】

（1）执行"编辑"→"追加"→"表页"菜单命令，打开"追加表页"对话框。

（2）输入需要增加的表页数"2"，如图 6-33 所示。

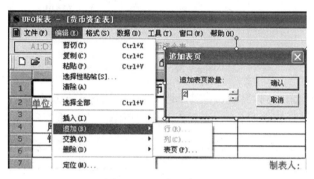

图 6-33 追加表页

（3）单击"确认"按钮，结果如图 6-34 所示。

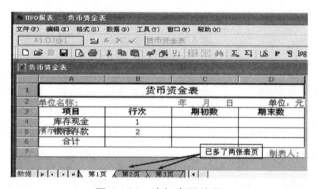

图 6-34 追加表页结果

【注意】

● 追加表页是在最后一张表页后追加 N 张空表页，插入表页是在当前表页后面插入一张空表页。

● 一张报表最多只能管理 99 999 张表页，演示版最多为 4 页。

（三）录入关键字

关键字是表页定位的特定标识，在格式状态下设置关键字以后，只有在数据状态下对其进行赋值，才能真正成为表页的鉴别标志，为表页间、表间的取数提供依据。

【操作步骤】

（1）执行"数据"→"关键字"→"录入"菜单命令，打开"录入关键字"对话框。

（2）输入单位名称："南昌阳光信息技术股份有限公司"，年："2018"，月："4"，日："30"，制表人（D7）："张三"。

（3）单击“确认”按钮，弹出“是否重算第1页?”对话框，如图6－35所示。

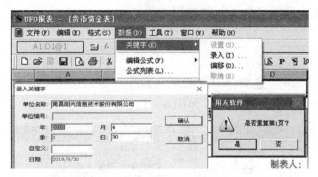

图6－35　录入关键字

（4）单击“是”按钮，系统会自动根据单元公式计算4月份数据，如图6－36所示；单击“否”按钮，系统不计算4月份数据，以后可以利用“表页重算”功能生成4月份数据。

A	B	C	D
货币资金表			
单位名称：阳光公司	2018 年 4 月30 日		
项目	行次	期初数	期末数
库存现金	1	6875.70	16875.70
银行存款	2	511057.16	632207.16
合计	3	517932.86	649082.86
			制表人：张三

图6－36　计算结果

（5）如果有其他月份数据，同理，可以切换至报表的第二张表页，并执行“数据”→“关键字”→“录入”菜单命令，打开“录入关键字”对话框。输入单位名称：“阳光公司”，年：“2018”，月：“5”，日：“31”，制表人（D7）：“李四”。单击“确认”按钮，弹出“是否重算第2页?”对话框，如图6－37所示。单击“是”按钮，系统会自动根据单元公式计算5月份数据，如图6－38所示。同理，录入第三张表页的关键字并计算。

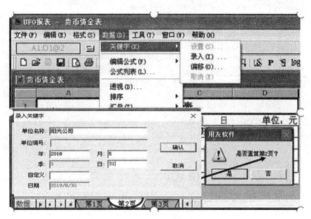

图6－37　5月份录入关键字

【注意】

- 每一张表页均对应不同的关键字值，输出时随同单元一起显示。

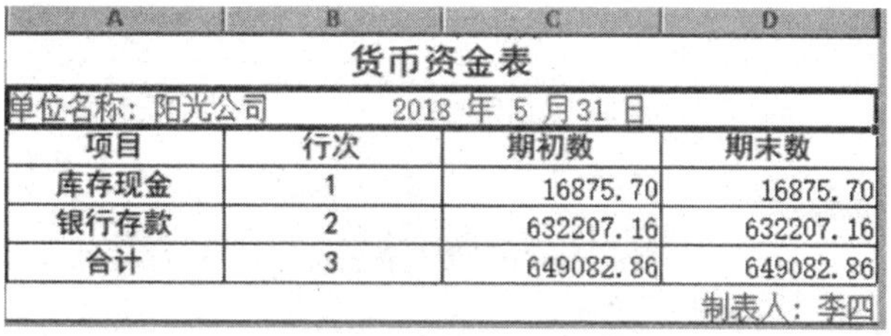

A	B	C	D
货币资金表			
单位名称：阳光公司	2018 年 5 月31 日		
项目	行次	期初数	期末数
库存现金	1	16875.70	16875.70
银行存款	2	632207.16	632207.16
合计	3	649082.86	649082.86
			制表人：李四

图 6－38　5 月份计算结果

● 日期关键字可以确认报表数据取数的时间范围，即确定数据生成的具体日期。

（四）整表重算，生成报表

当完成报表的格式设计并完成账套初始和关键字的录入之后，便可以计算指定账套并指定报表时间的报表数据了。计算报表数据是在数据处理状态下进行的，它既可以在录入完成报表的关键字后直接计算，也可以使用菜单功能计算。

【操作步骤】

（1）执行“数据”→“表页重算”菜单命令，弹出“是否重算第 1 页?”提示框。

（2）单击“是”按钮，系统会自动在初始的账套和会计年度范围内根据单元公式计算生成数据。

（五）审核报表数据

在数据处理状态中，当报表数据录入完毕或对报表数据进行修改后，应对报表进行审核，以检查报表中各项数据勾稽关系的准确性。

【操作步骤】

（1）执行“数据”→“审核”菜单命令。

（2）系统自动调用事先设置的审核公司进行勾稽关系检查，如果无误，显示结果如图 6－39 所示。如果未通过审核，则显示结果如图 6－40 所示。

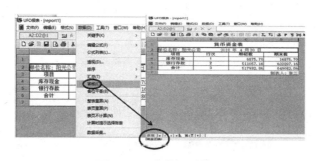

图 6－39　审核通过结果

【注意】

● 未通过审核可能是由于审核公式本身有错误（如图 6－40 的左侧圆圈所示），也可能是由于报表数据错误（如图 6－40 中弹出的错误提示对话框所示）。

● 对于由审核公式本身有错误导致的，需切换到格式状态下修改审核公式；对于由报表数据错误导致的，应该检查数据，必要时切换到格式状态下修改单元取数公式。

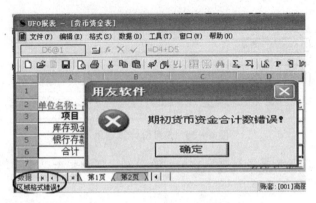

图 6-40 未通过审核提示

（六）报表舍位操作

【例 6-2】对生成的高丽公司 2015 年 3 月的货币资金表改变计量单位。由原来的"元"改为"千元"。

【操作步骤】

（1）执行"数据"→"舍位平衡"菜单命令。

（2）等待片刻，系统会自动根据前面定义的舍位公式进行舍位操作，并生成一个文件名为"SW1.rep"的报表文件，如图 6-41 所示。

图 6-41 舍位平衡结果

（3）选择"SW1"报表，切换到"格式"状态，将 A2 单元的内容改为"单位：千元"，如图 6-42 所示，并将舍位后的"SW1.rep"报表文件保存在磁盘上。

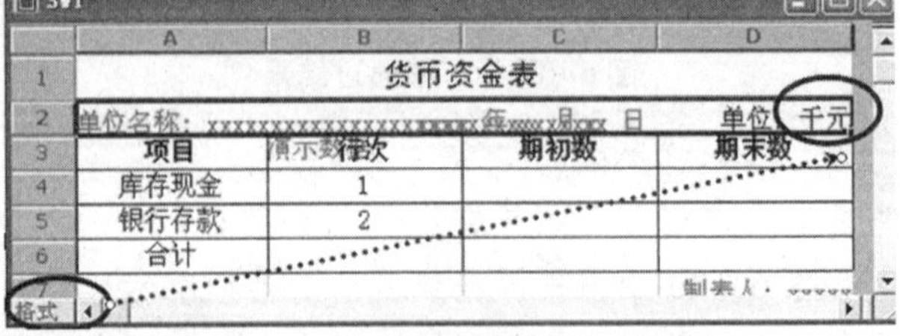

图 6-42 格式状态下修改单位

（4）舍位操作完成后，打开 SW1.rep 报表文件查看舍位报表的结果，如图 6-43 所示。

第六章　UFO报表管理系统

	A	B	C	D
1		货币资金表		
2	单位名称：阳光公司		2018 年 4 月30 日	单位：千元
3	项目	行次	期初数	期末数
4	库存现金	1	6.88	16.88
5	银行存款	2	511.05	632.20
6	合计	3	517.93	649.08
7				制表人：张三

图 6 – 43　舍位结果

三、报表的图形分析

UFO 报表管理系统提供了很强的图形分析功能，可以比较方便地进行图形数据组织、制作图形，可以将报表数据所包含的经济意义用图表的方式直观地反映出来，是企业管理、数据分析的重要工具。UFO 报表管理系统的图形功能可以平面或立体多层面地反映数据情况，可以制作直方图、圆饼图、折线图、面积图共 4 类 10 种格式的图表，并打印输出。

（一）追加图表显示区域

【操作步骤】

（1）在格式状态下，执行"编辑"→"追加"→"行"菜单命令，打开"追加行"对话框。

（2）输入追加行数数量"10"，单击"确定"按钮，如图 6 – 44 所示。

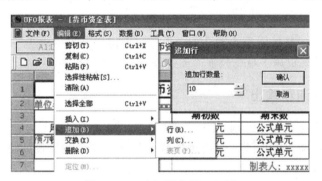

图 6 – 44　追加图表显示区域

【注意】

● 追加行或列须在格式状态下进行。

（二）插入图表对象

【操作步骤】

（1）在数据状态下，选取数据区域 A3:D6。

（2）执行"工具"→"插入图表对象"菜单命令，打开"区域作图"对话框。

（3）数据组选择"行"，数据范围选择"当前表页"。

（4）输入图表名称"货币资金分析图"，图表标题"货币资金对比"，X 轴标题"期间"，Y 轴标题"金额"，如图 6 – 45 所示。

（5）选择图表格式"成组直方图"，单击"确定"按钮，如图 6 – 46 所示。系统当前窗

图6-45 "区域作图"对话框

口为图表对象窗口,可以利用菜单命令或双击图表要素对象进行图表编辑修改。无误后单击"关闭"按钮关闭窗口并保存文件。

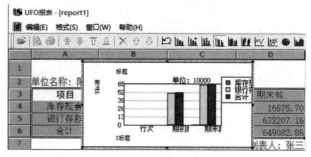

图6-46 插入图表

【注意】
- 制图时选取的图表区域至少为2行×2列,否则会出现错误。
- 插入的图表对象也属于报表数据,因此有关的图表对象的操作必须在数据状态下进行。

四、报表的查询和输出

报表信息的提供是通过报表输出来实现的。报表的输出形式一般有屏幕查询、网络传输、打印输出和磁盘输出等形式。输出报表数据时,往往会涉及表页的相关操作,如表页查找、透视和表页排序等。

(一)报表的查询

报表查询是报表系统应用的一项重要工作。在报表系统中,可以对当前正在编制的报表予以查阅,也可以对历史的报表进行迅速有效的查询。在进行报表查询时,一般以整张表页的形式输出,也可以将多张表页的局部内容同时输出,后者这种输出方式叫作表页的透视。

1. 查找表页

可以以某关键字或某单元为查找依据。

【例6-3】以月份为依据查找阳光公司2018年4月份的货币资金表。

【操作步骤】

(1)在数据状态下,执行"编辑"→"查找"菜单命令,打开"查找"对话框。

(2)输入查找条件,单击"确定"按钮,如图6-47所示。

2. 联查明细账

在UFO报表管理系统中,可实现报表项目—明细账—总账—记账凭证的联查。

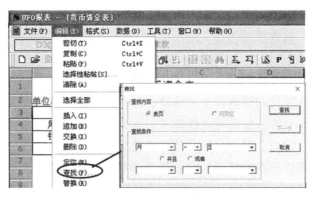

图 6-47 查找表页

【例 6-3】查询货币资金表中"银行存款"所对应的明细账。

【操作步骤】

选中 D5 单元格，单击鼠标右键，在快捷菜单中选择"联查明细账"，如图 6-48 所示。或单击常用工具栏中的"查询"快捷按钮，即可进行相应的明细账查询，结果如图 6-49 所示。

图 6-48 联查明细账

图 6-49 联查明细账结果

【注意】

- 必须在数据状态下使用联查明细账功能。
- 必须在有单元公式的单元格中使用联查明细账功能。
- 必须同时具备 UFO 报表管理系统明细功能、总账函数、总账明细账查询权限的用户，才能通过函数联查明细账。

（二）报表的输出

报表的输出形式一般有屏幕查询、网络传输、打印输出和磁盘输出等形式。

1. 网络传输

网络传输方式是通过计算机网络将各种报表从一个工作站传递到另一个或几个工作站的报表传输方式。使用计算机网络进行报表传输，可在各自的计算机上方便、快捷地查看相关报表，这样大大提高了会计数据的时效性和准确性，又有很好的安全性，并且可以节省报表报送部门大量的人力、物力、财力。随着计算机网络的日益普及，网络传输方式的优势越发明显，正在逐步取代其他方式的传输。将报表生成网页 html 文件，可发布在企业内部网或互联网上。

2. 打印输出

打印输出方式是指将编制出来的报表以纸介质的形式打印输出。打印输出是将报表进行保存、报送有关部门而不可缺少的一种报表输出方式。但在打印之前，必须在报表系统中做好打印机的有关设置及报表打印的格式设置，并确认打印机已经与主机正常连接。打印报表之前，可以在"预览"窗口预览。

3. 磁盘输出

各种报表以文件的形式输出到磁盘上也是一种常用的方式。此类输出对于下级部门向上级部门报送数据，进行数据汇总，是一种行之有效的方式。

第四节 系统模块自动生成报表及报表模板

在会计报表系统中，一般都提供了许多常用的会计报表格式及公式，称为报表模板。每个模板中都详细设计了该报表的格式与公式。

一、调用报表模板

系统中提供了 16 个行业的标准财务报表模板。报表模板即建立了一张标准格式的会计报表。如果用户需使用系统内的报表模板，则可以直接调用。

【操作步骤】

（1）执行"格式"→"报表模板"菜单命令，打开"报表模板"对话框，如图 6-50 所示。

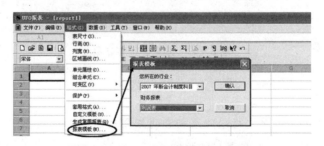

图 6-50 打开"报表模板"对话框

（2）选择所在的行业"2007 年新会计制度科目"，财务报表"利润表"（或"资产负债表")。

(3) 单击"确认"按钮,弹出"模板格式将覆盖本表格式!是否继续?"提示框。

(4) 单击"确定"按钮,即可生成利润表(或资产负债表),如图6-51所示。其中报表中的公式由模板自动生成。

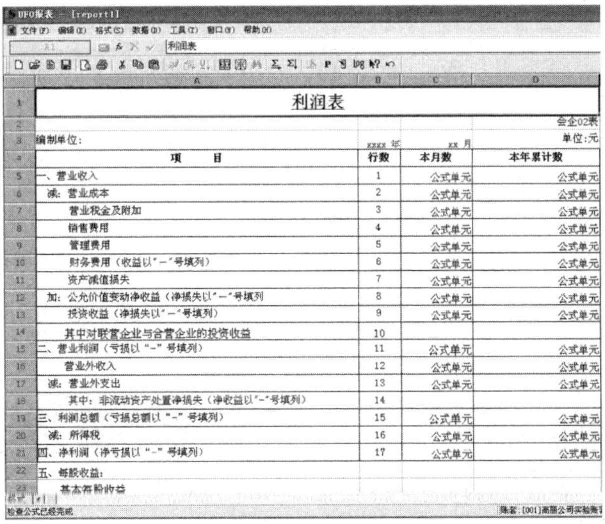

图6-51 利润表格式

二、调整报表模板

根据报表模板生成的报表中,其默认的单元公式往往有错误,需要根据本单位的实际情况调整报表格式,修改报表公式。无误后,执行"文件"→"保存"命令,保存调整后的报表模板。

三、生成利润表数据

【操作步骤】

(1) 在数据状态下,执行"数据"→"关键字"→"录入"命令,打开"录入关键字"对话框。

(2) 输入关键字:年"2018",月"4"。

(3) 单击"确认"按钮,弹出"是否重算第1页?"提示框,如图6-52所示。

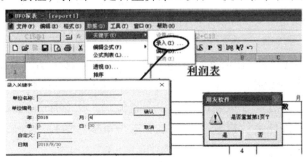

图6-52 录入关键字

(4) 单击"是"按钮,系统会自动根据单元公式计算 4 月份数据,见表 6-3。单击"否"按钮,系统不计算 4 月份数据,以后可以利用"表页重算"功能生成 4 月份数据。

表 6-3 利润表

会企 02 表

编制单位:　　　　4 月　　2018 年　　　　　　　　　　　　　　单位:元

项目	行数	本期金额	上期金额
一、营业收入	1		
减:营业成本	2		
营业税金及附加	3		
销售费用	4	200.00	
管理费用	5	3 000.00	
账务费用	6	400.00	
资产减值损失	7		
加:公允价值变动收益(损失以"-"号填列)	8		
投资收益(损失以"-"号填列)	9		
其中:对联营企业和合营企业的投资收益	10		
二、营业利润(亏损以"-"号填列)	11	-3 600.00	
营业外收入	12		
减:营业外支出	13		
其中:非流动资产处置损失	14		
三、利润总额(亏损总额以"-"号填列)	15		
减:所得税费用	16		
四、净利润(净亏损以"-"号填列)	17		
五、每股收益	18		
(一)基本每股收益	19		
(二)稀释每股收益	20		

本章小结

UFO 报表管理系统是一个功能强大的通用会计报表系统,在我国应用比较广泛,专门用于账经类业务处理。

制作报表时,应注意报表有格式状态和数据状态,实现状态切换的是一个特别重要的按钮——"格式/数据"按钮,单击这个按钮可以在格式状态和数据状态之间切换。

本章主要内容包括通过设计报表的格式和编制公式,从总账系统或其他业务系统中取得有关会计信息自动编制各种会计报表。对该报表进行审核、舍位平衡后,为了便于报表数据的分析,还可以对报表数据进行图形处理等操作。

第六章　UFO报表管理系统

课后练习

一、单选题

1. 在用友报表系统中，公式 QC("1001"年）的含义是（　　）。
   A. 取 1001 科目的年初余额　　　　B. 取 1001 科目的年末余额
   C. 取 1001 账套的年初余额　　　　D. 取 1001 账套的年末余额

2. 资产负债表中"一年内到期的非流动资产"和"一年内到期的非流动负债"内的数据来源于（　　）。
   A. 手工录入　　　　　　　　　　B. 报表管理模块中的其他报表
   C. 系统内其他模块　　　　　　　D. 报表管理模块的其他公司

3. 在用友报表系统中，当建立一个新表时，所有的单元均为（　　）型。
   A. 数值　　　B. 表样　　　C. 字符　　　D. 空类

4. （　　）可以把报表中某一单元或某一区域与另外某一单元或某一区域或其他字符之间用逻辑运算符连接起来。
   A. 计算公式　　　B. 审核公式　　　C. 舍位平衡公式　　　D. 处理公式

5. 下列说法中，错误的是（　　）。
   A. 一个报表文件就是一个二维表　　　B. 一张表页就是一个二维表
   C. 一个报表文件可由多个表页构成　　D. 一个报表中的所有表页具有相同的格式

6. 一个 UFO 报表管理系统最多只能管理（　　）张表页。
   A. 999　　　B. 9 999　　　C. 99 999　　　D. 999 999

7. 下列各项工作中，（　　）属于运算公式定义前置程序。
   A. 报表打印　　　B. 报表编制　　　C. 报表输出　　　D. 报表格式定义

8. （　　）就是将报表中选定的数据以图形方式显示，使用户直观地得到数据的大小或变化的情况。
   A. 形表分析法　　　B. 视图分析法　　　C. 视表分析法　　　D. 图形分析法

9. UFO 报表管理系统不能导出的文件格式是（　　）。
   A. Excel 文件（.xls）　　　　　　B. Lotus1－2－3
   C. Word 文件（.doc）　　　　　　D. Access 数据库文件（.mdb）

10. UFO 报表管理系统的基本操作流程正确的是（　　）。
    A. 定义公式→设计格式→数据处理→图形处理→打印
    B. 设计格式→定义公式→图形处理→数据处理→打印
    C. 设计格式→定义公式→数据处理→图形处理→打印
    D. 设计格式→图形处理→数据处理→定义公式→打印

11. UFO 报表管理系统中，格式状态下输入内容的单元均默认为（　　）。
    A. 字符单元　　　B. 表样单元　　　C. 关键字　　　D. 数值单元

12. UFO 报表管理系统调整关键字位置设置中，在需要调整位置的"年"后面输入的偏移量为 -120 时，这里负数值指的是（　　）。
    A. 向下移动　　　B. 向左移动　　　C. 向右移动　　　D. 向上移动

13. UFO 报表管理系统中，同一报表文件的表页可以是（   ）。
   A. 不同格式不同数据　　　　　　　　　B. 不同格式同样数据
   C. 相同格式不同数据　　　　　　　　　D. 相同格式相同数据

14. 报表汇总是指（   ）。
   A. 不同报表不同单位和不同时期汇总　　B. 不同报表不同单位汇总
   C. 同一报表不同时期汇总　　　　　　　D. 不同报表不同时期汇总

15. 在 UFO 报表管理系统中，舍位平衡公式不需要确定的条件是（   ）。
   A. 舍位单元　　　B. 舍位表名　　　C. 舍位位数　　　D. 舍位区域

二、多选题

1. 会计报表按输出方式的不同，通常分为（   ）等。
   A. 屏幕查询输出　　B. 图形输出　　C. 磁盘输出　　D. 打印输出

2. 报表管理模块应用的基本流程包括（   ）。
   A. 格式设置　　　B. 公式设置　　C. 数据生成　　D. 报表文件的保存

3. 企业常用的财务报表数据的来源有（   ）。
   A. 总账系统　　　　　　　　　　　　　B. 本报表本表页
   C. 本报表其他表页　　　　　　　　　　D. 其他报表的表页

4. 报表系统中的关键字主要有（   ）。
   A. 月份　　　　　B. 年份　　　　C. 单位名称　　D. 报表文件名称

5. UFO 报表管理系统中，数据状态下可以做的操作有（   ）。
   A. 输入数据　　　B. 增加或删除表页　　C. 审核　　　D. 汇总

6. 关于数据状态与格式状态，说法不正确的有（   ）。
   A. 格式状态看到的是报表的格式，报表的数据全部被隐藏
   B. 数据状态看到的是报表的全部内容，包括公式和数据
   C. 在数据状态可以输入数据，也可以修改格式
   D. 格式状态也可以输入数据，并且这些数据可以在数据状态运行

7. 在 UFO 报表管理系统中，能使用定制模板的方式生成财务报表的操作是（   ）。
   A. "新建" → "格式" → "生成常用报表模板"
   B. "新建" → "文件" → "其他财务软件数据" → "导入"
   C. "新建" → "文件" → "其他格式" → "从 XML 导入"
   D. "新建" → "格式" → "报表模板"

8. 要想改变设置好的 UFO 报表管理系统尺寸，可以选择（   ）方法。
   A. 在数字状态下执行插入表页操作　　B. 在格式状态下执行插入行或列操作
   C. 在格式状态下执行追加行或列操作　D. 在数字状态下执行追加表页操作

9. UFO 报表管理系统从总账中能取数的前提不包括（   ）。
   A. 总账正确填制凭证后即可　　　　　B. 总账必须结账后
   C. 总账必须记账后　　　　　　　　　D. 总账正确填制凭证且审核后

10. 进入编辑单元公式的正确方法是（   ）。

A. 选择数据菜单下的"编辑公式"→"单元公式"
B. 在选定的单元单击鼠标左键
C. 在编辑栏中按"fx"按钮
D. 在选定的单元双击鼠标左键

三、判断题

1. 在格式状态下，按=键可以输入公式。（　　）
2. 在数据状态下，可以修改UFO报表管理系统的审核公式。（　　）
3. 报表公式定义完成后，或者在报表公式未定义完需要查看报表数据时，将报表切换到显示数据的状态，就生成了报表的数据。（　　）
4. UFO报表管理系统中关键字偏移量为负数，表示关键字的位置向左偏移的距离。（　　）
5. 在批命令文件中，既可以使用半角字符，也可以使用全角字符。（　　）
6. 在UFO报表管理系统中只能从总账中提取财务数据。（　　）
7. 舍位平衡公式用于报表数据，进行进位或小数取整后调整数据。（　　）
8. 资产负债表、利润表等月报表要求每年打印。（　　）
9. 在一个报表中，每个单元只能设置一个关键字，每个关键字只能定义一次，第二次定义一个已经定义的关键字时，系统自动取消第一次的定义。（　　）
10. 用友UFO报表管理系统支持多窗口操作，支持多个窗口显示和处理，可同时打开的文件和图形窗口多达40个。（　　）

薪资管理系统

本章学习目标

通过本章的学习，要求掌握建立工资账套，设置各种分类、档案资料的方法；掌握设置工资项目分类和计算公式的方法；掌握固定工资数据编辑及变动工资数据的方法；掌握计算个人所得税的方法和工资数据的计算与汇总的方法；熟悉工资分配与计提，以及工资转账凭证生成的原理和方法。

第一节 薪资管理系统概述

工资核算是每个单位财会部门最基本的业务之一，不仅关系到每个职工的切身利益，也是直接影响产品成本核算的重要因素。手工进行工资核算，需要占用财务人员大量的精力和时间，并且容易出错。采用计算机进行工资核算可以有效提高工资核算的准确性和及时性。薪资管理系统是会计电算化应用最早的模块，也是目前通用化程度较高的模块。

薪资管理系统适用于企业、行政、事业及科研单位等各个行业，它提供了简单易行的工资核算功能，以及强大的工资分析和管理功能，并提供了同一企业存在多种工资核算类型的解决方案。

一、薪资管理系统的主要功能

薪资管理系统具有工资核算、工资发放、工资费用分摊、工资统计分析和个人所得税核算等功能。通常薪资管理系统功能主要包括以下三个方面：

(一) 系统初始化设置

虽然各个单位的工资核算有很多共性，但也存在一些差异。通过工资系统初始化设置，可以根据企业需要建立工资账套数据，设置薪资管理系统运行所需要的各项基础信息，为日常处理建立应用环境。系统初始化包含薪资管理系统启用、工资账套参数设置和基础档案设置。

1. 薪资管理系统启用

系统提供了两种方式启用薪资管理系统：一是在建账时同总账一起启用；二是在企业应用平台"基础设置"→"基础信息"菜单下的"系统启用"中进行启用。

2. 工资账套参数设置

系统提供了工资类别核算、工资核算的币种、个人所得税、是否核算计件工资等账套参数设置。

3. 基础档案设置

系统提供发放次数管理、人员附加信息设置、工资项目设置、人员档案设置等功能。可以由企业自行设计工资项目及计算公式，并提供计件工资标准设置和计件工资方案选择。

（二）工资日常业务处理

薪资管理系统管理企业所有人员的工资数据，对人员增减、工资变动进行处理；自动计算个人所得税、结合工资发放形式进行扣零设置或向代发工资的银行传输工资数据；自动计算、汇总工资数据；支持计件工资核算模式；自动完成工资分摊和相关费用计提，并可以直接生成凭证传递到总账系统；提供对不同工资类别数据的汇总，从而实现统一工资核算的功能。

（三）期末处理

薪资管理系统可以进行月末结转和年末结转，还可以提供多层次、多角度的薪资报表管理。期末薪资管理系统将当期工资数据经过处理后结转至下期，并生成各种工资表和工资分析表，如工资发放签名表、部门工资汇总表、工资项目分析表等。齐全的工资报表形式、简便的资料查询方式满足了企业多层次、多角度查询的需要。

二、薪资管理系统与其他子系统之间的关系

薪资管理系统与企业门户共享基础数据。薪资管理系统将工资计提、分摊结果自动生成转账凭证，传递到总账系统，两个系统可以互相查询凭证，并且具备了在总账系统中联查薪资管理系统原始单据的功能。薪资管理系统向成本管理系统传送人员的薪资数据，成本管理系统向薪资管理系统提供计件工资的计算标准。UFO报表管理系统可以从薪资管理系统取得数据，进行加工分析。薪资管理系统与其他子系统之间的关系具体如图7-1所示。

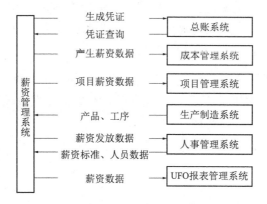

图7-1 薪资管理系统与其他子系统之间的关系

三、薪资管理系统的基本操作流程

薪资管理系统进行工资核算的基本步骤包括：启用薪资管理系统、建立工资账套（选择单个工资类别还是多个工资类别）、初始设置、人员档案管理、工资变动、个人所得税处理、工资分摊及月末处理。具体操作流程如图7-2所示。

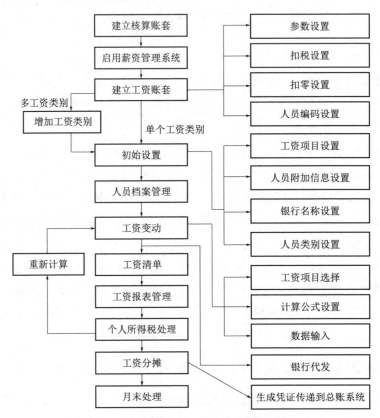

图7-2 薪资管理系统的基本操作流程

这里所说的工资类别，是指一套工资账中，根据不同情况而设置的工资数据管理类别。

（一）单个类别工资核算

如果企业中所有员工的工资发放项目相同、工资计算方法也相同，那么可以对全部员工进行统一工资核算，对应地选用系统提供的单个工资类别应用方案。

（二）多个类别工资核算

如果企业存在下列情况之一，则需要选用系统提供的多个工资类别应用方案。

（1）企业中存在不同类别的人员，不同类别的人员工资发放项目不同、计算公式也不相同，但需要进行统一工资核算管理。

（2）企业每月进行多次工资发放，月末需要进行统一核算。如企业采用周薪制，或工资和奖金分次发放。

（3）企业在不同地区设有分支机构，而工资核算由总部统一管理。

（4）工资发放时，使用多种货币，如人民币、美元等。

第二节　薪资管理系统初始化

系统初始化设置工作是整个工资管理正确运行的基础，建立一个完整的账套是系统正常运行的根本保证。系统初始化设置包括账套参数设置、工资类别设置、人员类别设置、人员附加信息设置、工资项目和公式设置、银行名称设置、人员档案设置等。

一、系统启用

在"基础设置"选项中查看系统启用情况，如果未启用薪资系统，可以在企业应用平台中启用。

【操作步骤】

（1）账套主管登录企业应用平台。
（2）单击"基础设置"，单击"基础信息"后，双击"系统启用"。
（3）找到"薪资管理"，单击"WA"复选框，输入启用年月数据，如图7-3所示。
（4）用户单击"是"按钮后，保存此次的启用信息，并将当前操作员写入"启用人"。

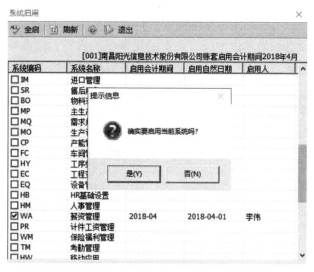

图7-3　启用薪资管理系统

二、建立工资账套

工资账套与企业核算账套是两个不同的概念。企业核算账套在系统管理中建立，是针对整个ERP系统而言的；而工资账套只针对用友ERP系统中的薪资管理系统。也就是说，工资账套是企业核算账套的一个组成部分。所以，在建立工资账套之前，必须首先建立企业的核算账套。

建立工资账套是工资核算的基础，将影响工资项目的设置和工资业务的具体处理方式。在新建账套时，即需要设置各种参数，这些参数一经设置，今后使用时一般不能修改。系统提供的建账向导共分为四步来设置：参数设置、扣税设置、扣零设置、人员编码设置。当启动薪资管理系统，注册完毕后，如所选择账套为首次使用，系统将自动进入建账向导。

（一）参数设置

参数设置包括工资类别个数、币别名称及是否核算计件工资的设置。操作窗口如图7-4所示。

图7-4 参数设置

如果单位按周发放工资或按一月多次发放工资，或者单位中有多种不同类别（部门）的人员，其工资发放项目不尽相同，计算公式也不相同，但需要进行统一工资核算管理时，应选择"多个"工资类别。如果单位中所有人员的工资统一管理，而人员的工资项目、工资计算公式全部相同，则选择"单个"工资类别，这样可以提高系统的运行效率。本教材选择多个工资类别。

系统提供币别供用户选择，若企业用人民币发放工资，则选择"人民币"币种；若企业采用外币发放工资，则选择除本位币以外的其他币别，并且须在工资类别参数维护中设置汇率。

如果企业采用了计件工资，就需要勾选"是否核算计件工资"，这样该账套才能显示计件工资核算的相关信息。

（二）扣税设置

当第一步参数设置完以后，单击"下一步"按钮即可进行第二步建账操作——扣税设置，操作窗口如图7-5所示。如果企业要从工资中代扣个人所得税，则勾选"是否从工资中代扣个人所得税"，工资核算时，系统会自动根据输入的税率计算个人所得税额。

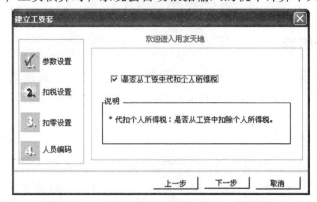

图7-5 扣税设置

（三）扣零设置

当第二步扣税设置完后，单击"下一步"按钮，可进行第三步建账操作——扣零设置，操作窗口如图7-6所示。

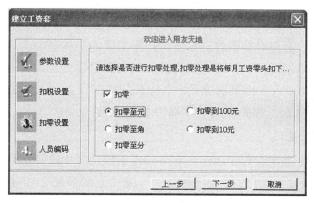

图7-6 扣零设置

单位采用现金形式发放工资时，可以选择是否扣零。若选择扣零处理，系统在计算工资时，将依据选择的扣零类型将零头扣下，积累成整，并在下次发放工资时补上。

系统扣零有扣零至100元、扣零至10元、扣零至元、扣零至角、扣零至分共5种类型，企业可任选其一。如选择"扣零至元"，则表示发放工资时不发十元以下的元、角、分，包括五元、两元、一元。如1 298.30元，只发放1 290元，8.30元扣零到下月，其他依此类推。

用户一旦选择了"扣零处理"，系统自动在固定工资项目中增加"本月扣零"和"上月扣零"两个项目，扣零的计算公式将由系统自动定义，无须设置。"应发合计"中不用包括"上月扣零"，"扣款合计"中也不用包括"本月扣零"。

（四）人员编码

当第三步扣零设置完后，单击"下一步"按钮，可进行第四步建账操作——人员编码，操作窗口如图7-7所示。

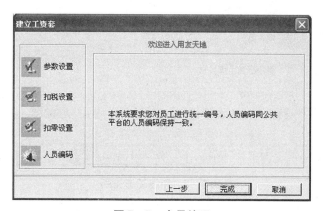

图7-7 人员编码

人员编码，即单位人员编码长度，以数字作为人员编码。用户根据需要可以自由定义编码长度,但最长不超过 10 位字符,一般实验时设置为 5 位。用户用鼠标单击"微调"按钮可设置长度,设置完毕后单击"完成"按钮。人员编码长度决定了工资账套中职工代码的长度。

三、初始设置

建立工资账套后,需要对薪资管理系统运行所需要的一些基础信息进行初始设置,包括部门档案设置、人员类别设置、银行档案设置、工资类别设置、人员附加信息设置、工资项目设置、银行名称设置、人员档案设置等。其中部门档案设置、人员类别设置、银行档案设置应在公共平台的"设置"标签中的"基础档案"中进行。

(一) 工资类别设置

系统提供多个工资类别管理,新建账套时或在系统选项中选择多个工资类别,可进入此功能。但做这一步之前,必须先在"企业门户"或"总账系统"中建立部门,具体操作步骤在前面已讲述,这里就不再重复了。

工资类别是指一套工资账中,根据不同情况而设置的工资数据类别。工资账套建立完成后,可以直接设置工资类别,也可以在基础信息设置完成后再设置工资类别。工资类别的维护包括建立工资类别、打开工资类别、删除工资类别、关闭工资类别和汇总工资类别。

【例 7-1】高丽公司的工资类别包括正式人员和临时人员。除外地销售科是临时工以外,其他部门都是正式工。

【操作步骤】

(1) 执行"薪资管理"→"工资类别"→"新建工资类别"命令,打开"新建工资类别"对话框。

(2) 在文本框中输入"正式人员",如图 7-8 所示。

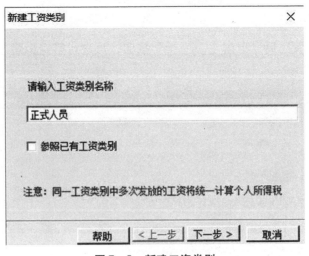

图 7-8 新建工资类别

(3) 单击"下一步"按钮,在打开的对话框中选择外地销售科以外的部门,如图 7-9 所示。

第七章　薪资管理系统

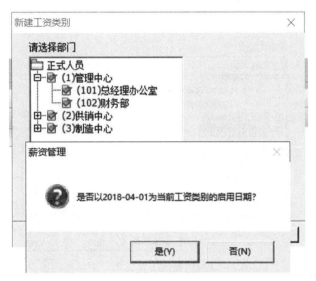

图7-9　部门选择

（4）单击"完成"按钮，弹出"是否以2018-04-01为当前工资类别的启用日期？"提示信息，单击"是"按钮，系统默认已进入刚刚新建的"正式人员"工资类别中。

（5）执行"薪资管理"→"工资类别"→"关闭工资类别"命令，关闭"正式工"工资类别，如图7-10所示。

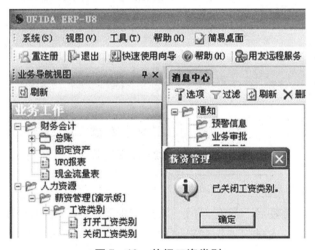

图7-10　关闭工资类别

（6）执行"薪资管理"→"工资类别"→"新建工资类别"命令，打开"新建工资类别"对话框，根据资料完成"临时人员"工资类别的建立，如图7-11和图7-12所示。

【注意】

● 在部门选择框中，若用户选中"选定下级用户"选项框，则用户必须先选中上级部门。

● 工资类别设定后，需要进行工资类别的启用日期设定，并且一旦确定，无法再修改启用日期。

· 171 ·

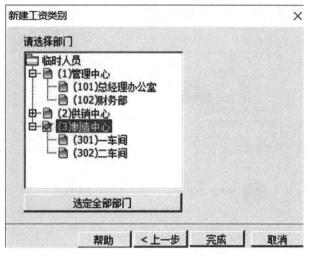

图 7-11 "新建工资类别"对话框

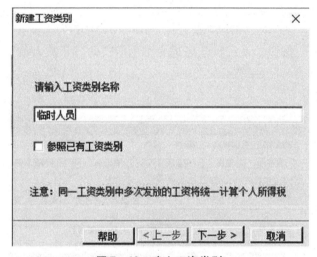

图 7-12 建立工资类别

(二) 人员附加信息设置

除了人员编号、人员姓名、所在部门、人员类别等基本信息外,为了对各类人员进行更加有效的管理,可以设置人员附加信息来增加人员信息,丰富人员的档案,例如可以增加设置人员的性别、民族、婚否、技术职称、职务、联系电话等。具体如图 7-13 所示。

通过单击"增加"按钮,可输入人员附加信息名称或从参照栏中选择系统提供的信息名称;单击"删除"按钮,可删除人员附加信息名称。

【注意】

- 在输入人员附加信息时,信息名称框不允许为空。
- 已使用的人员附加信息不允许删除。

(三) 工资项目设置

工资项目设置,即定义工资账中工资项目的名称、类型、长度等,企业应按照工资制度

图 7-13 人员附加信息设置

的规定进行设置。企业可以增加新的工资项目，并设置该工资的类型、长度、小数位数和工资增减项。增项直接计入"应发合计"，减项直接计入"扣款合计"，其他项不参与应发合计及扣款合计的计算，由企业自行指定。企业也可以删除某个工资项目和修改工资项目名称。

【操作步骤】

(1) 执行系统"薪资管理"→"设置"→"工资项目"命令，打开"工资项目设置"对话框。

(2) 单击"增加"按钮，在"工资项目名称"栏中输入"基本工资"，"类型"栏选择"数字"，"长度"设置为"8"，"小数"栏设为"2"，"增减项"栏选择"增项"。

(3) 同理，单击"增加"按钮，根据实验资料增加其他工资项目，如图 7-14 所示。

(4) 所有项目增加完成后，利用"工资项目设置"界面上的"▲"和"▼"箭头，按照实验资料所给顺序调整工资项目的排列位置。

(5) 单击"确认"按钮。

【提示】

工资项目名称：工资项目名称或工资发放项目名称。

类型：项目的数据类型。如果是数字且在工资汇总表中需进行汇总，则应设为数字型；如果是汉字、字母，应设为字符型。

长度：项目数据最大的长度。如为数字型，则小数点占两位长度。

小数：数字型数据小数数位的长度。

增减项：为增项、减项、其他项。系统默认增项为"应发合计"构成项，减项为"扣款合计"构成项，其他项目由企业制定。

【注意】

● 系统提供的固定工资项目不能修改、删除。

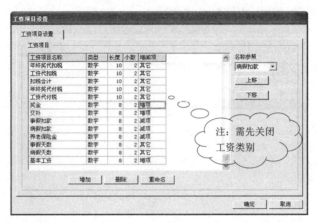

图 7-14 增加工资项目

- 工资项目名称必须唯一。
- 已使用的工资项目不可删除，不能修改数据类型。
- 多类别工资管理时，只有关闭工资类别后，才能新增工资项目。
- 若所需工资项目尚未设置，则只能在关闭工资类别的状态下通过工资项目设置进行编辑，然后再打开该工资类别，参照选择。

（四）银行名称设置

如果企业委托银行代发工资，就需要进行银行名称的设置，企业可设置多个发放工资的银行，以适应不同的需要。例如，同一类别中的人员由于在不同的工作地点，需由不同的银行代发工资，或者不同的工资类别由不同的银行代发工资。

【操作步骤】

（1）在企业应用平台下的基础设置中，单击"基础档案"，双击"财务"下的"银行档案"，弹出如图 7-15 所示对话框。

图 7-15 "银行档案"对话框

（2）单击"增加"按钮，可输入银行名称，并选择银行账号是否定长及账号的长度。系统默认银行账号为"定长"，长度为 11 位；系统提供一些默认的银行档案。

（3）单击"删除"按钮，可删除银行名称。

(4) 单击"返回"按钮，即返回系统窗口，执行其他操作。

【注意】
- 银行名称长度不得超过 10 个汉字。
- 银行账号长度不得超过 30 位。
- 银行账号不定长，需指定最长账号的长度，否则系统默认为 30 位。
- 删除银行名称时，则与此银行有关的设置将一同删除，包括银行的代发文件格式的设置、磁盘输出的格式设置，以及人员档案中涉及此人员的银行名称和账号等。

(五) 人员档案设置

人员档案的设置用于登记工资发放人员的姓名、编号、部门、人员类别等信息。员工的增加变动都必须先在本功能中处理，并且选择是否计税，计税人员是否为中方人员，是否核算计件工资，选择代发工资银行的名称和银行账号；选择人员进入本单位的日期，还可输入人员附加信息，附加信息的项目由前面介绍的人员附加信息决定。

【操作步骤】
(1) 执行系统菜单"设置"→"人员档案"命令，进入"人员档案"窗口。
(2) 单击工具栏中的"增加"按钮，打开"人员档案明细"对话框。
(3) 在"基本信息"选项卡中，输入或选择人员档案相关数据，如图 7-16 所示。

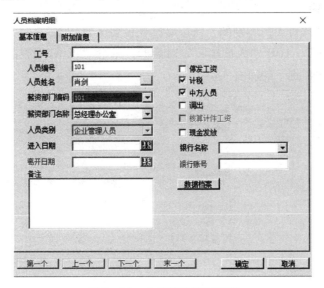

图 7-16 人员档案明细设置

(4) 单击"确定"按钮。
(5) 同理，按照上述顺序输入实验资料中所有人员的档案，如图 7-17 所示。

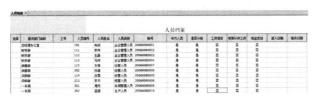

图 7-17 所有人员的档案

（六）定义工资计算公式

定义工资计算公式有两个前提：一个是人员档案设置完成，另一个是工资项目设置完成。

【操作步骤】

（1）如果工资项目涉及公式，先打开对应工资类别，如图7-18所示。

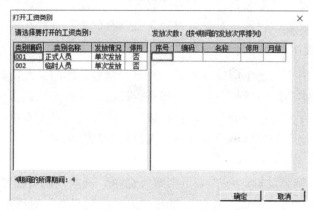

图7-18　打开工资类别

（2）设置人员档案。

因为公式设置是针对人员类别的，所以必须先设置人员档案。

双击"人员档案"，打开"人员档案"对话框，单击"批增"按钮，弹出如图7-19所示的对话框，选择该类别下的所有人员。

图7-19　增加人员档案

（3）工资项目设置。

此处的工资项目设置与图7-14的工资项目设置不一样，图7-14中的工资项目设置是针对整个工资账套的，只有此处设置了工资项目，以后的工资类别中的工资项目设置才能选择。工资类别下的工资项目设置只能选择工资账套已经设置了的项目。

①执行"薪资管理"→"设置"→"工资项目设置"命令，进入"工资项目设置"窗口，如图7-20所示。

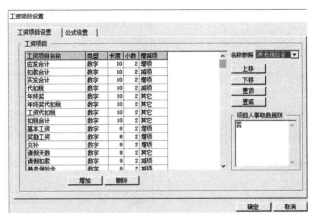

图 7-20　工资类别下的工资项目设置

②单击"增加"按钮，工资项目列表中增加一空行。

③单击"名称参照"下拉列表框，从下拉列表中选择"基本工资"选项，根据高丽公司实验资料，将"正式工"类别下的所有工资项目都通过此方法增加到左侧列表中。

(4) 定义公式。

运用公式可以直接表达工资项目的实际运算过程，灵活地进行工资计算处理。可以通过选择工资项目、运算符、关系符、函数来组合公式。薪资管理系统提供了三种设置公式的方法：一是在公式定义文本框中直接输入公式；二是根据"公式设置"选项卡中各列表提供的内容选择设置；三是根据"函数公式向导"输入计算公式。

设置公式时，可以包含已设置公式的其他项目；定义公式时，要注意先后顺序，先得到的数应先设置公式。例如，系统自动设置的应发合计、扣款合计和实发合计的公式应是公式定义框的最后三个公式，且实发合计的公式要在应发合计和扣款合计公式之后，可以通过单击图中公式框的上下箭头来调整计算公式顺序。定义工资项目计算公式要符合逻辑，系统将对公式进行合法性检查，不符合逻辑的，系统将给出错误提示。

【例 7-2】设置交补：交补 = iff(人员类别 = "企业管理人员" OR 人员类别 = "车间管理人员", 100, 50)。

iff 函数的含义是，如果该命题成立，则取表达式 1；否则，取表达式 2。该公式的含义是，如果该人员是企业管理人员或者车间管理人员，那么他的交补是 100；如果是其他人员，交补是 50。

①打开"工资项目设置"对话框，单击"公式设置"选项卡，添加需要定义公式的项目，如图 7-21 所示。

②单击"函数公式向导输入…"按钮，在弹出的对话框中选择 iff 函数，如图 7-22 所示。

③单击"下一步"按钮，出现"函数向导——步骤之 2"对话框，填上逻辑表达式和算术表达式，如图 7-23 和图 7-24 所示。

单击"完成"按钮，在把光标停在数据 100 后，再单击"函数公式向导输入…"按钮，填入相应数据，如图 7-24 所示。

④单击"公式确认"按钮，然后单击"确定"按钮退出公式设置，如图 7-25 所示。

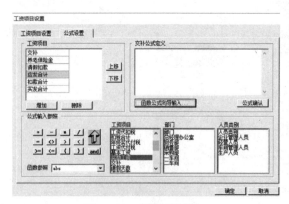
图 7-21 选择工资项目

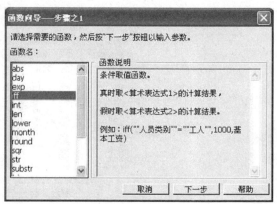
图 7-22 iff 函数向导

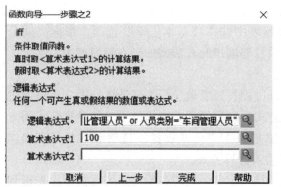
图 7-23 输入表达式（1）

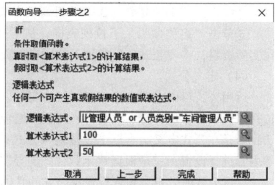
图 7-24 输入表达式（2）

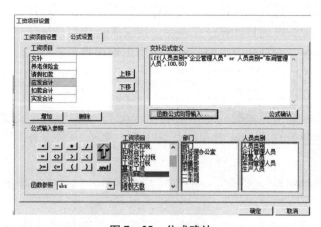
图 7-25 公式确认

【注意】
- 公式中的标点符号均为英文状态。
- 事先没有设置的工资项目不允许在计算公式中出现。
- 不能删除已经输入数据的工资项目和已经设置计算公式的工资项目。
- 应发合计、扣款合计和实发合计公式不用设置。

第三节　薪资管理系统日常业务处理

薪资管理系统日常业务处理包括工资变动处理、工资分钱清单处理、扣缴所得税处理、银行代发、工资分摊及月末处理等。至于职工的调动处理，须事先在"人员档案设置"中进行设置，才可以进行工资变动处理。

一、工资变动处理

工资变动处理包括工资数据录入、修改和汇总处理，以及输出工龄、事假天数及病假天数等信息。"工资变动"窗口如图 7-26 所示。

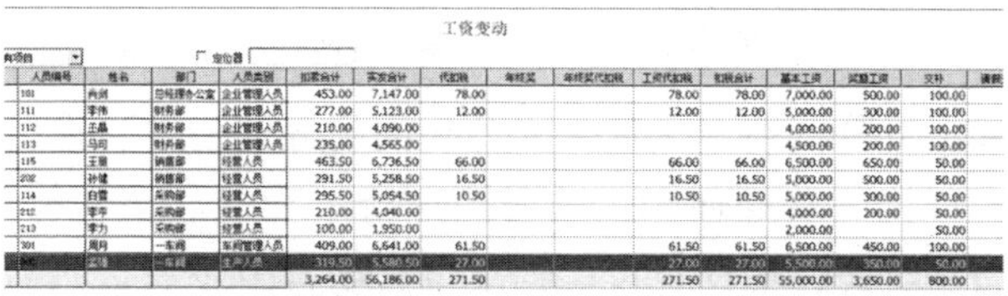

图 7-26　"工资变动"窗口

在"工资变动"窗口中，除了显示相对固定的人员编码、姓名、部门和人员类别外，还包含了企业设置的所有工资项目供查看或修改。可以在主窗口直接录入或修改数据，也可以使用页编辑方式对每一个人进行录入或修改，或通过以下方法加快录入：

（1）如果只需对某些项目进行录入或对部分人员的工资数据进行修改，可以使用项目过滤器功能，选择某些项目录入或修改。

（2）如果录入某个指定部门或人员的数据，可以先单击"定位"菜单，让系统自动定位到需要的部门或人员，然后录入。

（3）如果需按某一条件调整数据，比如，将人员类别等于生产人员的交通补贴统一调为 500 元，这时可使用数据替换功能，可以单击"替换"菜单，选择替换项目，输入替换表达式及替换条件。若进行数据替换的工资项目已设置了计算公式，则在重新计算时，仍以计算公式为准。

（4）如果需按某些条件筛选符合条件的人员进行录入，可以使用数据筛选功能。

此外，关于扣零的处理，系统自动按照扣零的参数的设置处理，无须设置公式；关于所得税扣缴的设置，也有专门的模块进行处理。如果系统初始化时选择了在工资中代扣个人所得税，则在录入数据的过程中，系统自动进行扣税计算。如果需要重新设置某个工资项目的计算公式，可以单击薪资管理系统主窗口的"设置"菜单直接修改，或在"工资管理"菜单的"设置"子菜单中选择"工资项目设置"，也可以进行计算公式的修改。在修改或录入了某些数据、重新设置了计算公式、进行数据替换或在个人所得税中执行了自动扣税操作后，最好单击"工资变动"窗口的"计算"菜单，对个人工资数据重新计算，以保证数据正确。通常实发合计、应发合计、扣款合计在修改完数据后不自动计算合计项，如要检查合计项是否正确，可以先执行"计算"功能，重算工资。如果不执行重算工资，则在退出"工资变动"处理操作窗口时，系统会自动提示重新计算。若对工资数据进行了变动，则还需进行重新汇总,单击"工资变动"操作窗口的"汇总"菜单即可。如未执行"工资汇总"功能,则在退出工资变动时,系统自动提示汇总操作。

二、工资分钱清单处理

在企业采用现金发放工资时,工资分钱清单处理可以根据需要进行分解,以方便工资发放人员的操作。"分钱清单"窗口如图7-27所示。

图7-27 "分钱清单"窗口

从图中可以看出,工资分钱清单处理主要分为部门分钱清单、人员分钱清单和工资发放取款单三部分。在工资分钱清单处理中,需要先选择票面额。单击操作窗口"设置"菜单即可进入该功能。票面额组合,用户可以根据单位需要自由设置,然后系统自动根据每个员工的实发工资金额计算各种票面额所需要的数量。

(1)单击"部门分钱清单"标签,可查看最上一级至末级部门的分钱票面额清单。
(2)单击"人员分钱清单"标签,可查看每个员工的分钱清单。
(3)单击"工资发放取款单"标签,可查看单位总的分钱清单。主要用于出纳按票面取款,便于工资现金发放。

三、银行代发

目前,许多单位的职工工资都采用银行卡方式发放,这样做既减轻了财务部门发放工资的工作,又有效地避免了财务人员去银行提取大笔款项所承担的风险,同时还提高了对员工个人工资的保密程度。如果在人员设置档案中选择了员工采用银行代发,并且设置了银行名称和银行账号以后,系统就可以自动编制银行代发一览表,如图7-28所示。

单位编号	人员编号	账号	金额	录入日期
1234934325	101	20060080001	7147.00	20190930
1234934325	111	20060080002	5123.00	20190930
1234934325	112	20060080003	4090.00	20190930
1234934325	113	20060080004	4565.00	20190930
1234934325	114	20060080005	5054.50	20190930
1234934325	115	20060080007	6736.50	20190930
1234934325	202	20060080008	5258.50	20190930
1234934325	212	20060080006	4040.00	20190930
1234934325	213	20060080011	1950.00	20190930
1234934325	301	20060080009	6641.00	20190930
1234934325	302	20060080010	5580.50	20190930
合计			56,186.00	

图7-28 银行代发一览表

银行代发一览表的文件格式可根据代发银行的要求设置,操作窗口如图7-29所示。
文件格式主要包含栏目名称、数据类型、总长度、小数位数、数据来源等内容。首先需

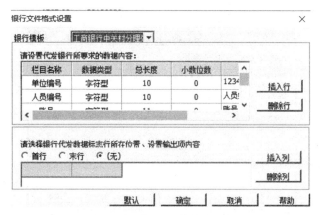

图7-29 银行文件格式设置

从银行模板下拉框中选中要代发工资的银行。系统提供银行模板文件格式，若不能满足要求，可进行修改。每次修改都必须对数据类型、总长度、小数位数及数据内容进行设置。可通过单击"插入行"或"删除行"按钮增加或删除代发项目。有些银行要求有一个与其他数据内容格式不一致的标志行，用于做一些特定项目的输出。标志行在银行代发一览表中不能显示。

根据银行的要求，设置向银行提供的数据是以何种文件形式存放在磁盘中的，如文本文件或其他文件类型。在图7-30所示窗口进行设置。设置完成以后，可以将工资数据文件按照规定的文件类型传送到目标磁盘上，提交给代发银行。

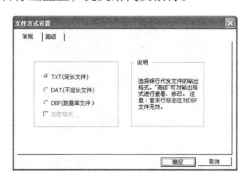

图7-30 文件方式设置

四、扣缴所得税处理

个人所得税是根据《中华人民共和国个人所得税法》对个人的所得征收的一种税，许多单位计算职工工资所得税工作量较大，薪资管理系统提供了个人所得税自动计算功能，用户只需自定义所得税率，系统就会自动计算个人所得税，这样既减轻了用户的工作负担，又提高了工作效率。

为了解决各地企业的个人所得税申报问题，在U8.72中改进了个人所得税报表功能，支持输出个人信息登记表、扣缴个人所得税报表和扣缴汇总报告表。各地税务局一般都开发了个人所得税申报软件（企业申报）给企业使用，企业可以通过该软件导入"扣缴所得税"模块导出的Excel格式报表进行申报操作。

用户选择"业务处理"菜单中的"扣缴个人所得税"即可进入该功能,如图7-31所示。

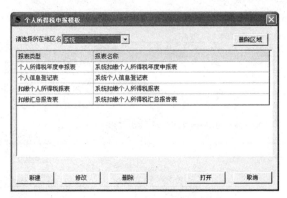

图7-31 个人所得税申报模板

在"个人所得税申报表"操作窗口,系统会按默认税率计算出个人所得税。但是U8.72的税率还是2010年之前的税率,所以此处需要修改。单击"设置"菜单下的"选项"按钮,可进行所得税税率的设置,如图7-32所示。按照最新7级累进税率设置个税,如图7-33所示。

图7-32 税率设置

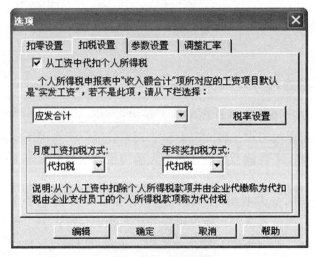

图7-33 设置个税

设置完个人所得税税率以后，系统就可以依据设置的扣除费用、税率和对应的收入额合计，自动计算出每个职工的应纳税所得额和应缴纳的个人所得税，编制个人所得税扣缴申报表并可打印出来上报税务部门，如图 7－34 所示。

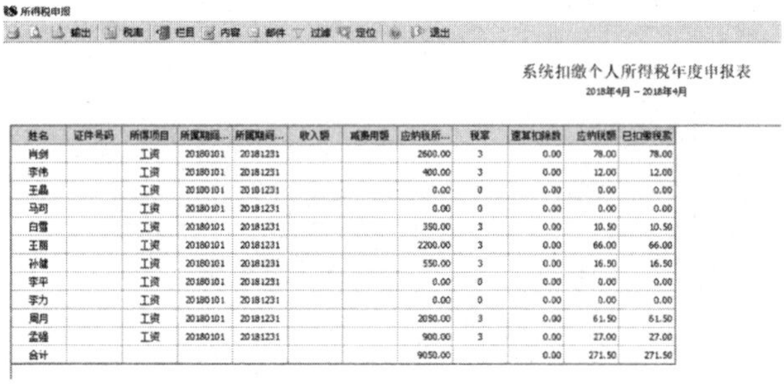
所得税申报

输出 税率 栏目 内容 邮件 过滤 定位 退出

系统扣缴个人所得税年度申报表

2018年4月－2018年4月

姓名	证件号码	所得项目	所属期间...	所属期间...	收入额	减费用额	应纳税所...	税率	速算扣除数	应纳税额	已扣缴税款
肖剑		工资	20180101	20181231			2600.00	3	0.00	78.00	78.00
李伟		工资	20180101	20181231			400.00	3	0.00	12.00	12.00
王晶		工资	20180101	20181231			0.00	0	0.00	0.00	0.00
马莉		工资	20180101	20181231			0.00	0	0.00	0.00	0.00
白雪		工资	20180101	20181231			350.00	3	0.00	10.50	10.50
王丽		工资	20180101	20181231			2200.00	3	0.00	66.00	66.00
孙健		工资	20180101	20181231			550.00	3	0.00	16.50	16.50
李平		工资	20180101	20181231			0.00	0	0.00	0.00	0.00
李力		工资	20180101	20181231			0.00	0	0.00	0.00	0.00
周月		工资	20180101	20181231			2050.00	3	0.00	61.50	61.50
孟强		工资	20180101	20181231			900.00	3	0.00	27.00	27.00
合计							9050.00		0.00	271.50	271.50

图 7－34　个人所得税申报表

五、工资分摊

（一）工资分摊设置

月末系统会自动完成工资分摊、计提、转账业务，并将生成的凭证传递到总账系统，在系统主窗口“业务处理”菜单中单击“工资分摊”即可进入该功能操作窗口，如图 7－35 所示。

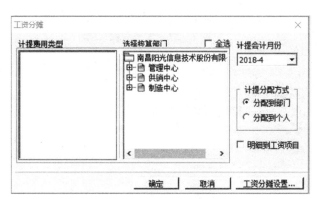

图 7－35　“工资分摊”窗口

在进行工资分摊处理之前，需先设置计提费用类型。计提费用类型一般和会计核算的需要相关。单击图 7－35 中的“工资分摊设置”按钮，即可进入图 7－36 所示的工资“分摊类型设置”操作窗口。

单击“增加”按钮，就可进入图 7－36 所示的“分摊计提比例设置”窗口，在这里输入费用类型的名称，以及计提的比例，例如管理费用、营业费用、生产成本、制造费用等类型按应付工资的 100% 计提，应付福利费按照应发工资的 14% 计提、工会经费按应发工资的 2% 计提、职工教育附加费按应发工资的 1.5% 计提。

设置完费用类型的名称和计提比例后，即可进入图 7－35 所示窗口。

（二）工资分摊

财会部门根据工资费用分配表，将工资费用根据用途进行分配，并编制转账会计凭证，

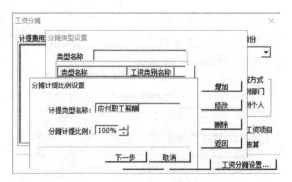

图7-36 工资分摊类型设置

传递到总账系统供登账处理之用。单击"业务处理"中的"工资分摊"功能菜单,选择"明细到工资项目",如图7-37所示。

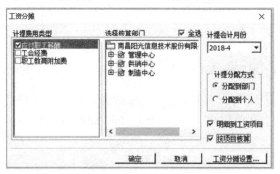

图7-37 工资分摊

单击"确定"按钮,即可进入该功能。选择分摊类型,单击"确定"按钮,如图7-38所示。

图7-38 工资分摊明细

单击"制单"按钮,系统自动生成一张工资结转凭证,单击"保存"按钮,如图7-39所示。

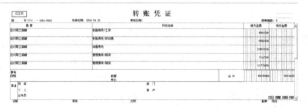

图7-39 生成凭证

上述凭证制单人员有误,应该是会计进行凭证生成。此张凭证需要在"统计分析"中的

"凭证查询"下进行删除,因为总账系统不能删除外部系统传送过来的凭证,其他系统的凭证只能在原系统中删除。选择需要删除的凭证,单击"删除"按钮即可,如图7-40所示。

图7-40 凭证删除

第四节 薪资管理系统期末业务处理

一、结账

月末结转是将当月数据经过处理后转至下月。每月工资数据处理完毕后,均可进行月末结转。由于工资项目中,有的项目是变动的,即每月数据均不相同,在每月工资处理时,均须将其数据清零,而后输入当月的数据,此类项目即为清零项目。在系统主窗口"业务处理"菜单中单击"月末处理",即可进入该功能,如图7-41所示(根据具体情况进行清零)。

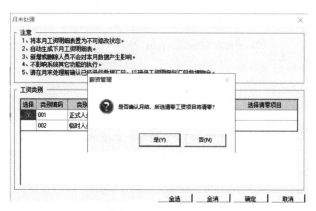

图7-41 月末处理

【注意】
- 月末结转只有在会计年度的一月至十一月进行。
- 月末结转只有在当月工资数据处理完毕后才可进行。
- 若要处理多个工资类别,则应打开"工资类别"窗口,分别进行月末结算。
- 若本月工资数据未汇总,系统将不允许月末处理。
- 进行期末处理后,当月数据将不允许变动。
- 月末处理功能只有主管人员才能执行。

二、反结账

在进行月末处理后,如果发现还有一些业务或其他事项要在已进行月末处理的月份进行账务处理,可以由账套主管以下月日期登录,使用反结账功能,取消已结账标记,把系统的操作状态还原到未结账状态。

【操作步骤】

(1)账套主管注册,注册时间为结账月的后一月。

(2)选择"业务处理"菜单中的"反结账",屏幕显示"反结账"界面。

(3)选择要反结账的工资类别,单击"确定"按钮,如图7-42所示。反结账成功后,出现如图7-43所示提示。

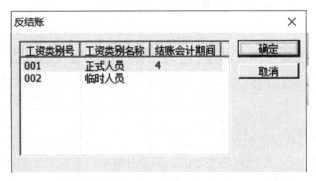

图 7-42 反结账

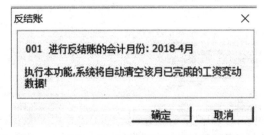

图 7-43 反结账成功提示

【注意】

如有以下三种情况,不允许反结账:

● 总账系统已经结账。

● 成本管理系统上月已经结账。

● 汇总工资类别的会计月份等于反结账月份,且包含需反结账的工资类别。

本章小结

本章主要讲授了工资系统的初始化,包括建立工资账套、设置工资类别、设置计算公式等初始化方法与操作;同时,也重点讲授了工资系统日常业务处理,包括如何处理变动工资数据、如何计算个人所得税、如何进行工资分配与计提、如何生成工资转账凭证、如何进行月末反结账等。

> 课后练习

一、单选题

1. 设置（　　）是计算工资的基础，包括其名称、类型、数据长度、小数位数等。
   A. 工资类别　　　　B. 工资项目　　　　C. 计算公式　　　　D. 所得税
2. 薪资管理系统是按（　　）进行核算和管理的。
   A. 管理部门　　　　B. 职工名册　　　　C. 工资类别　　　　D. 职位类型
3. 如果工资建账时选择了扣零处理，且扣零至角，则（　　）票面必须选择。
   A. 壹佰元　　　　　B. 壹角　　　　　　C. 壹元　　　　　　D. 拾元
4. 在薪资管理系统中，人员的增减变动应该在（　　）中处理。
   A. 人员类别　　　　B. 人员档案　　　　C. 工资变动　　　　D. 数据上报
5. 增加工资类别下的工资项目时，可以采用的方法是（　　）。
   A. 只能从名称参照中选择工资项目
   B. 可以新增工资项目
   C. 既可以从名称参照中选择工资项目，也可以自己新增工资项目
   D. 自动带入工资账套中已经建立的全部工资项目，不允许修改和删除
6. 如果设置某工资项目为数字型，长度为 8，小数位为 2，则该工资项目中最多可以输入（　　）整数。
   A. 5 位　　　　　　B. 6 位　　　　　　C. 7 位　　　　　　D. 任意位
7. 增加工资项目，如果在"增减项"一栏选择"其他"，则该工资项目的数据（　　）。
   A. 自动计入应发合计　　　　　　　　B. 自动计入扣款合计
   C. 既不计入应发合计，也不计入扣款合计　D. 既计入应发合计，也计入扣款合计
8. 下面有关人员调动功能的说法中，正确的是（　　）。
   A. 必须在同一账套的同一工资类别间进行　B. 必须在同一账套的多工资类别间进行
   C. 可以在不同账套的同一工资类别间进行　D. 可以在不同账套的多工资类别间进行
9. 工资数据处理结果最终通过（　　）的形式反映。
   A. 工资报表　　　　B. 期末结账　　　　C. 记账凭证　　　　D. 工资数据
10. 如果只想对某个部门或某个人员的工资数据进行修改，最佳方法是利用系统提供的（　　）功能。
    A. 页编辑　　　　　B. 筛选　　　　　　C. 替换　　　　　　D. 过滤器
11. 如果只想输入"奖金"和"缺勤天数"两个工资项目的数据，最佳方法是利用系统提供的（　　）功能。
    A. 页编辑　　　　　B. 筛选　　　　　　C. 替换　　　　　　D. 过滤器
12. 如果本月给所有企业管理人员多发 100 元奖金，最佳方法是利用系统提供的（　　）功能。
    A. 页编辑　　　　　B. 筛选　　　　　　C. 替换　　　　　　D. 过滤器
13. 下列工资数据项中，属于独立项的是（　　）。
    A. 加班补贴　　　　B. 交通补贴　　　　C. 缺勤扣款　　　　D. 应发工资

14. 在薪资管理系统中，目前定义职工个人"银行账号"的主要作用是（   ）。
A. 交纳个人所得税   B. 交纳工会会费
C. 银行代发工资   D. 到银行提取现金

15. 下列功能不属于薪资管理系统的是（   ）。
A. 输入各种工资数据   B. 工资计算和发放
C. 工资费用的汇总和分配   D. 工资系统生成凭证的审核、记账

二、多选题

1. 下列属于工资费用分摊项目的有（   ）。
   A. 应付工资   B. 应付福利费   C. 职工教育经费   D. 工会经费

2. 企业一般可按（   ）等设置多个工资类别。
   A. 人员   B. 时间   C. 项目   D. 部门

3. 下列各项中属于薪资管理系统中日常业务操作的有（   ）。
   A. 工资分钱清单   B. 个人所得税的计算与申报
   C. 工资分摊   D. 工资数据查询统计

4. 在使用薪资管理之前，必须建立的基础档案包括（   ）。
   A. 部门档案   B. 人员档案   C. 人员类别档案   D. 银行档案
   E. 外币档案

5. 薪资管理系统的建账工作内容主要包括（   ）。
   A. 工资类别等参考设置   B. 计算公式设置
   C. 扣税和扣零设置   D. 职工编码规则设置

6. 在没有任何人员档案的情况下，不能够进行的工作有（   ）。
   A. 工资项目设置   B. 公式设置   C. 发放次数管理   D. 工资变动
   E. 工资分摊

7. 薪资管理系统的费用分配工作主要包括（   ）。
   A. 计算应付工资和应付福利费   B. 将工资费用按用途进行分配
   C. 将工资费用按部门进行分配   D. 自动编制费用分配转账凭证

8. 不同的工资类别（   ）。
   A. 适用的人员类别可以不相同   B. 工资发放项目可以不相同
   C. 计算公式可以不相同   D. 发放次数可以不相同
   E. 扣税设置可以不相同

9. 企业财务软件薪资管理系统初始化的主要工作有（   ）。
   A. 设置工资类别和工资项目   B. 设置工资项目的计算公式
   C. 设置个人所得税   D. 工资分摊

10. 下列工资项目当中，属于减项的是（   ）。
    A. 住房公积金   B. 交通补助   C. 养老保险   D. 医疗保险
    E. 奖金

三、判断题

1. 工资变动数据录入是指输入某个期间内工资项目中相对变动的数据，如奖金、请假扣款等。（ ）

2. 系统可以对不同的工资类别分别进行期末结账。（ ）

3. 薪资管理系统提供个人所得税自动计算功能，但用户不能定义最新的个人所得税税率表。（ ）

4. 工资分摊自动生成转账凭证传递到账务处理模板。（ ）

5. 薪资管理系统提供了主要的工资报表，报表的格式由会计软件提供，用户不能自行设计报表的格式。（ ）

6. 在进行反结账之前，需要关闭所有工资类别。（ ）

7. 薪资管理系统在月末结账时，会自动将每月均发生变化的工资项目清零。（ ）

8. 薪资管理系统中，应先进行公式设置，再设置工资项目。（ ）

9. 薪资核算及管理是会计核算软件中常见的功能模板之一。（ ）

10. 有工资停发标志的人员不再进行工资发放，只保留人员档案，以后也不可以恢复发放。（ ）

固定资产系统

本章学习目标

通过本章的学习,要求掌握建立固定资产账套、进行基础设置及录入原始卡片的内容的方法;熟悉固定资产增减变动的处理方法,掌握计提折旧和制单的方法,了解对账、结账及账表查询的方法。

第一节 固定资产系统概述

一、固定资产系统的主要功能和特点

(一) 固定资产系统的主要功能

固定资产系统是会计信息系统的一个重要组成部分,用于固定资产的核算和管理工作。固定资产系统的主要作用包括完成固定资产增减变动核算,完成固定资产折旧的计算、提取与分配,生成固定资产卡片、明细账、折旧提取及分配明细表等各种表格,并自动生成凭证。其主要功能包括初始设置、卡片管理、业务处理、账表查询和系统维护,如图 8-1 所示。

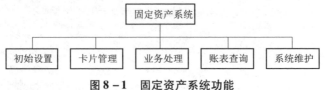

图 8-1 固定资产系统功能

(二) 固定资产系统的主要特点

固定资产是企业正常生产经营的必要条件,正确核算和管理企业的固定资产,对于保护

企业资产完整、保证企业再生产资金来源具有重要意义。固定资产管理具有以下三大特点：

1. 数据量大且保存时间长

企业所拥有的固定资产数量一般都比较多，为了便于企业各部门及时掌握固定资产的详细情况，系统内需要保留每一项固定资产的详细资料。此外，已经淘汰的固定资产的数据也需保留，以加强固定资产管理，保留必要的审计线索。因此，系统需要保留的数据量较大，所有资料需要跨年度长期保留在系统中。

2. 数据处理方法比较简单

固定资产的数据处理主要是增减变动处理、折旧的计算和各种统计分析报表的生成与输出。增减变动可以通过卡片的增减、删除及编制各种变动单来处理，处理方法较为简单。计提折旧的处理只需在初始设置中定义好各种折旧方法及其计算公式，月末时系统会自动完成每项固定资产的折旧计提，并在设置好不同部门的对应折旧费用科目的情况下，系统可以自动地完成折旧费用分配，然后生成自动转账凭证、报表。

3. 数据处理频率较低

固定资产的增减变动并不是企业经常发生的业务，此类数据处理的频率极低，且固定资产折旧的计提及报表分析、输出一般每个月处理一次即可。

二、固定资产系统的基本操作流程

（一）固定资产系统与其他子系统的关系

固定资产核算是财务核算的一部分，其日常业务要通过账务处理系统的记账凭证反映，即固定资产的增加、减少、折旧计提等业务能自动生成凭证，并传递到账务处理系统。此外，固定资产系统不仅可以向报表处理系统传递数据，还可以向成本核算系统传递有关折旧费的数据。具体关系如图8-2所示。

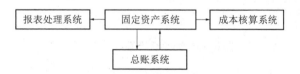

图8-2 固定资产系统与其他子系统的关系

（二）基本操作流程

固定资产系统的基本操作流程包括建立账套、基础设置、日常操作、期末处理等，不同类型的核算单位、不同的会计核算软件业不尽相同。图8-3所示是一个企业单位建账当年的固定资产系统的基本操作流程。

第二节 固定资产系统初始化

固定资产系统初始化是根据企业的具体情况，建立一个合适的固定资产的账套的过程。系统初始化是使用固定资产系统管理资产的首要操作。如果是第一次使用本系统，初始化前还需在"企业门户"→"基础信息"→"基本信息"→"系统启用"中设定"固定资产"的启用日期，正式启用固定资产系统。

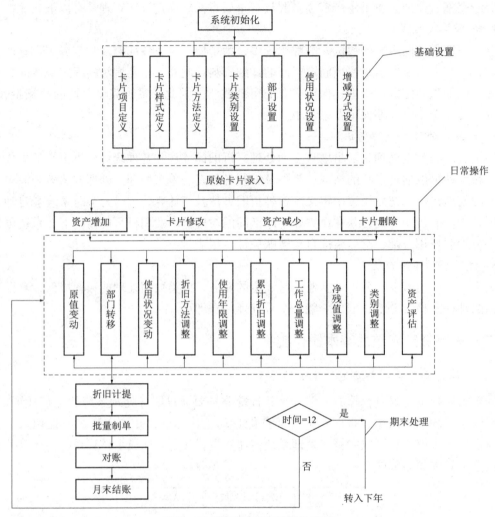

图 8-3 固定资产系统操作流程

系统初始化设置主要包括部门对应折旧科目设置、资产类别设置、固定资产增减方式设置、使用状况设置、折旧方法定义、卡片项目定义、卡片样式定义、卡片录入等。

一、建立固定资产账套

第一次使用固定资产系统打开账套时，会自动提示进行系统初始化，如图 8-4 所示。

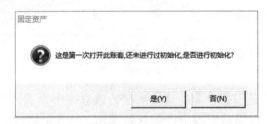

图 8-4 固定资产系统初始化提示窗口

(一) 约定及说明

在图 8-4 所示的提示界面，单击"是"按钮进入系统初始化阶段。需要使用者认真检查、确认固定资产账套的基本信息和资产管理的基本原则，如图 8-5 所示。

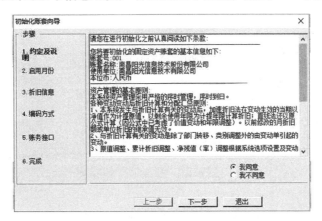

图 8-5　固定资产系统初始化向导窗口

(二) 启用月份

账套启用月份是指固定资产系统开始使用的年份和月份，系统以此月份开始计提折旧，此月份前期的固定资产作为期初数据进行处理。启用日期只能查看，不能修改，并且固定资产账套的启用月份不得早于总账系统启用月份，如图 8-6 所示。

图 8-6　账套启用月份

(三) 折旧信息

折旧信息设置的目的是根据使用单位性质确定账套计提折旧的性质。系统提供了不提折旧、平均年限法、工作量法、年数总和法、双倍余额递减法等，单位根据自身需要确定。如果是行政区域事业单位，按照制度规定，单位的所有资产不提折旧。一旦确定账套不计提折旧，则账套内与折旧有关的功能不能操作，该判断在初始化设置后不能修改。需要说明的是，此处选择的折旧方法表示固定资产主要采用这种方法来计算折旧，某些固定资产还可以采用其他方法计提折旧。

折旧汇总分配周期是指企业在实际计提折旧时的时间间隔。其实企业不一定每月计提一次，可根据所处行业和自身情况的不同确定计提折旧，以及将折旧归集成本和费用的周期。这里提供了1、2、3、4、5、6、12七种不同月份的选择，一旦选定折旧汇总分配周期，系统自动提示第一次分配折旧，也是自动生成折旧分配表编制记账凭证的期间，如图8-7所示。

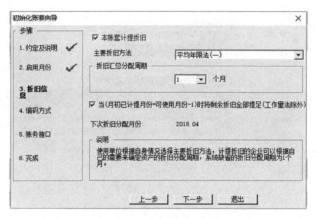

图8-7 折旧信息设置

（四）编码方式

设置资产类别编码方式：资产类别是企业根据管理和核算的需要给资产所做的分类。本系统类别编码最多可设置4级10位，系统推荐用国家规定的4级6位（2112）方式。

设置固定资产编码方式：固定资产编码是资产的管理者对资产的编码，可以在输入卡片时手工输入，也可以选用自动编码的形式自动生成。如果选择了"自动编码"方式，则可单击下拉列表框，从"类别编号+序号""部门编号+序号""类别编号+部门编号+序号""部门编号+类别编号+序号"中根据企业的情况自行选择一种。自动编号中序号的长度可自由设定为1~5位，如图8-8所示。

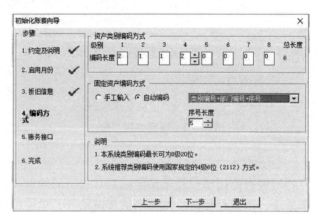

图8-8 固定资产编码方式设置

【注意】

●资产类别编码方式设定以后，一旦某一级设定了类别，则该级的长度不能修改，没有使用过的各级的长度可以修改。

● 每一个账套资产的自动编码方式只能有一种，一经设定，该自动编码方式不得修改。

（五）账务接口

为了确保系统所有固定资产的原值总额等于账务处理系统的固定资产一级科目的余额、系统所有固定资产的累计折旧总额等于账务处理系统中累计折旧一级科目的余额，可以选择与账务处理系统对账，这样可以在系统运行中的任何时候执行对账功能，及时发现两个系统的偏差，予以调整。

如果选择了与账务处理系统进行对账，相应地，需要确定固定资产系统和账务处理系统中哪一会计科目对账。一般情况下，固定资产对账科目应选择账务处理系统内的"固定资产"一级科目，累计折旧对账科目应选择账务处理系统中的"累计折旧"一级科目，如图8-9所示。

如果选中"在对账不平情况下允许固定资产月末结账"，则表示当固定资产系统与账务处理系统的固定资产金额、累计折旧金额不相等时允许月末结账。在实际中不建议选中该选项。

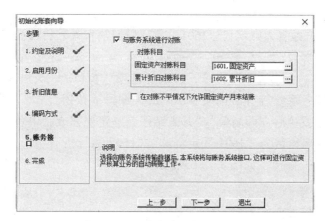

图8-9　固定资产账务接口设置

（六）完成

在"初始化账套向导－完成"中列示了本次初始化设置的全部内容，如图8-10所示。单击"退出"按钮，则退出本次设置；单击"上一步"按钮可重新进行设置；单击"完成"按钮完成本账套的初始化。系统弹出"已经完成了新账套的所有设置工作，是否确定所设置的信息完全正确并保存对新账套的所有设置？"提示信息对话框，单击"是"按钮。

固定资产初始化设置完成后，如果有参数需要修改，可在"固定资产"中"设置"下的"选项"中修改；而有的参数在"选项"中也无法修改，只能通过固定资产系统"维护"中的"重新初始化账套"命令实现。该命令将清空对账套所做的一切设置，所以一定要慎重。

二、选项设置

选项设置功能可以修改在初始化设置中设定的部分参数值。该功能包括"与账务系统接口""基本信息""折旧信息""编码方式""其他"5个选项卡。其中，"基本信息"选

会计电算化（第2版）

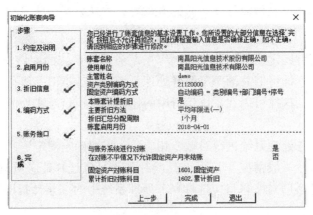

图8-10 初始化信息报告

项卡中的内容在初始化时设置，在此不可修改；"与账务系统接口""折旧信息""编码方式""其他"4个选项卡的内容可以修改。

【例8-1】固定资产系统选项设置为：业务发生后立即制单，月末结账前一定要完成制单登账业务；固定资产缺省入账科目：1601，累计折旧缺省入账科目：1602。

【操作步骤】

（1）执行"设置"→"选项"命令，进入"选项"窗口。

（2）选择"与账务系统接口"选项卡，单击"编辑"按钮。

（3）选中"业务发生后立即制单""月末结账前一定要完成制单登账业务"复选框。

（4）选择缺省入账科目为"1601 固定资产""1602 累计折旧"。

（5）单击"确定"按钮，如图8-11所示。

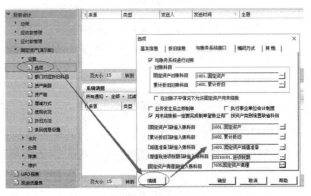

图8-11 选项设置

三、基础设置

基础设置工作是整个固定资产系统正确运行的基础。如同在手工会计信息系统中，任何单位在进行会计业务处理前，都必须对本单位的记账方法、记账本位币、凭证类别、账务处理程序、会计期间等进行确定一样，固定资产系统也要进行一些基础设置，包括固定资产类别设定、部门设定、核算方式设定、折旧方法设定、会计科目设定等内容。只有这样，才能保证整个固定资产系统正确运行。

（一）部门对应折旧科目设置

固定资产计提折旧后，必须把折旧归入成本或费用。根据不同企业的具体情况，可按部门或按类别归集。当按部门归集折旧费用时，一般情况下，某一部门内的资产的折旧费用将归集到一个比较固定的科目，所以部门折旧科目的设置就是给部门选择一个折旧科目，录入卡片时，该科目自动缺省在卡片中，不必逐个输入。

【例8-2】高丽公司按部门核算折旧费用，每一部门所属的固定资产折旧费用归集到指定的会计科目。部门及对应折旧科目见表8-1。

表8-1 部门及对应折旧科目

所在部门	对应折旧科目
管理中心、采购部	管理费用/折旧费 660206
销售部	销售费用 6603
制造中心	制造费用/折旧费 510102

【操作步骤】

（1）执行"设置"→"部门对应折旧科目设置"命令，进入部门编码表窗口。

（2）选择部门"总经理办公室"，单击"修改"按钮。

（3）选择或输入折旧科目"6602 管理费用"，单击"确定"按钮，如图8-12所示。

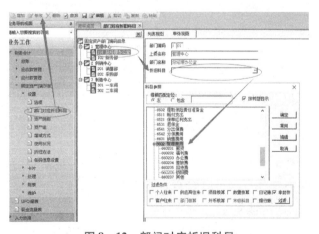

图8-12 部门对应折旧科目

（4）单击"保存"按钮，系统提示"是否将职能科室的所有下级部门的折旧科目替换为管理费用？"，单击"是"按钮，保存数据。单击"刷新"按钮，会看见职能科室和厂办的折旧科目均显示为6602 管理费用。

（5）同理，根据实验资料完成其他部门折旧科目的设置。

【注意】

● 设置上级科目，下级科目可以自动继承上级科目，但也可以选择不同的会计科目。

(二) 资产类别设置

固定资产的种类繁多，规格不一，要强化固定资产管理，及时、准确地做好固定资产核算，必须科学地做好固定资产的分类，为核算和统计管理提供依据。企业可根据自身的特点和管理要求，确定一个较为合理的资产分类分法。固定资产类别设置的主要内容包括类别编码、类别名称、每一类别的计量属性、折旧方法和卡片样式，也可以包含其他辅助信息，如使用年限、净残值率、计量单位等。其中，主要内容必须输入，辅助信息可以输入，也可以不输入。

【操作步骤】

(1) 执行系统菜单"设置"→"资产类别"，进入类别编码表窗口。

(2) 单击"增加"按钮，选择"单张视图"选项卡。

(3) 依次输入资产类别编码、类别名称、使用年限和净残值率等数据，如图 8 – 13 所示。

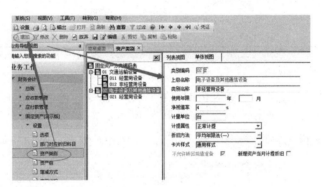

图 8 – 13　资产类别设置

(4) 单击"保存"按钮。

(5) 同理，继续完成其他资产类别的设置。

【注意】

- 应先建立上级固定资产类别，再建立下级类别。
- 非明细级类别编码不能修改、删除。
- 系统已使用（录入卡片时选用过）的类别不允许删除。

(三) 固定资产增减方式设置

固定资产增减方式包括增加方式和减少方式两类。增加方式主要有直接购入、投资者投入、捐赠、盘盈、在建工程转入、融资租入等。减少方式主要有出售、盘亏、投资转出、捐赠转出、报废、毁损、融资租出等。为了在增减业务发生时，固定资产系统能根据不同的增减方式快速生成相应的记账凭证，可以按照不同的增减方式设置与之相对应的入账科目。

【操作步骤】

(1) 执行"设置"→"增减方式"命令，进入增减方式窗口。

(2) 在左边列表框中，单击"增加"方式，选择"直接购入"。

(3) 单击"修改"按钮，输入对应入账科目"100201 工商银行"，单击"保存"按钮。

(4) 同理,依次输入其他增减方式的对应入账科目。

【注意】

- 设置的对应科目必须是会计科目表中已经存在的末级科目。
- 已使用过的增减方式不能删除。
- 非明细级方式不能删除。
- 由于本系统在统计簿中包含"盘盈盘亏报表",所以增减方式中"盘盈""盘亏""损毁"三种增减方式不能删除。

(四) 使用状况设置

从固定资产核算和管理的角度来看,需要明确资产的使用状况,一方面可以正确地计算和计提折旧;另一方面便于统计固定资产的使用情况,提高资产的利用效率。主要的使用状况有在用、季节性停用、经营性出租、大修理停用、不需用、未使用等几种。系统设置的使用状况不能删除,可以在一级使用状况下增加二级使用状况。设置窗口如图8-14所示。

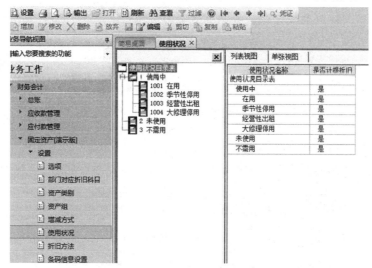

图8-14 资产使用状况设置

(五) 折旧方法定义

设置折旧方法时,系统自动计算折旧的基础。用友 U8 系统给出了常用的 5 种方法:平均年限法(一)、平均年限法(二)、工作量法、年数总和法、双倍余额递减法。这几种方法是系统设置的折旧方法,只能选用,不能删除和修改。

根据折旧计算公式的不同,可以看出平均年限法(一)简单,适用于企业购买的新资产,不论是系统启用前购入还是启用后购入;平均年限法(二)计算结果准确,但比较麻烦,适用于企业购买的二手资产。两种方法计提折旧总额总是一样的,只不过每月计算出来的结果不一定相等。

如果这几种方法不能满足企业的使用需要,系统提供了折旧方法的自定义功能,通过执行"设置"→"折旧方法"→"增加"命令即可,如图8-15所示。在此也可以定义企业适用的折旧方法的名称和计算公式,即增加新的固定资产折旧方法和计算公式。

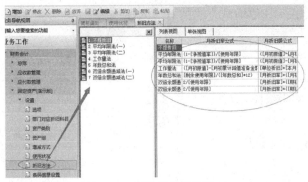

图8-15 固定资产折旧方法

【注意】
• 正在使用的折旧方法(包括类别设置中已选用或录入的卡片)不允许删除。

(六)卡片项目定义

卡片项目是固定资产卡片要显示的用来记录资产科目的栏目,如原值、资产名称、使用年限、折旧方法等是卡片最基本的项目。固定资产系统提供了一些常用卡片必需的项目,但这些项目不一定能满足企业对资产特殊管理的需要,企业可以根据单位的情况自定义卡片项目。因为卡片项目实际上是固定资产卡片文件中的字段,所以定义卡片项目时,需要定义名称、数据类型、字符数(整数位长)、小数位长。数据类型一般包括数字型、字符型、标签型和日期型。如果选择了数据型,就需要定义小数位,并定义计算公式。在数据型、字符型和日期型的情况下,可以选择是否参照常用字典。如果选择参照,就可以在输入和编辑新的卡片项目时,选用已经设置的参照字典中的内容。具体操作窗口如图8-16所示。

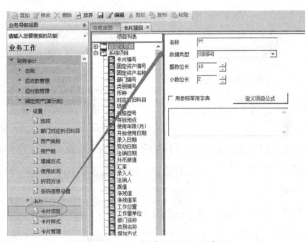

图8-16 卡片项目定义窗口

(七)卡片样式定义

卡片样式指卡片的整个外观,包括其格式(是否有表格线、对齐形式、字体大小、字型等)、所包含的项目和项目的位置。不同的企业所需的卡片样式可能不同,同一企业对不同的资产管理的内容和侧重点可能不同,企业根据需要可以定义新的样式。系统默认的卡片样式为通用样式,也可以在通用样式的基础上进行修改。定义所需的卡片样式,根据需要可以进行项目设置、格式设置、文字格式设置、边框设置。项目设置主要是添加或减少卡片样式中的项目;格式设置主要对行高、列宽进行设置,以及插入或删除行或列;文字格式设置主要是进行字体设置、字体大小设置、字型设置、折行设置、文字位置设置等;边框设置主要是进行边框类型设置、边框线的线形设置等。通用卡片样式如图8-17所示。

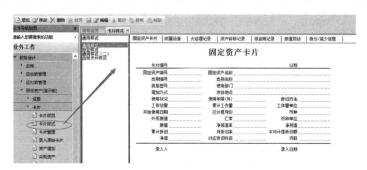

图8-17 通用卡片样式

(八)原始卡片录入

原始卡片指所记录的资产的开始使用日期在录入系统之前,即已使用过并已计提折旧的固定资产卡片。企业在使用固定资产系统进行核算前,必须将原始卡片资料录入系统,保持历史资料的连续性。原始卡片的录入不限制在第一个期间结账前,任何时候都可以录入原始卡片。凡是通过原始卡片录入的固定资产,本期都参与提取折旧。

【操作步骤】

(1)执行"卡片"→"录入原始卡片"命令,进入"固定资产类别档案"窗口。

(2)选择固定资产类别"012非经营用设备",如图8-18所示,单击"确认"按钮,进入"固定资产卡片录入"窗口。

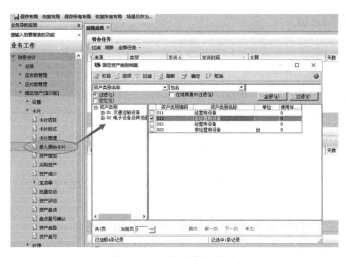

图8-18 资产类别档案

(3)在弹出的固定资产卡片中依次录入固定资产名称、增加方式、使用状况、开始使用日期、使用部门、原值等信息,其他信息自动算出。

(4)所有信息录入完毕后,单击"保存"按钮,如图8-19所示。

固定资产卡片

卡片编号	00001		日期	2018-04-01
固定资产编号	01210100001	固定资产名称		轿车
类别编号	012	类别名称		非经营用设备
规格型号		使用部门		总经理办公室
增加方式	直接购入	存放地点		
使用状况	在用	使用年限（月）	72	折旧方法 平均年限法（一）
开始使用日期	2018-02-01	已计提月份	1	币种 人民币
原值	215470.00	净残值率	4%	净残值 8618.80
累计折旧	37254.75	月折旧率	0.0133	本月计提折旧额 2865.75
净值	178215.25	对应折旧科目	660206,折旧费	项目
录入人	李伟		录入日期	2018-04-01

图 8-19　固定资产卡片

（5）同理，根据实验资料完成其他固定资产卡片的输入。

【注意】

● 选择卡片所属部门时，系统会弹出对话框询问是单部门使用还是多部门使用。使用部门最多可以有 99 个，若选择多部门使用，系统要求录入该固定资产的使用部门、使用比例及相应的折旧科目。

● 各部门的使用比例之和必须为 100%。

第三节　固定资产系统日常业务处理

初始设置工作完成后，平时一般很少改动，平时所做的工作大部分是固定资产的日常应用工作，包括固定资产增加、减少、变动调整、工作量输入、计提折旧、折旧分配、月末处理等变动信息的处理工作。

一、固定资产增加

在日常工作中，企业可能会购进或通过其他方式增加固定资产，该部分资产通过"资产增加"录入系统。其实相当于新卡片录入，与原始卡片录入方法相同，不同之处在于：原始卡片的开始使用日期应在录入月份之前，新卡片的开始使用日期应与录入月份相同；原始卡片中可以显示月折旧额，但是新增卡片对应的固定资产还没有计提折旧，还不能显示月折旧额。

【操作步骤】

（1）进入固定资产系统，选择"卡片"选项中的"资产增加"选项，系统弹出"固定资产类别档案"窗口，选择相应的资产类别，如图 8-20 所示。

（2）单击"确定"按钮，展开"固定资产卡片新增"对话框。

（3）录入或参照选择选项的内容。

（4）单击"保存"按钮后，录入的卡片已经存入系统，如图 8-21 所示。

（5）如果在系统"选项"中选择了"业务发生后立即制单"，系统将自动弹出有一部分缺省内容的不完整的凭证，选择"凭证类别"和"制单日期"，单击"保存"按钮，生成凭证，如图 8-22 所示。

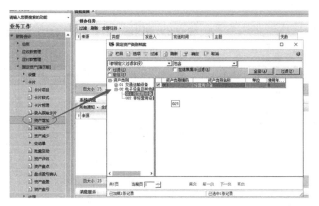

图8-20 固定资产类别档案

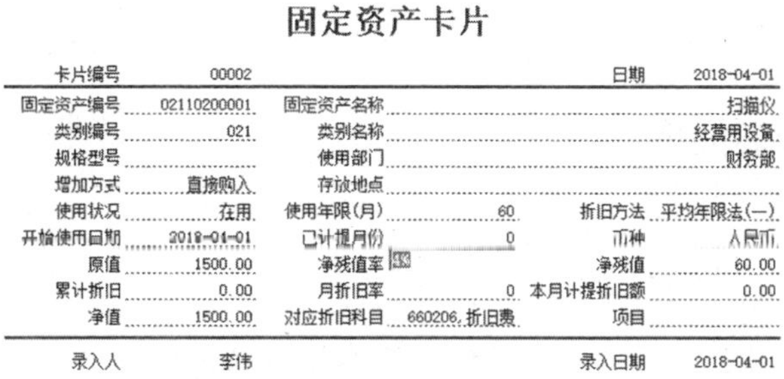

固定资产卡片

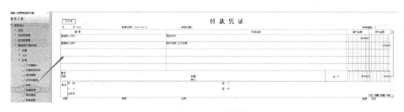

图8-21 固定资产卡片新增

图8-22 生成凭证

（6）如果在系统"选项"中没有选择"业务发生后立即制单"，则可在固定资产日常处理完成后，在"处理"菜单中选择"批量制单"进行制单。

【注意】
- 新卡片第一个月不提折旧，折旧额为空或零。
- 固定资产增加相当于新卡片的录入，与原始卡片录入方法相同。

二、固定资产变动

固定资产发生原值的增减、部门转移、使用状况的变动、折旧方法的调整、累计折旧和使用年限调整等情况，均可以通过输入各种变动单进行处理。这里介绍一下固定资产部门转移，其他变动处理大同小异，不做一一介绍。执行"变动单"→"部门转移"菜单命令以后，系统弹出如图8-23所示操作窗口。

在处理部门转移业务时，输入卡片编号或资产编号，相应的资产名称、开始使用日期、

图 8-23 变动单管理

规格型号、变动前部门、存放地点都会自动列出，然后输入变动后部门，并且要求输入变动的原因，不允许无故变动。

【注意】
- 变动单不能修改，只有当月可删除重做，所以需仔细检查后再保存。
- 当月录入的卡片有错误，需要调整时，不允许做资产变动处理，可以直接修改。

三、固定资产折旧处理

（一）工作量录入

当账套内的资产使用工作量法计提折旧的时候，每月计提折旧前必须录入资产当月的工作量，以便系统自动计算折旧所需要的数据。工作量输入过程中，系统将自动列示所有需要输入工作量的固定资产，此时只需要输入固定资产的本月工作量即可。

如果固定资产是按工作量法计提折旧的，则需要输入本月工作量。

单击"卡片"→"处理"，双击"工作量录入"，若没有使用工作量法计提折旧的固定资产，则出现如图 8-24 所示窗口。

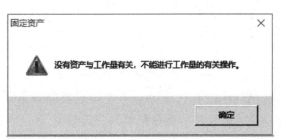

图 8-24 工作量录入提示

（二）计提本月折旧

自动计提折旧是固定资产系统的主要功能之一。系统在一个会计期间内计提折旧一次，根据录入系统的资料自动计算每项资产的折旧，并自动生成折旧分配表，然后制作记账凭证，将本期的折旧费用自动登账。系统在一个期间内可以多次计提折旧，每次计提折旧后，只是将计提折旧累加到月初的累计折旧，不会重复累计；如果上次计提折旧已制单，并把数据传递到总账系统，则必须删除该凭证或红字冲销后才能重新计提折旧；计提折旧后又对账套进行了影响折旧计算或分配的操作，必须重新计提折旧，否则系统不允许结账。如果自定义的折旧方法月折旧率或月折旧额出现负数，说明折旧已经提足，这时系统会自动中止折旧计提。执行完折旧计提以后，系统就会生成折旧清单。

折旧清单显示所有应计提的资产计提折旧数额的列表，表中列示了计提期间、资产名称、计提原值、月折旧率、单位折旧、月工作量、月折旧额等信息。

折旧分配表是编制记账凭证，把计提折旧额分配到成本和费用的依据。生成折旧分配凭证的时间由企业在初始化或"选项"中选择的折旧分配汇总周期确定，如果选定的是一个月，则每期计提折旧后自动生成折旧分配表；如果选定的是一季度，则到了一季度计提折旧后，才自动生成折旧分配凭证。折旧分配表有两种类型：部门折旧分配表和类别折旧分配表，只能选择一个制作计账凭证。

【操作步骤】

（1）进入固定资产系统，选择"处理"菜单中的"计提本月折旧"命令，系统弹出"是否要查看折旧清单？"对话框，单击"是"按钮，如图8-25所示。

图8-25 折旧提示

（2）系统继续弹出"本操作将计提本月折旧，并花费一定时间，是否继续？"对话框，单击"是"按钮。

（3）系统计提折旧完成后，进入折旧清单，如图8-26所示。

图8-26 折旧清单

（4）单击"退出"按钮，弹出"折旧分配表"对话框，如图8-27所示。单击"凭证"按钮，弹出"填制凭证"对话框。设置完凭证类型后，单击"保存"按钮，如图8-28所示。

图8-27 折旧分配表

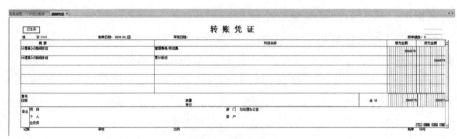

图 8-28 折旧凭证

【注意】
● 固定资产系统在一个期间内可以多次计提折旧，每次计提折旧后，只是将计提的折旧累加到月初的累计折旧，不会重复累计。
● 如果上次计提折旧已经制单，并把数据传递到总账系统，则必须删除该凭证才能重新计提。
● 计提折旧后，如果又对该账套进行了影响折旧计算或分配的操作，必须重新计提折旧，否则系统不允许结账。

四、固定资产减少

资产在使用过程中，总会由于各种原因如毁损、出售、盘亏等退出企业，造成企业资产减少。

固定资产系统提供了资产减少的功能，企业可以单个或批量进行资产减少处理。如果要减少的资产较少或没有共同点，则输入资产编号或卡片号，然后单击"增加"按钮，可将资产添加到资产减少表中；如果要减少的资产较多并且有共同点，则单击"条件"按钮，输入一些查询条件，将符合该条件集合的资产挑选出来进行减少。

【操作步骤】
（1）进行卡片资产减少处理前，需要进行计提折旧，如图 8-29 所示。

图 8-29 折旧提示

（2）否则弹出"资产减少"对话框，选择需要减少的固定资产，在表内完善减少方式、清理收入、清理费用及清理原因等内容，如图 8-30 所示。

图 8-30 "资产减少"对话框

(3) 单击"确定"按钮,出现资产减少凭证制单,完善凭证类别等信息,单击"保存"按钮,如图 8-31 所示。

图 8-31 资产减少凭证

五、凭证生成与凭证管理

（一）批量制单

制作记账凭证即制单,固定资产系统和总账系统之间存在着数据的自动传输功能,该传输通过制作传送到总账的凭证实现。在资产增减、卡片修改、原值变动、资产评估、累计折旧调理、折旧分配表完成后,如果在初始化阶段设置了"立即制单",则自动调出有一部分缺省内容的不完整凭证供用户完成。否则,单击"处理"菜单,选择"批量制单"完成制单工作,如图 8-32 所示。

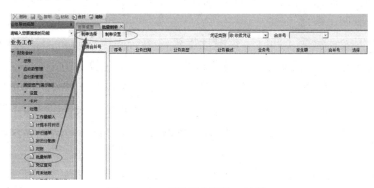

图 8-32 "批量制单"对话框

批量功能可同时将一批需制单业务连续制作凭证传输到总账系统,还提供了汇总制单功能,避免了多次制单的烦琐。制单时,系统显示的凭证是根据不同的制单业务类型和"选项"中设置的默认资产科目、折旧科目等生成的不完整的凭证,用户可以修改和补充,确认无误后保存,生成记账凭证。

（二）凭证查询、修改和删除

固定资产系统制作的传到总账系统的凭证的修改和删除只能在本系统完成,总账系统无权删除和修改。

【操作步骤】

(1) 在固定资产系统中,打开"固定资产-处理"对话框,选择"凭证查询"菜单,系统弹出所制作的凭证列表,如图 8-33 所示。

(2) 从列表中选中要删除或编辑的凭证。
(3) 单击"修改"或"删除"按钮即可。

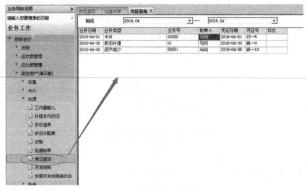

图8-33 固定资产凭证查询

六、账表管理

固定资产管理过程中，企业需要及时掌握资产的统计、汇总和其他各方面的信息。固定资产系统根据用户对系统的日常操作，将这些信息以账和表的形式提供给财务人员。固定资产系统提供的账表分为五类：

第一类是账簿，包括固定资产总账、固定资产登记簿、（单个）固定资产明细账、（部门、类别）明细账四个账簿。

第二类是折旧表，包括（部门）折旧计提汇总表、固定资产折旧计算明细表、固定资产及累计折旧表（一）、固定资产及累计折旧表（二）、固定资产折旧清单表。

第三类是统计表，包括（固定资产原值）一览表、固定资产到期提示表、固定资产统计表、盘盈盘亏报告表、评估变动表、评估汇总表、役龄资产统计表、逾龄资产统计表。

第四类是分析表，包括部门构成分析表、价值结构分析表、类别构成分析表、使用状况分析表。

第五类是减值准备表，包括减值准备明细账、减值准备余额表、减值准备总账，如图8-34所示。

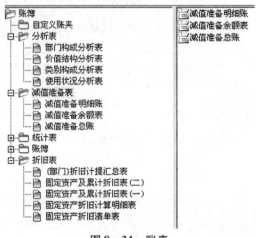

图8-34 账表

各种报表的输出可以直接在屏幕上显示,也可以通过打印机打印出来,还可以以文件的形式保存并输出。

第四节　固定资产系统期末业务处理

根据企业财务制度规定,月底需要进行对账和结账工作。固定资产系统在生成凭证后,自动将本系统的会计凭证传递到总账系统,在总账系统进行出纳签字、凭证审核、凭证记账等工作。系统生成的凭证在总账系统记账后,固定资产才能进行月末对账、结账工作。

一、月末对账

固定资产对账是指将固定资产系统中固定资产的价值和账务系统中固定资产科目的数值核对。固定资产系统在运行过程中,应保证固定资产系统中固定资产的价值和总账系统中固定资产科目的数值相等,而两个系统的资产价值是否相等,通过执行固定资产系统提供的对账功能实现,对账操作不限制执行的时间,任何时候均可进行对账。系统在执行月末结账时自动对账一次,给出对账结果,并根据初始化时的设置决定是否允许结账,只有在系统初始化设置时选择了与总账对账,对账功能才可以操作。

【操作步骤】

(1) 进入固定资产系统,在"固定资产系统"窗口中单击"处理"命令,选择"对账"功能,系统弹出"与账务对账结果"对话框,如图 8-35 所示。

图 8-35　与账务对账结果

(2) 单击"确定"按钮确认对账结果。

【注意】

系统在执行月末结转时自动对账一次,给出对账结果,并根据初始化和选项中的判断确定不平衡的情况下是否可以结账,如图 8-36 所示。

二、月末结账

月末结账是将当月数据经过处理后结转至下月。月末结账每月进行一次,结账后当期的

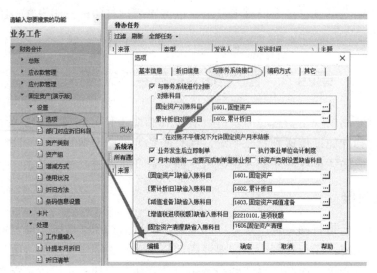

图 8-36 选项设置

数据不能修改。在固定资产系统中,有两种情况不允许结账:初始化时,选择了"月末结账前一定要完成制单登账业务",则只要存在未制单的业务,该月不能结账;如果初始化时"在对账不平的情况下允许固定资产月末结账"没有选中,这时只要固定资产系统与总账系统出现偏差,导致对账不平,就不能结账,而应当予以调整。

结账完成后,系统会提示用户系统的可操作日期已转成下一期间的日期,只有以下一期间的日期登录,才可以对账套进行编辑。

【操作步骤】

(1) 双击"月末结账"按钮,弹出"月末结账"对话框,如图 8-37 所示。

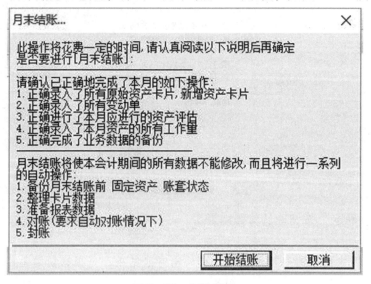

图 8-37 开始对账

(2) 单击"开始结账"按钮进行自动对账,反馈对账结果,单击"确定"按钮,显示对账结果,如图 8-38 所示。

图 8-38 对账结果

三、反结账

如果在结账后发现结账前操作有误,必须要修改结账前的数据,则可以使用"恢复月末结账前状态"功能,又称"反结账",即将数据恢复到月末结账前状态,结账时所做的所有工作都被无痕迹地删除。但只有在总账系统未进行月末结账时才可以进行反结账。如果使用的账套已经做了月末结账处理,那么就不允许再执行反结账功能。

本章小结

固定资产系统是会计信息系统的一个重要组成部分,用于固定资产的核算和管理工作。在使用固定资产系统之前,首先要根据企业固定资产核算的具体情况在系统中建立基本的业务处理方法。业务处理方法是通过在系统中选择相应的业务控制参数建立的。

基础设置是使用固定资产系统进行资产管理和核算的基础,主要包括部门对应折旧科目设置、资产类别设置、增减方式设置、使用状况设置、折旧方法设置等。

日常业务处理包括固定资产增加、折旧处理、固定资产减少、生成凭证及账表管理等功能,期末处理包括对账和结账反结账。

课后练习

一、单选题

1. 固定资产系统开始使用的时间是(   )。
   A. 设置操作员   B. 建立账套   C. 设置权限   D. 启用会计期间

2. 固定资产系统对于需要填制记账凭证的业务能够自动完成记账凭证填制工作,并传递给(   )模块。
   A. 设备管理   B. 成本管理   C. 账务处理   D. 资金管理

3. 固定资产变动包括(   )。
   A. 原值变动   B. 净残值调整   C. 工作量调整   D. 三者都是

4. 固定资产系统中,信息查询输出功能可以输出固定资产的(   )。
   A. 卡片   B. 明细账   C. 折旧表   D. 以上全部

5. 固定资产系统中，执行（　　）操作后，才能开始处理下一个月的业务。
   A. 生成凭证　　　B. 账簿输出　　　C. 结账　　　D. 对账

6. 下列功能不属于固定资产系统的是（　　）。
   A. 系统管理　　　B. 初始设置　　　C. 增减变动　　　D. 成本核算

7. 固定资产系统的增减方式中，（　　）不能修改和删除。
   A. 盘盈、在建工程转入、融资租入　　　B. 盘盈、盘亏、毁损
   C. 出售　　　　　　　　　　　　　　D. 投资转出、报废

8. 在固定资产系统中，每月可以进行计提本月折旧操作的次数是（　　）。
   A. 只能做一次　　　　　　　　B. 只能做两次
   C. 可以控制计提折旧的次数　　D. 次数无限制

9. 如果固定资产系统与总账系统连接，则固定资产的启用月份应在总账系统的启用月份（　　）。
   A. 之前　　　B. 之后　　　C. 同时　　　D. 不论何时

10. 计提折旧完成后，如果需要了解全年或某个时期的折旧清单，可以查看（　　）。
    A. 折旧清单　　　　　　　B. 部门折旧明细表
    C. 固定资产折旧一览表　　D. 固定资产明细账

11. 部门之间调拨的固定资产，本月（　　）。
    A. 不计提折旧　　　　　B. 按原部门与新部门使用的时间共同计提
    C. 在新部门计提折旧　　D. 在原部门计提折旧

12. 车间固定资产计提折旧的折旧费应计入（　　）账户。
    A. 生产成本　　　B. 制造费用　　　C. 管理费用　　　D. 营业费用

13. 下列（　　）内容的修改不可以直接在固定资产卡片上进行。
    A. 资产名称　　　B. 资产编号　　　C. 自定义项目　　　D. 原值变动

14. 在固定资产系统中，（　　）是必须设置的基础信息。
    A. 部门档案　　　B. 资产分类　　　C. 人员类别　　　D. 项目大类

15. 固定资产子账套是在（　　）的基础上建立的。
    A. 往来核算账套　　　B. 会计核算账套
    C. 工资核算账套　　　D. 报表核算账套

二、多选题

1. 固定资产卡片记录每项固定资产的详细信息，一般包括（　　）等。
   A. 固定资产编号　　　B. 名称　　　C. 增加方式　　　D. 折旧方法

2. 固定资产增加的方式主要有（　　）。
   A. 直接购买　　　B. 投资者投入　　　C. 捐赠　　　D. 融资租入

3. 固定资产使用状况包括（　　）。
   A. 在用　　　　　B. 经营性出租
   C. 大修理停用　　D. 季节性停用

4. 下列各项中，属于固定资产非价值信息变更的有（　　）。

A. 使用部门变动 B. 使用状况变动
C. 存放地点变动 D. 折旧要素变动

5. 固定资产系统除了具有系统初始化、维护、输出功能之外，还必须具有（   ）功能。

A. 科目汇总输出总账 B. 处理固定资产的增减变动
C. 固定资产的库存管理 D. 计提固定资产折旧并分配

6. 固定资产系统中，对计提折旧有影响的数据项有（   ）。

A. 资产名称 B. 资产原值 C. 折旧方法 D. 使用状态

7. 在固定资产系统的下列操作中，需要进行资产变动处理的有（   ）。

A. 原值变动 B. 部门转移 C. 使用状况变动 D. 使用年限调整

8. 为了确保每月增加的资产当月不计提折旧，而每月减少的固定资产当月要计提折旧，会计软件可以采用的方法有（   ）。

A. 每月计提折旧应在月中进行
B. 每月的增减变动资料在下月输入和处理
C. 每月计提折旧应在月初进行
D. 将下月折旧并到前月的月末结账一起进行

9. 固定资产卡片上的数据类型有（   ）。

A. 数字型 B. 字符型 C. 日期型 D. 标签型

10. 折旧分配表有（   ）。

A. 部门折旧分配表 B. 类别折旧分配表
C. 人员类别折旧分配表 D. 项目折旧分配表

三、判断题

1. 设置固定资产凭证处理选项之后，固定资产系统对于需要填制记账凭证的业务能够自动完成记账凭证填制工作，并传递给账务系统。（   ）

2. 固定资产编码记录每项固定资产的详细信息。（   ）

3. 固定资产减少业务的核算就是直接减少固定资产的价值。（   ）

4. 用户在固定资产系统中完成本月全部业务和生成记账凭证并对账正确后，可以进行月末结账。（   ）

5. 固定资产账套参数中的财务接口用于确定总账的对账科目和折旧科目。（   ）

6. 固定资产账套参数在建账完成后一般是可以修改的。（   ）

7. 固定资产系统中，新录入系统的固定资产在录入当月都不提折旧。（   ）

8. 在固定资产系统中生成的记账凭证会自动传递给账务系统，如果发现生成的某张凭证有错误，可以在账务系统中直接修改。（   ）

9. 定义固定资产的类别时，必须自下而上定义。（   ）

10. 原始卡片的录入不限制必须在第一个期间结账前，任何时候都可以录入原始卡片。（   ）

第九章

应收款管理系统

本章学习目标

应收款管理系统的功能比较全面,并且不同功能模块的组合将会使应收款管理系统的功能实现方式不尽相同。

通过对本章的学习,要求了解应收款管理系统的主要功能、业务流程及账表分析的内容,要求掌握应收款管理系统初始化的一般方法和日常业务处理的工作原理及操作方法。

第一节 应收款管理系统概述

应收款管理系统主要用于核算和管理单位与客户之间的往来款项。在应收款管理系统中,以销售发票、其他应收单、收款单等原始单据为依据,对企业的往来账款进行综合管理,及时、准确地提供客户的往来账款余额资料,提供各种分析报表,如账龄分析表、周转分析表、欠款分析表、坏账分析表、回款情况分析表等。通过对各种报表的分析,帮助软件使用者合理地进行资金的调配,提高资金的利用效率。

一、应收款管理系统的主要功能

U8 管理软件中的应收款管理系统,根据对客户往来款项核算和管理的程度不同,提供了"详细核算"和"简单核算"两种应用方案。不同的应用方案,其系统功能、产品接口、操作流程等均不相同。

(一)详细核算应用方案(不使用销售系统)

1. 适用范围

如果在企业销售业务中应收核算与管理内容比较复杂,需要追踪每一笔业务的应收款、收款等情况,并希望对应收款进行各种分析,或者需要将应收款核算到产品一级,那么可以选择详细核算应用方案。

2. 具体功能

（1）记录应收款项目的形成，包括由于商品交易和非商品交易所形成的所有应收款项目；

（2）处理应收款项目的收款及转账情况；

（3）对应收款票据进行记录和管理；

（4）随应收款项目的处理过程自动生成凭证并传递给总账系统；

（5）对外币业务及汇兑损益进行处理；

（6）提供针对多种条件的各种查询和分析。

3. 模块接口说明

详细核算应用方案下，不需要使用销售管理系统，此时所有发票和应收单均需在应收系统中录入。

（二）简单核算应用方案（同时使用销售系统）

1. 适用范围

如果销售业务中应收款业务并不十分复杂，或者现销业务很多，则可以选择简单核算应用方案。在本方案中，应收款管理系统只是连接总账与业务系统的一座桥梁，即只是对销售系统生成的发票进行审核并生成应收款凭证传递到总账，而不能对发票进行其他的处理，也不能对往来明细进行实时查询、分析，此时往来明细只能在总账。

2. 具体功能

（1）接收销售系统的发票，对其进行审核。

（2）对销售发票进行制单处理，并传递给总账系统．

3. 模块接口说明

在简单核算应用方案下，需要应收款管理系统与销售管理系统集成使用，销售发票在销售管理系统中录入；在应收款管理系统中可以对这些单据进行查询、核销、制单等操作；应收款管理系统中的录入仅限于应收单。

实际应用时，具体选择哪一种方案，可在应收款管理系统中通过"应收账款核算模型"进行设置。本书以详细核算为例讲解应收款管理系统的使用。

二、应收款管理系统的基本操作流程

应收款管理系统的基本操作流程包括系统初始化、日常操作、期末处理等，不同类型的核算单位、不同的会计核算软件业不尽相同。图9-1是一个企业单位的应收款管理系统的基本操作流程。

三、应收款管理系统与其他系统关系

应收款管理系统核算，与总账管理、销售管理、合同管理、应付款管理、UFO报表、网上银行等系统有接口，如图9-2所示。

（一）与合同管理关系

生效以后的应收类合同结算单可以将余额转入应收款管理系统，在应收款管理系统进行

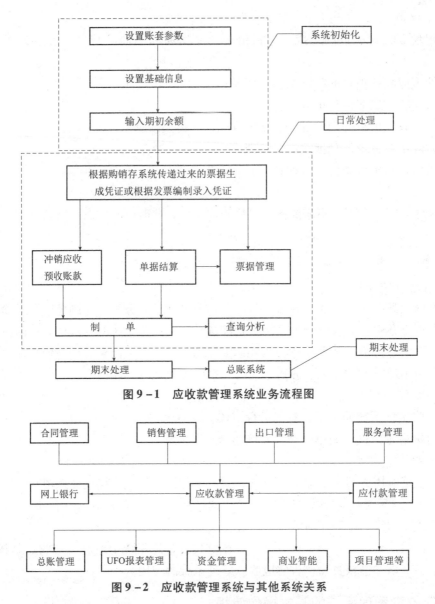

图 9-1　应收款管理系统业务流程图

图 9-2　应收款管理系统与其他系统关系

审核、收款、核销；应收款管理系统可以查询合同管理系统中生效的应收类合同结算单。

(二) 与销售管理系统关系

销售管理系统为应收款管理系统提供已审核的销售发票、销售调拨单及代垫费用单，在此生成凭证，并对发票进行收款结算处理。

应收款管理系统为销售管理系统提供销售发票、销售调拨单的收款结算情况及代垫费用的核算情况。

(三) 与出口管理系统关系

审批后的出口发票传入应收款管理系统，在应收款管理系统中进行审核应收款和收款、核销、制单等操作。审批后的信用证可以在应收款管理系统中做押汇和结汇处理。押汇和结汇生成的收款单审核后，如果有手续费和利息，则同时形成出口的费用单传递给出口管理系统。

（四）与服务管理关系

服务结算单保存后，自动传入应收款管理系统，在应收款管理系统进行审核记账、收款、核销、制单等后续处理，应收款管理系统可以对已经保存的服务结算单进行查询。

（五）与网上银行关系

网上银行系统可向应收款管理系统导出已经有确认支付标记但未制单的付款单；应收款管理系统也可向网上银行系统导出未审核的付款单。所有相关单据全部由应收款管理系统生成凭证到总账。

（六）与总账系统关系

所有凭证均应该传递到总账系统中。可以将结算方式为票据管理的付款单登记到总账系统的支票登记簿中。

（七）与应付款管理系统关系

应收款、应付款之间可以相互对冲；应收款票据背书时，可以冲应付款。

（八）与商业智能关系

应收款管理系统为 U8 商业智能分析系统提供各种分析数据。

（九）与 UFO 报表管理系统关系

应收款管理系统向 UFO 报表管理系统提供各种应用函数。

（十）资金管理系统关系

应收款管理系统为资金管理系统提供各种分析数据。

第二节　应收款管理系统初始化

初始化设置是使用应收款管理系统的前提条件，是指将应收款的手工核算资料转化成计算机处理的过程。其直接关系到应收款管理系统的使用和业务点控制。在启用应收款管理系统后，进行正常应收业务处理前，企业根据核算要求和实际业务情况进行有关的设置。主要内容包括选项设置、初始设置、基础档案设置、单据设置和期初余额设置。

一、初始设置

初始设置的作用是建立应收款管理系统的基础数据，确定使用哪些单据处理应收款业务，确定需要进行账龄管理的账龄区间。有了这种功能，用户可以选择使用自己定义的单据类型，使应收款业务管理更符合用户的需要。

（一）设置会计科目

由于本系统业务类型较固定，生成的凭证类型也较固定，因此，为了简化凭证生成操作，可以在此处将各业务类型凭证中的常用科目预先设置好。系统将依据制单规则在生成凭证时自动带入。

1. 基本会计科目设置

在此定义应收款管理系统凭证制单所需要的基本科目、应收科目、预收科目、销售收入科目、税金科目等。若用户未在单据中指定科目,且控制科目设置与产品科目设置中没有明细科目的设置,则系统制单时,依据制单规则取基本科目设置中的科目进行设置。设置基本会计科目时,需要先对受控科目进行修改。

【操作步骤】

(1) 在会计科目窗口中,将光标移到需要修改的会计科目所在行。

(2) 单击"修改"按钮(或双击该会计科目),打开"会计科目_修改"窗口,再单击"修改"按钮进行项目修改,如图9-3所示。需先修改辅助核算类型。

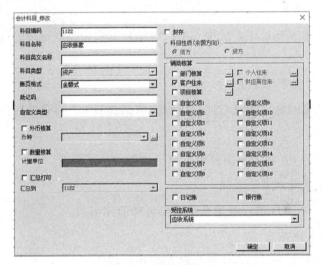

图9-3 修改受控科目

(3) 执行"应收款管理"→"设置"→"初始设置"→"设置科目"→"基本科目设置"菜单命令,打开"基本科目设置"对话框,在各栏目内直接输入或参照输入相应的会计科目,如图9-4所示。

图9-4 基本科目设置

2. 控制科目设置

如果在核算客户的赊销欠款时,针对不同的客户(客户分类、地区分类)分别设置了不同的应收账款科目和预收账款科目,可以先在账套参数中选择设置的依据(即选择是针对不同的客户设置,还是针对不同的客户分类设置,或者是不同的地区分类设置),然后在此处进行设置。系统将依据制单规则在生成凭证时自动带入。

【操作步骤】

（1）依据系统选项控制科目，若选择按客户设置，则系统显示每一个明细客户，可以对其进行科目设置；若按客户分类设置，则将对客户分类进行科目设置；若按地区分类设置，则将对地区进行科目设置。

（2）选择"设置"菜单下的"初始设置"，在左边的树形结构列表中单击"设置科目"下的"控制科目设置"。

（3）依据栏目说明，输入有关的科目信息，如图 9-5 所示。

图 9-5　控制客户设置

3. 产品科目设置

如果针对不同的存货（存货分类）分别设置不同的销售收入科目、应交销项税科目和销售退回科目，则可以先在账套参数中选择设置的依据（即选择是针对不同的存货设置，还是针对不同的存货分类设置），然后在此处设置。系统将依据制单规则在生成凭证时自动带入。

【操作步骤】

（1）选择"设置"菜单下的"初始设置"项。

（2）在左边的树形结构列表中单击"设置科目"下的"产品科目设置"。

（3）输入科目信息，如图 9-6 所示。

图 9-6　产品科目设置

4. 结算方式科目设置

进行结算方式、币种、科目的设置。对于现结的发票、收付款单，系统依据单据上的结算方式查找对应的结算科目，系统在制单时，会自动带出。

【操作步骤】

（1）选择"设置"菜单下的"初始设置"项。

（2）在左边的树形结构列表中单击"设置科目"下的"结算方式科目设置"，如图 9-7 所示。

（3）增加：可以单击鼠标右键，在弹出的菜单中选择"增加"项；或者单击工具栏中的"增加"按钮,增加一条记录。

(4) 修改:可以直接在"科目"一栏里修改当前的记录。

(5) 删除:可以单击鼠标右键,在弹出的菜单中选择"删除"项;或者单击工具栏中的"删除"按钮,删除当前记录。

图 9-7 结算方式科目设置

(二) 坏账准备设置

指对坏账准备期初余额、坏账准备科目、对方科目及提取比率进行设置。在第一年使用系统时,应直接输入期初余额;在以后年度使用系统时,坏账准备的期初余额由系统自动生成,不能进行修改。坏账提取比率可按销售收入百分比法和应收账款余额百分比法计提,也可直接输入计提的百分比。

【操作步骤】

执行"应收款管理"→"设置"→"初始设置"→"坏账准备设置"菜单命令,打开"坏账准备设置"对话框,在各栏目内直接输入或参照输入有关信息,如图 9-8 所示,单击"确定"按钮。

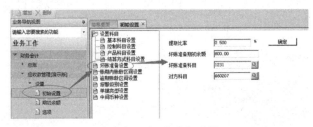

图 9-8 坏账准备设置

【注意】

● 当做过任何一种坏账处理(包括坏账计提、坏账发生、坏账收回)后,就不能修改坏账准备数据了,只允许查询。

(三) 账期内账龄区间设置

为了对应收款进行账龄分析,需要设置账龄区间。在进行账龄区间设置时,账龄区间总天数和起始天数直接输入,系统根据输入的总天数自动生成相应的区间。账期内账龄区间设置指用户定义账期内应收款或收款时间间隔的功能,它的作用是便于用户根据自己定义的账款时间间隔,进行账期内应收款或收款的账龄查询和账龄分析,清楚了解在一定期间内所发生的应收款、收款情况。

【操作步骤】

(1) 选择"设置"菜单下的"初始设置"项。

(2) 在左边的树形结构列表中单击"账期内账龄区间设置"。

(3) 增加：单击工具栏中的"增加"按钮，即可在当前区间之前插入一个区间。插入一个区间后，该区间后的各区间起止天数会自动调整，如图9－9所示。

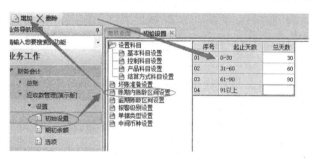

图9－9　账期内账龄区间设置

(4) 修改：修改输入的天数，系统会自动修改该区间及其后的各区间的起止天数。最后一个区间不能修改和删除。

(5) 删除：单击工具栏中的"删除"按钮，即可删除当前区间。删除一个区间后，该区间后的各区间起止天数会自动调整。最后一个区间不能修改和删除。

(四) 逾期账龄区间设置

逾期账龄区间设置指用户定义逾期应收款或收款时间间隔的功能。它的作用是便于用户根据自己定义的账款时间间隔，进行逾期应收款或收款的账龄查询和账龄分析，清楚了解在一定期间内所发生的应收款、收款情况。

【操作步骤】

(1) 选择"设置"菜单下的"初始设置"项。

(2) 在左边的树形结构列表中单击"逾期账龄区间设置"，如图9－10所示。

图9－10　逾期账龄区间设置

(3) 增加：单击工具栏中的"增加"按钮，即可在当前区间之前插入一个区间。插入一个区间后，该区间后的各区间起止天数会自动调整。

(4) 修改：修改输入的天数，系统会自动修改该区间及其后的各区间的起止天数。最后一个区间不能修改和删除。

(5) 删除：单击工具栏中的"删除"按钮，即可删除当前区间。删除一个区间后，该区间后的各区间起止天数会自动调整。最后一个区间不能修改和删除。

【注意】

● 删除一个区间后，该区间后的各区间起止天数会自动调整。最后一个区间不能修改和删除。

（五）报警级别设置

可以通过对报警级别的设置，将客户按照客户欠款余额与其授信额度的比例分为不同的类型，以便掌握各个客户的信用情况。

如果企业要对应收款的还款期限做出相应的规定，则可以使用超期报警功能。在运用此功能时，系统自动列出当天为止超过规定期限的应收款清单。这一信息可以按往来单位，也可以按分管人员进行分类，从而使企业可以及时催款，避免不必要的经济损失。

在进行报警级别设置时，直接输入级别名称和各区间的比率。其中，级别名称可以采用编号或者其他形式，但名称最好能够上下对应。

【操作步骤】

（1）选择"设置"菜单下的"初始设置"项。

（2）在左边的树形结构列表中单击"报警级别设置"。

（3）增加：单击工具栏中的"增加"按钮，即可在当前级别之前插入一个级别。插入一个级别后，该级别后的各级别比率会自动调整，如图9-11所示。

图 9-11 报警级别设置

（4）修改：修改输入的比率，系统会自动修改该级别及其后的各级别的比率。最后一个区间不能修改和删除。

（5）删除：单击工具栏中的"删除"按钮，删除当前级别。删除一个级别后，该级别后的各级别比率会自动调整。最后一个区间不能修改和删除。

【注意】

● 插入一个级别后，该级别后的各级别比率会自动调整。

● 删除一个级别后，该级别后的各级别比率会自动调整。最后一个区间不能修改和删除。

（六）单据类型设置

单据可以分为发票和应收单两大类型。如果同时使用销售系统，则发票的类型包括增值税专用发票、普通发票、销售调拨单和销售日报等。如果单独使用应收款管理系统，则发票的类型不包括后面两种。

应收单是记录销售业务之外的应收款情况的单据，可划分为不同的类型，以区分应收货款之外的其他应收款。例如，可以将应收单分为应收代垫费用款、应收利息款、应收罚款、其他应收款等。应收单的对应科目可自由定义。

【注意】
● 应收单中的"其他应收单"为系统默认类型，不能删除、修改，也不能删除已经使用过的单据类型。

二、单据设置

（一）单据格式设置

根据系统预置的单据模板，定义本企业所需要的单据格式。可对用友 U8 系列产品中的报账中心、采购、存货、库存、项目管理、销售、应收、应付等模块中的各种单据进行格式设计。每一种单据格式设置分为显示单据格式设置和打印单据格式设置。

（二）单据编号设置

根据企业业务中使用的各种单据的不同需求，由企业自己设置各种单据类型的编码生成原则。每种单据对应一种编号规则，单据编号设置包括编号设置、对照表、查看流水号三个功能。

【例9-1】根据企业业务中使用的各种单据特点，将销售专用发票的单据编号均设置为手工改号，重号时自动重取。

【操作步骤】

（1）执行"基础设置"→"单据设置"→"单据编号设置"命令，即可打开图 9-12 所示的"单据编号设置"对话框。

图 9-12 "单据编号设置"对话框

(2) 选择"销售管理"中的"销售专用发票",将其编号设置为"手工改动,重号时自动重取",如图 9-13 所示,单击"保存"按钮后退出。

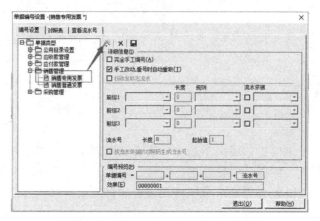

图 9-13 设置销售专用发票单据编号

三、期初余额设置

通过期初余额功能,用户可以将正式启用账套前的所有应收业务数据录入系统,作为期初建账的数据,系统对其进行管理,这样既保证了数据的连续性,又保证了数据的完整性。

初次使用本系统时,要将上期未处理完全的单据都录入本系统,以便以后的处理。当进入第二年度处理时,系统自动将上年度未处理完全的数据转为下一年度的期初余额。在下一年度的第一个会计期间里,可以进行期初余额的调整。

在期初余额主界面,列出的是所有客户、所有科目、所有合同结算单的期初余额,可以通过过滤功能查看某个客户、某份合同或者某个科目的期初余额。

【操作步骤】

(1) 进入应收款管理系统,单击"设置"→"期初余额",打开"期初余额"对话框,如图 9-14 所示。

(2) 单击"确定"按钮,进入期初余额明细表窗口。

(3) 单击"增加"按钮,选择单据类型进行添加,如图 9-15 所示。

(4) 进入相应单据填制窗口,如图 9-16 所示。

(5) 完成后单击"保存"按钮,退出。

(6) 将应收款管理系统与总账系统进行对账。在"期初余额明细表"窗口中,单击"对账"按钮,打开"期初对账"窗口,查看对账结果,如图 9-17 所示。

【注意】

• 在下一年度的第一个会计期间,可以进行期初余额的调整。

• 在往来账款系统录入期初余额,是以单据录入形式进行的,最后系统根据录入的各单据内容形成期初余额明细表。

• 与总账系统对账,必须在总账与应收款管理系统同时启动后才可以进行。

四、账套参数设置

在运行应收款管理系统前,应在"选项"中设置运行所需要的账套参数,以便系统根据所设定的选项进行相应的处理。

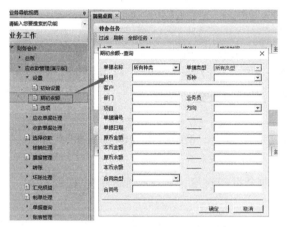

图9-14 "期初余额"对话框   图9-15 增加"单据类别"

图9-16 录入单据的期初余额

图9-17 期初对账

设置账套参数时,单击"设置"选项,打开"账套参数设置"对话框,其中包括四个页签:常规、凭证、权限与预警、核销设置。

(一)"常规"页签各选项设置

1. 单据审核日期依据

系统提供"单据日期"和"业务日期"两种审核日期依据。按单据日期:在单据处理功能中进行单据审核时,自动将单据的审核日期(入账日期)记为该单据的单据日期。按业务日期:在单据处理功能中进行单据审核时,自动将单据日期(入账日期)记为当前业务日期。

2. 汇兑损益方式

系统提供"外币结清"和"月末处理"两种汇兑损益方式。外币结清：仅当外币余额结清时，才计算汇总损益。月末计算：每个月末计算汇总损益。

3. 坏账处理方式

系统提供"应收余额百分比法""销售收入百分比法""账龄分析法""直接转销法"。

4. 代垫费用类型

代垫费用类型解决从销售系统传递过来的代垫费用单在应收款管理系统中用何种单据类型进行接收的问题。系统默认为"其他应收单"，用户可以在"设置"项下选择"初始设置"中的"单据类型设置"，自行定义单据类型，然后在此进行选择。

5. 应收账款核算模型

系统提供"简单核算"和"详细核算"两种应用模型，系统默认为详细核算。

6. 自动计算现金折扣

为了鼓励客户在信用期间内提前付款而采用现金折扣政策，可选择自动计算现金折扣。

7. 进行远程应用

选择了"进行远程应用"，则系统在后续处理中提供远程传输收款单的功能。

8. 登记支票

选择"登记支票"，系统自动将具有票据管理结算方式的付款单登记在支票记录簿中。如果不选择"登记支票"，用户也可以通过付款单上的"登记"按钮手工进行登记。

【操作步骤】

（1）执行"应收款管理"→"设置"→"选项"菜单命令，打开"账套参数设置"对话框。

（2）单击"常规"页签，打开相应的对话框。

（3）单击"编辑"按钮，按照企业的核算要求进行相应的设置。设置好的窗口如图 9-18 所示。

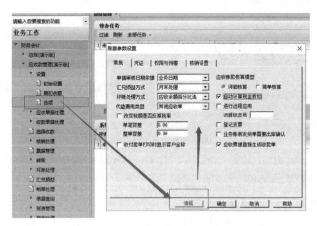

图 9-18 "常规"选项参数设置

（二）"凭证"页签各选项设置

1. 受控科目制单方式

系统提供"明细到客户"和"明细到单据"两种制单方式。明细到客户：在将一个客户的多笔业务合并成一张凭证时，如果核算这多笔业务的控制科目相同，则系统将自动将其合并成一条分录。这种方式在总账系统中能够根据客户来查询其详细信息。明细到单据：将一个客户的多笔业务合并成一张凭证时，系统会将每一笔业务形成一条分录，这种方式的目的是在总账系统中也能查看到每个客户的每笔业务详细情况。

2. 非控科目制单方式

系统提供"明细到客户""明细到单据"及"汇总方式"。明细到客户：在将一个客户的多笔业务合并成一张凭证时，如果核算这多笔业务的控制科目相同，则系统将自动将其合并成一条分录。这种方式在总账系统中能够根据客户来查询其详细信息。明细到单据：在将一个客户的多笔业务合并成一张凭证时，系统会将每一笔业务形成一条分录。这种方式的目的是在总账系统中也能查看到每个客户的每笔业务详细情况。汇总方式：指多个客户的多笔业务在合并生成一张凭证时，如果核算这多笔业务的非受控科目相同，且其所带辅助核算项目也相同，则系统自动将其合并生成一条分录。这种方式的目的是精简总账中的数据，在总账系统中只能看到该科目的一个总的发生额。

3. 控制科目依据

系统提供"按客户分类""按客户"及"按地区"三种受控科目依据。按客户分类：指根据一定的客户属性将客户分为几个大类，在不同的方式下，针对不同的客户分类，设置不同的应收科目和预收科目。按客户：根据不同的客户，设置不同的应收科目和预收科目。按地区：针对地区的不同，设置不同的应收科目和预收科目。

4. 销售科目依据

系统提供"按存货分类"和"按存货"两种科目依据。按存货分类：根据存货的属性对存货所划分的大类，例如，原材料、燃料及动力等大类。针对这些存货分类设置不同的销售科目。按存货：如果存货种类不多，可以直接针对不同的存货设置不同的销售科目。

5. 月结账前全部生成凭证

根据需要选择在月结账前是否全部生成凭证。

6. 方向相反的分录合并

指科目相同、辅助项相同、方向相反的凭证分录是否合并。

7. 核销生成凭证

如果选择，则需要判断核销双方的单据当时的入账科目是否相同，不相同时，需要生成一张调整凭证。

8. 预收冲应收生成凭证

如果选择，则对预收冲应收业务，当预收、应收科目不相同时，需要生成一张转账凭证。

9. 红票对冲生成凭证

如果选择，当对冲单据所对应的受控科目不相同时，则系统生成一张转账凭证。

【操作步骤】

（1）执行"应收款管理"→"设置"→"选项"菜单命令，打开"账套参数设置"对话框。

（2）单击"凭证"页签，打开相应的对话框。

（3）单击"编辑"按钮，按照企业的核算要求进行相应的设置。设置好的窗口如图 9 – 19 所示。

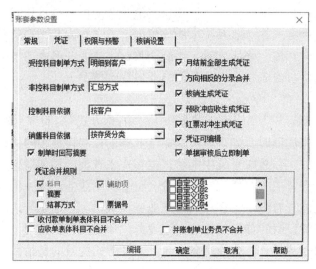

图9-19 "凭证"页签参数设置

(三)"权限与预警"页签各选项设置

1. 控制客户权限

只有在企业应用平台"设置"→"数据权限"→"数据权限控制设置"中对客户进行记录集数据权限控制时,该选项才可以设置。账套参数中对客户的记录集权限不进行控制时,应收款管理系统中不对客户进行数据权限控制。若选择启用,则在所有的处理、查询中均需要根据该客户的相关客户数据权限进行限制。通过该功能,企业可加强客户管理的力度,提高数据的安全性。若选择不启用,则在所有的处理、查询中均不需要根据该客户的相关客户数据权限进行限制。

2. 控制部门权限

只有在企业应用平台"设置"→"数据权限"→"数据权限控制设置"中对部门进行记录集数据权限控制时,该选项才可以设置。账套参数中对部门的记录集权限不进行控制时,应收款管理系统中不对部门进行数据权限控制。若选择启用,则在所有的处理、查询中均需要根据该客户的相关部门数据权限进行限制。通过该功能,企业可加强部门管理的力度,提高数据的安全性。若选择不启用,则在所有的处理、查询中均不需要根据该客户的相关部门数据权限进行限制。

3. 录入发票时显示提示信息

如果选择了显示提示信息,则在录入发票时,系统会显示该客户的信用额度余额,以及最后的交易情况。如果想提高录入的速度,则在录入发票时,可以选择不提示任何信息。在账套使用过程中可以修改该参数。

4. 单据报警

系统提供了三种选择:①如果选择了根据信用方式自动报警,则还需要设置报警的提前天数。在每次登录本系统时,系统自动将"单据到期日-提前天数≤当前注册日期"的已经审核的单据显示出来,以提醒及时通知客户哪些业务应该回款了?②如果选择了根据折扣方式自动报警,则还需要设置报警的提前天数。在每次登录本系统时,系统自动将"单据最大折扣日期－提前天数≤当前注册日期"的已经审核的单据显示出来,以提醒及时通知客户哪些业务将不能享受现金折扣待遇。③如果选择了不进行自动报警,则在每次登录本系统时,不会出现报警信息。在账套使用过程中,可以修改该参数。按信用方式报警时,其单据到期日根据客户档案中的信用期限而定;按折扣方式报警时,则根据单据中的付款条件最大折扣日期计算。

5. 信用额度控制

系统提供了两种选择,如果选择了进行信用控制,则在应收款管理系统中保存录入的发票和应收单时,当票面金额＋应收借方余额－应收贷方余额＞信用额度时,系统会提示此张单据不予保存处理。如果选择了不进行信用额度的控制,则在保存发票和应收单时,不会出现控制信息。

6. 信用额度报警

用户可以选择是否需要根据客户的信用额度进行自动预警。信用比率＝信用余额/信用额度,信用余额＝信用额度－应收账款余额。选择根据信用额度进行自动预警时,需要输入预警的提前比率,且可以选择是否包含信用额度为 0 的客户。当选择自动预警时,系统根据设置的预警标准显示满足条件的客户记录。即只要该客户的信用比率小于等于设置的提前比率时,就对该客户进行报警处理。若选择信用额度为 0 的客户也预警,则当该客户的应收账款＞0 时,即进行预警。当登录的用户没有信用额度报警单查看权限时,即使设置了自动报警,也不显示该报警单信息。选择自动预警的其他条件:客户为全部、已经审核过的所有单据、截止日期为登录日期、币种为全部。在不选择需要自动预警时,任何客户在登录时均不显示按信用额度进行预警的信息。

【操作步骤】

(1) 执行"应收款管理"→"设置"→"选项"菜单命令,打开"账套参数设置"对话框。

(2) 单击"权限与预警"页签,打开相应的对话框。

(3) 单击"编辑"按钮,按照企业的核算要求进行相应的设置。设置好的窗口如图 9－20 所示。

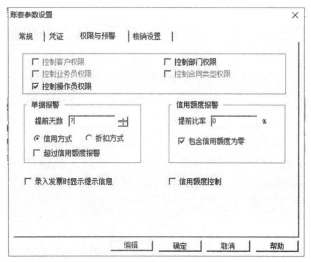

图 9－20 "权限与预警"页签参数设置

（四）"核销设置"页签各选项设置

1. 应收款核销方式

系统提供"按单据"和"按产品"两种核销方式。按单据核销：系统将满足条件的未结算单据列出，选择要结算的单据进行核销处理。按产品核销：系统将满足条件的未核销发票、应收单按产品列出，选择要结算的产品进行核销处理。

【操作步骤】

（1）执行"应收款管理"→"设置"→"选项"菜单命令，打开"账套参数设置"对话框。

（2）单击"核销设置"页签，打开相应的对话框。

（3）单击"编辑"按钮，按照企业的核算要求进行相应的设置。设置好的窗口如图9-21所示。

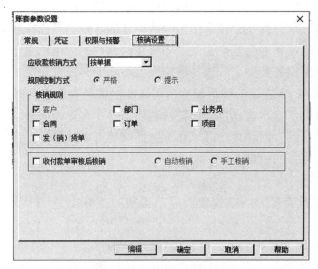

图9-21 "核销设置"页签参数设置

第三节 应收款管理系统日常业务处理

日常业务处理是应收款管理系统的重要组成部分，是经常性的应收款业务处理工作。日常业务处理主要完成企业日常的应收款/收款业务录入、应收款/收款业务核销、应收款并账、汇兑损益及坏账的处理，及时记录应收款、收款业务的发生，为查询和分析往来业务提供完整、正确的资料，加强对往来款项的监督管理，提高工作效率。

日常业务处理主要包括应收单据处理、收款单据处理、核销处理、转账处理、坏账处理、制单处理、单据查询和账表管理等。

一、应收单据处理

单据处理是应收应付款管理系统处理的起点，可以录入销售业务中的各类发票及销售业务之外的应收单据。其基本的操作流程是：单据录入→单据审核→单据制证→单据查询。

(一) 单据录入与修改

对未收（付）款项的单据进行录入，录入时首先用代码录入客户（供应商）名称，与客户（供应商）相关的内容由系统自动生成，其次进行货物名称、数量和金额等内容的录入，最后保存退出。

在进行单据录入之前，首先应确定单据名称、单据类型及方向，然后根据业务内容录入有关信息。

1. 单据录入

【操作步骤】

(1) 在应收款管理系统中选择"应收单据处理"，双击"应收单据录入"，系统弹出"单据类别"对话框，如图9-22所示。

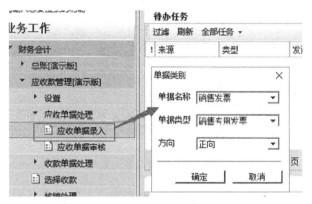

图9-22 单据类别

(2) 选择单据名称、单据类型和方向，单击"确定"按钮。系统打开相应单据类型对话框，这里是"销售专用发票"，如图9-23所示。

图9-23 销售专用发票

(3) 单击"增加"按钮，录入数据，单击"保存"按钮，如图9-24所示。如果前面数据录入不完整，则需要返回原来单据进行补充，然后再进行单据录入。

图9-24 录入业务的销售专用发票窗口

(4)单击"关闭"按钮,结束本次操作。

2. 单据修改

【操作步骤】

(1)如需修改,选择"应收单据处理"下的"应收单据审核",打开"应收单查询条件"窗口,如图9-25所示。

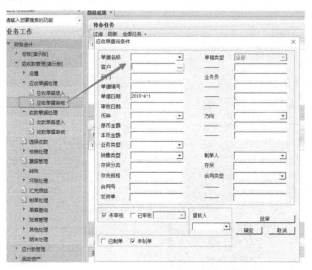

图9-25 应收单查询条件

(2)输入查询条件,单击"确定"按钮,系统弹出"应收单据列表"窗口。

(3)双击需要修改的票据,系统打开一张待修改的票据,如图9-26所示,单击"修改"按钮进行修改,单击"删除"按钮进行删除。

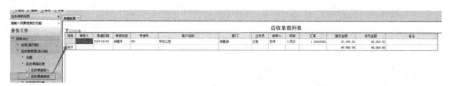

图9-26 待修改单据

【注意】

● 已经审核的凭证不能修改或删除,需取消审核后才能修改或删除。

(二) 单据审核与取消审核

单据审核是在单据保存后对单据正确性进行进一步审核确认。审核人和制单人可以是同一个人。单据被审核后,将从单据处理功能中消失,但可以通过单据查询功能查看此单据详细资料。

本小节主要提供用户批量审核。系统提供用户手工审核、自动批审核的功能。在"应收单据审核"界面中显示的单据包括所有已审核、未审核的应收单据,以及从销售管理系统传入的单据。做过后续处理如核销、制单、转账等处理的单据,在"应收单据审核"中不能显示。对这些单据的查询,可在"单据查询"中进行。

在应收单据审核列表界面,用户也可以进行应收单据的增加、修改、删除等操作。

【操作步骤】

（1）选择应收款管理系统中的"应收单据处理"，单击"应收单据审核"，出现"单据过滤"对话框。

（2）选择"销售发票"，选择单据类型、单据日期，然后单据"确定"按钮，出现应收单据一览表，如图 9－27 所示。

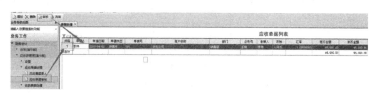

图 9－27　凭证审核

（3）双击需要审核的凭证，弹出应收单据，单击"审核"按钮对单据进行审核。

【注意】

● 当选项中设置单据审核日期依据为单据日期时，该单据的入账日期选用自己的单据日期。审核时若发现该单据日期所在会计月已经结账，则系统将提示不能审核该单据，除非修改审核方式为业务日期。

● 当选项中设置审核日期的依据为业务日期时，该单据的入账日期选用当前的登录日期。

● 在销售系统中增加的发票也在应收款管理系统中审核入账。

● 在销售系统中录入的发票若未经复核，则不能在应收款管理系统中审核。

● 不能在已结账月份中进行审核处理；不能在已结账月份中进行弃审处理。

● 这里可以显示所有已审核、未审核的单据。

● 已经审核过的单据不能进行重复审核；未经审核的单据不能进行弃审处理；已经做过后续处理（如核销、转账、坏账、汇兑损益等）的单据不能进行弃审处理。

二、收款单据处理

收款单据处理主要是对结算单据进行管理，包括收款单的录入、审核。应收款管理系统的收款单用来记录企业所收到的客户款项，款项性质包括应收款、预收款、其他费用等。其中，应收款、预收款性质的收款单将与发票、应收单进行核销勾对。应收款管理系统付款单用来记录发生销售退货时，企业开具的退付给客户的款项。该付款单可与应收、预收性质的收款单、红字应收单、红字发票进行核销。

（一）收款单据录入

录入收款单据是对已交来应收款项的单据进行录入，由系统自动进行结算。在根据已收到应收款项的单据进行录入时，首先必须录入客户名称。在进行相应操作时，系统自动显示相关客户信息。其次必须输入结算科目、金额和相关部门、业务员名称等内容。

单据录入完毕后，由系统自动生成相关内容。如果输入的是新的结算方式，则应先在"结算方式"中增加新的结算方式。如果要录入另一客户的收款单，则需重新选择客户的名称。

【操作步骤】

(1) 选择"收款单据录入"选项,系统弹出"收款单"窗口。

(2) 单击"增加"按钮,录入第一张收款单,如图9-28所示。

图9-28 收款单录入

(3) 单击"保存"按钮,保存本次录入数据。

【注意】

● 收款单日期必须大于已结账日期且小于等于当前的业务日期。

● 录入单据时,结算方式、结算科目及结算金额不能为空。

(二) 收款单据审核

主要完成收款单的自动审核、批量审核功能。在"收款单据审核"界面中显示的单据包括全部已审核、未审核的收款单据。余额等于零的单据在"收款单据审核"中不能显示。对这些单据的查询,可以在"单据查询"中进行。

在收款单据审核列表界面,用户也可以进行收款单的增加、修改和删除等操作。具体操作方法参照应收单的增加、修改和删除。

三、核销处理

核销是对往来已达账做删除处理,表示本笔业务已结清。即确定收款单与原始发票之间的对应关系后,进行机内自动冲销。如果结算金额与上期余额相等,则销账后余额为零,如果结算金额比上期余额小,则其差额为销账后的余额。核销处理系统提供"手工核销"和"自动核销"。

由于计算机采用建立往来辅助账进行往来业务的管理,为了避免辅助账过于庞大而影响计算机运行速度,对于已核销的业务,应进行删除。删除工作平常不必进行,年底结账时再进行即可。

当会计人员准备核销往来账时,应在确认往来已达账后,再做核销处理,删除已达账。为了防止误删除操作,软件中一般都设计有放弃核销或核销前做两清标记功能,即在已达账项上打上已结清标记,待核实后再执行核销功能,删除的数据不能恢复。

(一) 手工核销

手工核销时,一次只能显示一个客户的单据记录,且收款单列表根据表体记录明细显示。

【操作步骤】

(1) 选择系统菜单中的"核销处理",选中"手工核销"选项,系统弹出"核销条件"对话框,如图9-29所示。

(2) 录入相关的结算单、单据过滤条件,单击"确定"按钮,进入"单据核销"窗口,如图 9-30 所示。

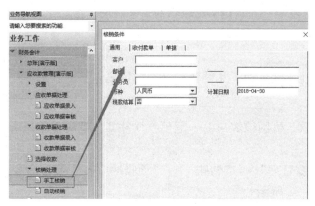

图 9-29 核销条件

图 9-30 手工核销

(3) 在图 9-30 中,上列为该客户可以核销的收款记录,下列为该客户符合核销条件的对应应收单据。双击"本次结算金额""本次结算",录入本次结算金额,单击"保存"按钮,完成本次核销工作。

(二) 自动核销

自动核销指由用户确定收款单与它们对应的应收单核销的工作。通过本功能,可以根据查询条件选择需要核销的单据,然后系统核销,加强往来款项核销的效率。

【操作步骤】

(1) 依次单击"核销处理"→"自动核销"菜单命令,进入核销"过滤条件"操作窗口。

(2) 输入过滤条件,单击"确认"按钮,即可进行收款单的核销工作。

(3) 核销完成后,提交自动核销报告,显示已核销的情况和未核销的原因,如图 9-31 所示。

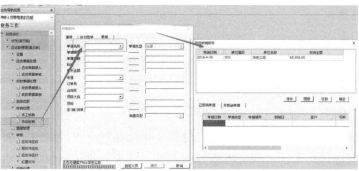

图 9-31 自动核销报告

【注意】
● 单据核销前,应经专门人员核实待核销的往来账项,指定专人负责往来账的核销工作。

四、转账处理

在日常处理中,经常发生如下几种转账处理的情况。

(一) 预收冲应收

若某客户有预收款,可用该客户的一笔预收款冲其一笔应收款。

【操作步骤】

(1) 执行"应收款管理"→"转账"→"预收冲应收"菜单命令,系统弹出"预收冲应收"窗口,如图9-32所示。

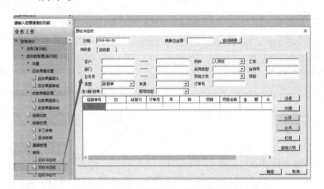

图9-32 "预收冲应收"窗口

(2) 在"预收冲应收"窗口中,分别选择"预收款"和"应收款"选项,填入"客户"等信息后,单击"过滤"按钮,即可过滤出符合条件的客户信息。

(3) 如果在转账总金额中输入了数据,则也可以通过单击"分摊"按钮,自动将转账总金额按照列表上单据的先后顺序进行分摊处理。

(4) 输入有预收款和应收款的信息后,单击"确认"按钮,系统会自动将两者对冲。单击"取消"按钮,系统将会取消上述操作。

【注意】
● 单击"自动转账"按钮,则系统会根据所选择的客户和供应商自动进行预收冲应收的操作。

(二) 应收冲应收

指一家客户的应收款转到另一家客户中。系统将应收款业务在客商之间进行转入、转出,实现应收业务的调整,解决应收款业务在不同客商间入错户或合并户问题。操作与"预收冲应收"基本类似,在此不再一一举例。

(三) 应收冲应付

用某客户的应收账款冲抵某供应商的应付款。系统通过应收冲应付功能将应收款业务在客户和供应商之间进行转账,实现应收业务的调整,解决应收债权与应付债务的冲抵。操作与"预收冲应收"基本类似,在此不再一一举例。

（四）红票单据冲蓝票单据

当发生退票时，用红字发票对冲蓝字发票。操作与"预收冲应收"基本类似，在此不再一一举例。

五、坏账处理

坏账处理是指系统提供的计提应收坏账准备处理、坏账发生后的处理、坏账收回后的处理等功能。坏账处理的作用是系统自动计提应收款的坏账准备，当坏账发生时，即可进行坏账核销；当被核销坏账又收回时，即可进行相应处理。坏账处理主要包括计提坏账准备、坏账发生、坏账收回、坏账查询等业务。

（一）计提坏账准备

企业应于期末分析各项应收款项的可收回性，并预计可能产生的坏账损失。对预计可能发生的坏账损失计提坏账准备。企业计提坏账准备的方法由企业自行确定。系统为用户提供的坏账处理的方式有应收余额百分比法、销售余额百分比法、账龄分析法和直接转销法。企业应当依据以往的经验、债务单位的实际情况制定计提坏账准备的政策，明确计提坏账准备的范围、提取方法、账龄的划分和提取比例。

（二）坏账发生

坏账发生指系统提供用户确定某些应收款为坏账的工作。通过本功能，用户即可选定发生坏账的应收业务单据，确定一定期间内应收款发生的坏账，便于及时用坏账准备进行冲销，避免应收款长期挂账的现象。

选择"坏账处理"菜单项下的"坏账发生"项，屏幕会出现"坏账发生"主界面。输入必需的信息后，可以单击"确认"按钮，屏幕会出现选择发生坏账的单据界面，系统将满足条件的所有单据全部列出。可以在明细单据中直接输入本次坏账发生金额。本次坏账发生金额只能小于等于单据余额。也可以单击"全选"按钮，系统将明细单据中的余额自动代入本次发生坏账金额，还可以单击"全消"按钮，将本次发生的坏账金额清空。输入完成后，单击"确认"按钮对所选的发票进行坏账处理，执行记账功能。在"合计"行中自动显示所有记录的各项数值型栏目合计，系统自动将已经输入本次发生坏账金额的单据一一记入应收明细账中，在"取消"操作中可以取消具体单据的坏账发生处理。

（三）坏账收回

坏账收回指系统提供的对应收款已确定为坏账后又被收回的业务处理功能。通过本功能，可以对一定期间发生的应收坏账收回业务进行处理，反映应收账款的真实情况，便于对应收款的管理。

当收回一笔坏账时，应首先在"收款单据录入"功能中录入一张收款单，该收款单的金额即为收回的坏账的金额。该收款单不需要审核。选择"日常处理"菜单项下"坏账处理"中的"坏账收回"，输入必需的信息后，单击"确认"按钮，保存此次操作。

（四）坏账查询

坏账查询指系统提供的对系统内进行坏账处理过程和处理结果的查询功能。通过坏账查询功能查询一定期间内发生的应收坏账业务处理情况及处理结果，加强对坏账的监督。

选择"坏账处理"菜单项下的"坏账查询"项，屏幕会显示坏账的发生和坏账的收回综合情况。如果想了解详细的信息，则可以单击"详细"按钮，详细查看每一笔坏账发生的情况和收回的情况。

六、制单处理

制单即生成凭证，并将凭证传递至总账记账。系统在各个业务处理的过程中都提供了实时制单的功能；除此之外，系统还提供了一个统一制单的平台，可以在此快速、成批生成凭证，并可以依据规则进行合并制单等处理。

制单类型包括应收单据制单、结算单制单、坏账制单、转账制单、汇兑损益制单等，企业可以根据实际情况选取需要制单的类型。制单时，一般需要完成以下几项工作：

（一）设置制单日期

系统默认的制单日期为当前业务日期。制单日期应大于等于所选单据的最大日期，但小于等于当前业务日期。

如果同时使用了总账系统，所输入的制单日期应该满足总账制单日期要求，即大于等于同月同凭证类别的日期，系统会将日期小于等于当前业务日期的所有未制单但已经记账的单据全部列出。

（二）设置凭证类别

为每一个制单类型设置一个默认的凭证类别。

（三）选择要进行制单的单据

一般情况下，系统会给出一个序号，对想要制单的单据可以修改系统所给出的序号。

（四）进入凭证界面

可以修改科目、项目、部门、个人、制单日期、摘要、凭证类别、附单据数等栏目。金额由系统自动生成。

【操作步骤】

（1）选择系统菜单中的"制单处理"，进入"制单查询"界面，如图 9-33 所示。

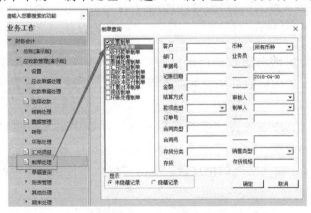

图 9-33 制单查询

（2）录入查询条件，单击"确定"按钮，系统会将符合条件的所有制单单据列出，如图 9 - 34 所示。

图 9 - 34　制单选择

（3）选择需要制单的凭证，单击"制单"按钮，进入填制凭证界面。
（4）凭证填制完毕后，单击"保存"按钮，如图 9 - 35 所示，凭证传到总账系统。

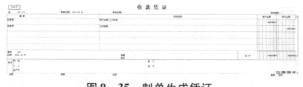

图 9 - 35　制单生成凭证

七、单据查询

系统提供对各类单据、详细核销信息、报警信息、凭证等内容的查询。

在查询列表中，系统提供自定义显示栏目、排序等功能，可以通过单列表操作来制作符合要求的单据的列表。用户在进行单据查询时，若启用客户、部门数据权限控制时，则用户在查询单据时只能查询有权限的单据。

【操作步骤】

（1）选择"单据查询"下的"凭证查询"，系统弹出"凭证查询条件"对话框，如图 9 - 36 所示。

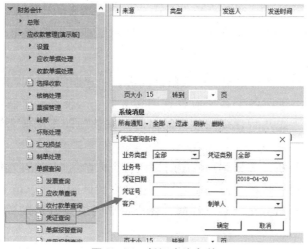

图 9 - 36　凭证查询条件

(2) 录入完条件后,单击"确定"按钮,出现查询结果,如图 9-37 所示。

图 9-37 查询结果

(3) 可对应收款管理系统生成的凭证进行修改、删除与冲销。

八、账表管理

分为我的账表、业务账表查询、统计分析、科目账表查询。

(一) 我的账表

通过"我的账表"新建账夹,设置账夹口令,进行自定义报表。

(1) 账簿管理,通过账夹来对报表进行管理。

(2) 自定义账表,系统提供的自定义报表就是根据企业管理要求,为用户提供的内部管理分析报表工具,是一种可以设置报表标题、表头、表体,定义报表数据来源,灵活定义过滤条件和显示、打印方式的自定义报表查询工具。

(二) 业务账表查询

通过账表查询,可以及时了解一定期间内期初应收款结存汇总情况、应收款发生、收款发生的汇总情况、累计情况,以及期末应收款结存汇总情况;还可以了解各个客户期初应收款结存明细情况,以及应收款发生、收款发生的明细情况、累计情况及期末应收款结存明细情况,能及时发现问题,加强对往来款项的监督管理。可实现以下功能:

(1) 应收明细账查询,进行一定期间内各个客户应收款明细账的查询。

(2) 应收款总账查询,进行一定期间内应收款汇总情况的查询。

(3) 应收款余额表查询,进行一定期间内应收款余额表的查询。

(4) 对账单查询,提供一定期间内客户往来账款明细情况的查询。

(三) 统计分析

通过统计分析,可以按客户定义的账龄区间进行一定期间内应收款账龄分析、收款账龄分析、往来账龄分析,了解各个客户应收款周转天数、周转率,了解各个账龄区间内应收款、收款及往来情况,能及时发现问题,加强对往来款项动态的监督管理。可以实现以下功能:

(1) 应收款账龄分析,分析客户一定时期内各个账龄区间的应收款情况。

(2) 收款账龄分析,分析客户一定时期内各个账龄区间的收款情况。

(3) 欠款分析,分析截止到某一日期,客户、部门或业务员的欠款金额,以及欠款组成情况。

(4) 收款预测,可以在此预测将来某一段日期范围内客户、部门或业务员等对象的收款情况。

(三) 科目账表查询

用户可以在此通过不同角度进行科目明细账、科目余额表的查询。能实现以下功能：

（1）科目余额表查询，查询应付受控科目各个客户的期初余额、本期借方发生额合计、本期贷方发生额合计、期末余额。

（2）科目明细账查询，用于查询客户往来科目下各个往来客户的往来明细账。

第四节　应收款管理系统期末处理

期末处理指用户进行的期末结账工作。如果当月业务已全部处理完毕，就需要执行月末结账功能，只有月末结账后，才可以开始下月工作。期末处理包括月末结转和恢复结转。

一、月末结账

如果确认本月的各项处理已经结束，则可以选择执行月末结账功能。当执行了月末结账功能后，该月将不能再进行任何处理。

【操作步骤】

（1）单击"其他处理"→"期末处理"→"月末结账"。

（2）选择结账月份，双击结账标志一栏，选择该月进行结账。

（3）单击"下一步"按钮，系统将月末结账的检查结果列示，可以单击其中任意一项，以检查其详细信息。单击"取消"按钮，取消此次操作。

（4）单击"确认"按钮，执行结账功能。

（5）单击"完成"按钮结账成功，如图9-38所示。

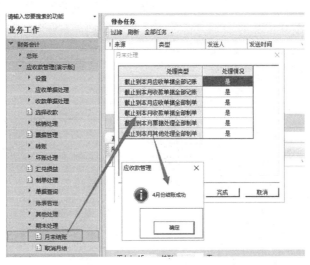

图9-38　月末结账结果反馈

【注意】

- 如果这个月的前一个月没有结账，则本月不能结账。
- 一次只能选择一个月进行结账。

- 应收款管理系统与销售管理系统集成使用，应在销售管理系统结账后，才能对应收系统进行结账处理。
- 当选项中设置审核日期为单据日期时，本月的单据（发票和应收单）在结账前应该全部审核。
- 当选项中设置审核日期为业务日期时，如果截止到本月末还有未审核单据（发票和应收单），照样可以进行月结处理。
- 如果还有合同结算单未审核，仍然可以进行月结处理。
- 如果本月的收款单还有未审核的，不能结账。
- 当选项中设置月结时必须将当月单据及处理业务全部制单，则月结时若检查到当月有未制单的记录，不能进行月结处理。
- 当选项中设置月结时不用检查是否全部制单，则无论当月有无未制单的记录，都可以进行月结处理。
- 如果是本年度最后一个期间结账，建议将本年度进行的所有核销、坏账、转账等处理全部制单。
- 如果是本年度最后一个期间结账，建议将本年度外币余额为 0 的单据的本币余额结转为 0。

二、取消结账

本功能帮助用户取消最近月份的结账状态。

【操作步骤】

（1）单击"其他处理"→"期末处理"→"取消月结"。

（2）选择需要取消结账的月份，双击"结账标志"一栏，单击"确认"按钮，系统执行取消结账功能，如图 9-39 所示。

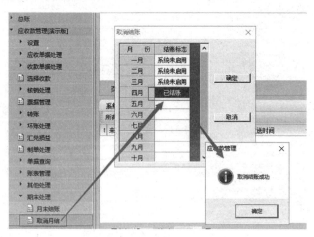

图 9-39 取消结账

（3）单击"确定"按钮，取消结账。

本章小结

应收款管理系统主要用于核算和管理客户往来款项。应收款管理系统主要提供了初始设置、日常处理、单据查询、账表管理、其他处理等功能。

初始设置主要包括账套参数设置、基础档案设置、应收科目设置、坏账准备设置、账龄区间设置等。日常业务处理主要包括应收单据处理、收款结算、转账处理、坏账处理、票据管理、制单、统计分析等。

课后练习

一、单选题

1. 应收模块账龄区间一般以（　　）为单位。
   A. 天　　　　　　B. 月　　　　　　C. 季度　　　　　D. 年
2. 用于处理客户的预收款和该客户应收欠款的转账核销业务的是（　　）。
   A. 应收冲应收　　B. 预收冲应收　　C. 应收冲应付　　D. 预收冲应付
3. 下列关于坏账处理的说法，错误的是（　　）。
   A. 企业应当按期估计坏账损失，计提坏账准备
   B. 当某一应收款项全部确认为坏账时，应根据其金额冲减坏账准备
   C. 如果当年已经计提过坏账准备，则坏账处理方式这一参数一定不能更改
   D. 如果当年已经计提过坏账准备，坏账处理方式如确需更改的，只能在下一年修改
4. 在应收款系统中，月末结账时不需要满足的条件是（　　）。
   A. 总账未结账，则应收系统不能结账
   B. 前一个月未结账，则本月不能结账
   C. 结算单还有未审核的，不能结账
   D. 一次只能选择一个月进行结账
5. 在应收款系统的取消操作功能中，不能完成（　　）。
   A. 取消核销　　　B. 取消票据处理　　C. 取消并账　　　D. 取消制单
7. 在应收款系统的账表业务查询功能中，可以把相关的所有应收、应付业务信息在一张表中显示，但显示信息不能包括在应收款系统的单据查询功能中，不能完成（　　）查询。
   A. 发票　　　　　B. 结算单　　　　C. 应收单　　　　D. 应付单
8. 在"简单核算"的应用方案下，在总账系统中可以对应收系统传递过来的记账凭证进行（　　）操作。
   A. 保存记账凭证　B. 审核记账凭证　C. 修改记账凭证　D. 删除记账凭证
9. 在应收款系统中，收款单据的类型主要包括（　　）。
   A. 销售专用发票　B. 销售普通发票　C. 收款单　　　　D. 其他应收单
10. 在应收款系统中，如果已经做过坏账处理，则即使在下一年中，也不能再修改的坏账准备的数据是（　　）。
    A. 提取比率　　　　　　　　　　　B. 坏账准备期初余额
    C. 坏账准备科目　　　　　　　　　D. 对方科目
11. 在应收款系统中不能随时修改的账套参数是（　　）。
    A. 应收款核销方式　　　　　　　　B. 单据审核日期依据

C. 坏账处理方式 　　　　　　　　　　D. 代垫费用类型

12. 应收款系统的启用会计期间应满足（　　）。
A. 大于等于账套的启用日期　　　　B. 小于等于账套的启用日期
C. 大于等于业务日期　　　　　　　D. 小于等于业务日期

13. 在应收款系统的制单功能中，以下说法错误的是（　　）。
A. 制单后可以增加、删除分录
B. 制单后可以增加、删除分录，但增加、删除的分录科目不能为受控科目
C. 系统生成的分录不允许删除
D. 可以修改附单据数

14. 在应收款系统中，红票对冲不能实现客户的红字应收单据与其蓝字（　　）及付款单之间进行冲抵的操作。
A. 收款单　　　B. 付款单　　　C. 应收单据　　　D. 应付单据

15. 在应付款系统中，业务账表不包括（　　）。
A. 业务总账　　B. 业务明细账　　C. 业务余额表　　D. 凭证汇总表

二、多选题

1. 在应收款系统中的取消操作功能中，（　　）情况下不能直接进行取消票据处理。
A. 票据在处理后已经制单　　　　　B. 票据转出后生成的应收单已经核销
C. 计息后又进行了其他处理　　　　D. 票据结算后又进行了处理

2. 在应收款系统的凭证查询功能中，删除凭证的前提条件是（　　）。
A. 未审核　　　B. 未经出纳签字　　C. 未记账　　　D. 未传递到总账

3. 在同时启动销售系统与应收款系统的情况下，应收款系统的主要功能包括（　　）。
A. 接收销售系统已复核的销售发票
B. 接收销售系统已复核的销售调拨单
C. 应收款系统与销售管理系统进行转账业务处理
D. 根据已审核的收款单制单

4. 在应收款系统中，根据客户往来款项核算和管理的程度不同，系统提供了（　　）两种应用方案。
A. 精细核算　　B. 粗放核算　　C. 详细核算　　D. 简单核算

5. 在应收款系统的单据编号设置功能中，可以对应收款系统中的（　　）单据进行单据编号设置。
A. 其他应收单　　B. 付款单　　C. 收款单　　　D. 销售专用发票

6. 在应收款系统中，所使用的应收科目应满足（　　）。
A. 应付款系统受控科目　　　　　　B. 应收款系统受控科目
C. 本币科目　　　　　　　　　　　D. 末级科目

7. 在应收款系统的账套参数设置中，只要将坏账处理方式设置为（　　），就应继续进行坏账准备的设置。
A. 应收余额百分比法　　　　　　　B. 销售收入百分比法

C. 账龄分析法　　　　　　　　　　D. 直接转销法

8. 在应收款系统中，转处理功能主要包括（　　）。

A. 应收冲预付　　B. 应收冲应收　　C. 预收冲应收　　D. 红票对冲

9. 在应收款系统中，系统提供的核销方式主要有（　　）。

A. 单张核销　　　B. 多张核销　　　C. 自动核销　　　D. 手工核销

10. 在应收款系统中，如果（　　），系统自动将其差额作为利息，不能修改。

A. 转出金额小于票据余额　　　　　B. 贴现净额大于票据余额

C. 背书金额大于票据余额　　　　　D. 贴现净额小于票据余额

三、判断题

1. 在应收款系统中，如果要对一张凭证进行删除操作，则该凭证的凭证日期不能是本系统的已结账月份。一张凭证被删除后，它所对应的原始单据应重新填制。（　　）

2. 在应收款系统中，不能对专用发票进行单据格式的设计。（　　）

3. 应收款系统的启用会计期间必须与账套的启用期间一致。（　　）

4. 在应收款系统的制单功能中，系统默认制单日期为单据日期。（　　）

5. 在应收款系统中，期初余额的形式只能是其他应收单。（　　）

6. 在应收款系统的单据编号设置功能中，可以将收款单的编号设置为"允许手工修改"。（　　）

7. 在应收款系统中，系统默认的代垫费用类型为"其他应收单"。（　　）

8. 可以在建账完毕后直接进入系统启用设置进行应收款系统的启用。（　　）

9. 在应收款系统的应收冲应付的转账处理功能中，如果在转账金额中输入了数据，则不能修改。（　　）

10. 在应收款系统中，一次只能对一种结算单类型进行核销，即手工核销的情况下需要将收款单和付款单核销。（　　）

应付款管理系统

本章学习目标

应付款管理系统的功能比较全面,并且不同功能模块的组合将会使应付款管理系统的功能实现方式不尽相同。

通过对本章的学习,要求了解应付款管理系统的主要功能、业务流程及账表分析的内容,要求掌握应付款管理系统初始化的一般方法和日常业务处理的工作原理及操作方法。

第一节 应付款管理系统概述

应付款管理系统主要实现企业与供应商业务往来账款进行核算与管理,在应付款管理系统中,以采购发票、其他应付单等原始单据为依据,记录采购业务及其他业务所形成的应付款项,处理应付款项的支付、冲销等情况;提供票据处理功能,实现对应付票据的管理。

一、应付款管理系统的主要功能

U8 管理软件中的应付款管理系统,根据对供应商往来款项核算和管理的程度不同,提供了"详细核算"和"简单核算"两种应用方案。不同的应用方案,其系统功能、产品接口、操作流程等均不相同。

(一) 详细核算应用方案(不使用采购管理系统)

1. 适用范围

如果在采购业务中应付款核算和管理内容比较复杂,对每一笔应付款要追踪到产品级时,可以选择此功能。

2. 具体功能

(1) 根据输入的单据记录应付款项目的形成,包括由于商品交易和非商品交易所形成的所有应付款项目。

（2）处理应付款项目的付款及转账情况。

（3）对应付款票据进行记录和管理。

（4）对应付款项目的处理过程生成凭证，并向总账系统进行传递。

（5）对外币业务及汇兑损益进行处理。

（6）提供针对多种条件的各种查询和分析。

3. 模块接口说明

详细核算应用方案下，不需要使用采购管理系统，此时所有发票和应付单均需在应付系统中录入。

(二)"简单核算"应用方案（同时使用采购管理系统）

1. 适用范围

如果采购业务及应付账款业务并不十分复杂，或者现购业务很多，则可以选择此方案。此方案着重于对供应商的往来款项进行查询和分析。简单核算主要在总账系统核算应付账款，与总账有接口。

2. 具体功能

（1）接收采购系统的发票，对其进行审核。

（2）对采购发票进行制单处理，并传递给总账系统。

3. 模块接口说明

在"简单核算"应用方案下，需要应付款管理系统与采购管理系统集成使用，采购发票在采购管理系统中录入；在应付款管理系统中，可以对这些单据进行查询、核销、制单等操作；应付款管理系统中的录入仅限于应付单。

实际应用时，具体选择哪一种方案，可以在应付款管理系统中通过"应付账款核算模型"来设置。本书以详细核算为例讲解应付款管理系统的使用。

二、应付款管理系统的基本操作流程

应付款管理系统的基本操作流程与应收款的基本一致，这里就不再展开叙述，具体流程可以参照应收款管理业务流程章节。一般包括系统初始化、日常操作、期末处理等。不同类型的核算单位、不同的会计核算软件也不尽相同。图10-1是一个企业单位的应付款管理系统的基本操作流程。

三、应付款管理系统与其他系统关系

应付款管理系统核算，与总账、采购管理、应收款管理、UFO报表、网上银行等系统有接口，如图10-2所示。

第二节　应付款管理系统初始化

初始化设置是使用应付款管理系统的前提条件，是指将应付款的手工核算资料转化成计算机处理的过程。其直接关系到应付款管理的使用和业务点控制。在启用应付款管理系统

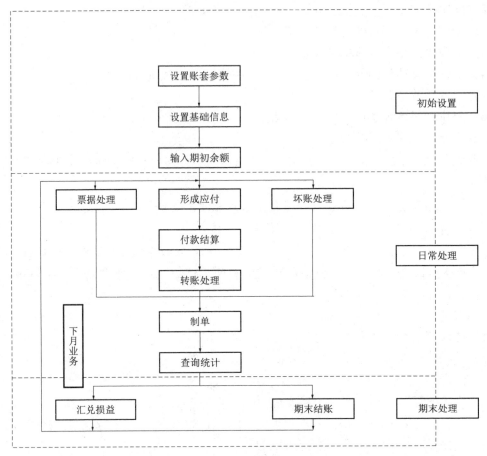

图 10-1 应付款管理系统业务流程图

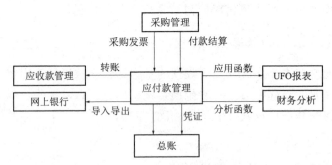

图 10-2 应付款管理系统与其他系统关系

后,进行正常应付业务处理前,企业根据核算要求和实际业务情况进行有关的设置。主要内容包括选项设置、初始设置、基础档案设置、单据设置和期初余额设置。

一、初始设置

初始设置的作用是建立应付款管理的基础数据,确定使用哪些单据处理应付业务,确定需要进行账龄管理的账龄区间。有了这个功能,用户可以选择使用自己定义的单据类型,使应付款业务管理更符合用户的需要。应付款管理系统与应收款管理系统的初始设置基本一致,唯一不同的就是应付款管理系统没有坏账准备的设置。

(一) 设置会计科目

1. 基本会计科目设置

【操作步骤】

(1) 在会计科目窗口中,将光标移到需要修改的会计科目所在行。

(2) 单击"修改"按钮(或双击该会计科目),打开"会计科目_修改"窗口,再单击"修改"按钮进行项目修改,如图10-3所示。需先修改辅助核算类型。

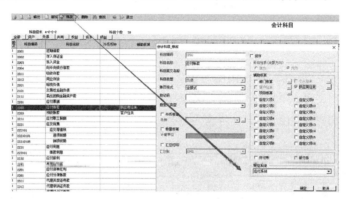

图10-3 修改受控科目

(3) 执行"应付款管理"→"设置"→"初始设置"→"设置科目"→"基本科目设置"菜单命令,打开"基本科目设置"对话框,在各栏目内直接输入或参照输入相应的会计科目,如图10-4所示。

图10-4 基本科目设置

2. 控制科目设置

【操作步骤】

(1) 依据系统选择控制科目,若选择按供应商明细设置,则系统显示每一明细供应商,可以对其进行科目设置;若按供应商分类设置,则将对供应商分类进行科目设置;若按地区设置,则将对地区进行科目设置。

(2) 选择"设置"菜单下的"初始设置"。在左边的树形结构列表中单击"设置科目"下的"控制科目设置"。

(3) 依据栏目说明,输入有关的科目信息,如图10-5所示。

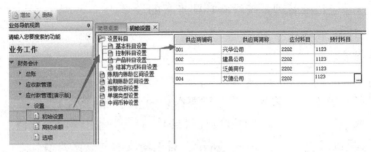

图 10–5 控制科目设置

3. 产品科目设置

【操作步骤】

(1) 选择"设置"菜单下的"初始设置"项。

(2) 在左边的树形结构列表中单击"设置科目"下的"产品科目设置"。

(3) 输入科目信息,如图 10–6 所示。

图 10–6 产品科目设置

4. 结算方式科目设置

【操作步骤】

(1) 选择"设置"菜单下的"初始设置"项。

(2) 在左边的树形结构列表中单击"设置科目"下的"结算方式科目设置",如图 10–7 所示。

(3) 增加:单击鼠标右键,选择弹出菜单中的"增加"项;或者单击工具栏中的"增加"按钮,增加一条记录。

(4) 修改:直接在"科目"一栏里修改当前的记录。

(5) 删除:单击鼠标右键,在弹出的菜单中选择"删除"项;或者单击工具栏中的"删除"按钮,删除当前记录。

图 10–7 结算方式科目设置

（二）账期内账龄区间设置

【操作步骤】

（1）选择"设置"菜单下的"初始设置"项。

（2）在左边的树形结构列表中单击"账期内账龄区间设置"。

（3）增加：单击工具栏中的"增加"按钮，即可在当前区间之前插入一个区间。插入一个区间后，该区间后的各区间起止天数会自动调整，如图10-8所示。

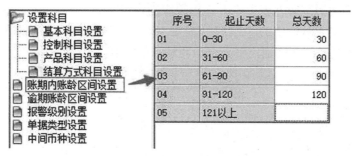

图10-8　账期内账龄区间设置

（4）修改：修改输入的天数，系统会自动修改该区间及其后的各区间的起止天数。最后一个区间不能修改和删除。

（5）删除：单击工具栏中的"删除"按钮，即可删除当前区间。删除一个区间后，该区间后的各区间起止天数会自动调整。最后一个区间不能修改和删除。

（三）逾期账龄区间设置

【操作步骤】

（1）选择"设置"菜单下的"初始设置"项。

（2）在左边的树形结构列表中单击"逾期账龄区间设置"，如图10-9所示。

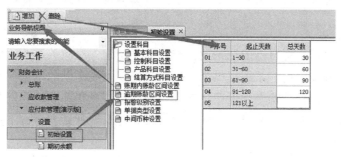

图10-9　逾期账龄区间设置

（3）增加：单击工具栏中的"增加"按钮，即可在当前区间之前插入一个区间。插入一个区间后，该区间后的各区间起止天数会自动调整。

（4）修改：修改输入的天数，系统会自动修改该区间及其后的各区间的起止天数。最后一个区间不能修改和删除。

（5）删除：单击工具栏中的"删除"按钮，即可删除当前区间。删除一个区间后，该区间后的各区间起止天数会自动调整。最后一个区间不能修改和删除。

【注意】

• 删除一个区间后,该区间后的各区间起止天数会自动调整。最后一个区间不能修改和删除。

(四) 报警级别设置

【操作步骤】

(1) 选择"设置"菜单下的"初始设置"项。

(2) 在左边的树形结构列表中单击"报警级别设置"。

(3) 增加:单击工具栏中的"增加"按钮,即可在当前级别之前插入一个级别。插入一个级别后,该级别后的各级别比率会自动调整,如图10-10所示。

图10-10 报警级别设置

(4) 修改:修改输入的比率,系统会自动修改该级别及其后的各级别的比率。最后一个区间不能修改和删除。

(5) 删除:单击工具栏中的"删除"按钮,删除当前级别。删除一个级别后,该级别后的各级别比率会自动调整。最后一个区间不能修改和删除。

【注意】

• 插入一个级别后,该级别后的各级别比率会自动调整。

• 删除一个级别后,该级别后的各级比率会自动调整。最后一个区间不能修改和删除。

(五) 单据类型设置

单据类型设置指用户将自己的往来业务与单据类型建立对应关系,达到快速处理业务及进行分类汇总、查询、分析。系统提供了发票和应付单两大类型的单据。如果同时使用采购系统,则发票的类型包括采购专用发票、普通发票、运费发票和废旧物资收购凭证等。如果单独使用应付系统,则发票类型只包括前两种。发票是系统默认类型,不能修改删除。操作窗口如图10-11所示。

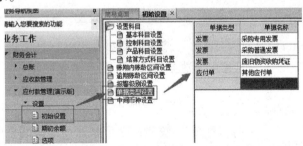

图10-11 单据类型设置

应付单记录采购业务之外的应付款情况。在本功能中设置应付单的不同类型。可以将应付单划分为不同的类型，以区分应付货款之外的其他应付款。例如，可以将应付单分为应付费用款、应付利息款、应付罚款、其他应付款等。

二、单据设置

【例10-1】根据企业业务中使用的各种单据特点，将采购专用发票的单据号均设置为手工改号，重号时自动重取。

【操作步骤】

(1) 执行"基础设置"→"单据设置"→"单据编号设置"命令，即可打开图10-12所示的"单据编号设置"对话框。

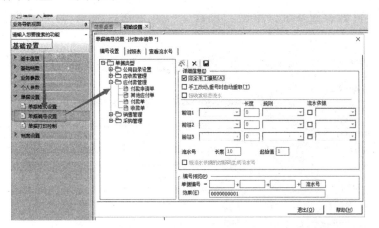

图10-12 "单据编号设置"对话框

(2) 选择"销售管理"中的"销售专用发票"，将其编号设置为"手工改动，重号时自动重取"，单击"保存"后退出，如图10-13所示。

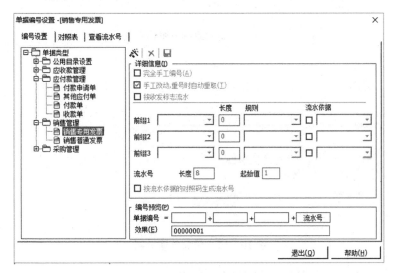

图10-13 设置销售专用发票单据编号

三、期初余额设置

通过期初余额功能，用户可将正式启用账套前的所有应付业务数据录入系统，作为期初建账的数据，系统对其进行管理，这样既保证了数据的连续性，又保证了数据的完整性。

当初次使用本系统时，要将上期末处理完的单据都录入本系统，以便以后的处理。当进入第二年度处理时，系统自动将上年度未处理完的单据转为下一年度的期初余额。在下一年度的第一个会计期间里，可以进行期初余额的调整。

在期初余额主界面，列出的是所有供应商、所有科目、所有合同结算单的期初余额，可以通过过滤功能查看某个供应商、某份合同或者某个科目的期初余额。

【操作步骤】

（1）进入应付款管理系统，单击"设置"→"期初余额"，打开"期初余额－查询"对话框，如图10－14所示。

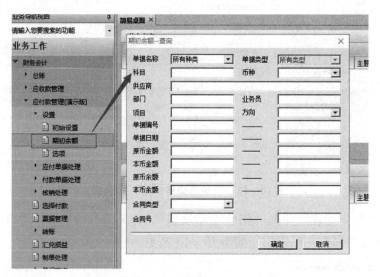

图10－14 "期初余额－查询"对话框

（2）单击"确定"按钮，进入"期初余额明细表"窗口。

（3）单击"增加"按钮，选择单据类型进行添加，如图10－15所示。

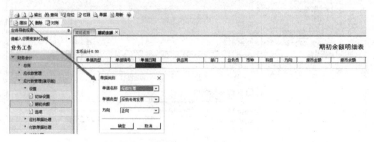

图10－15 增加单据类别

（4）进入相应单据填制窗口，如图10－16所示。

（5）完成后单击"保存"按钮，退出。

第十章 应付款管理系统

图 10-16 录入单据的期初余额

(6) 将应付款管理系统与总账系统进行对账。在"期初余额明细表"窗口中，单击"对账"按钮，打开"期初对账"窗口，查看对账结果，如图 10-17 所示。

图 10-17 期初对账

【注意】
● 在下一年度的第一个会计期间，可以进行期初余额的调整。
● 在往来账款系统录入期初余额，是以单据录入形式进行的，最后系统根据录入的各单据内容形成期初余额明细表。
● 与总账系统对账，必须要在总账与应付系统同时启动后才可以进行。

四、账套参数设置

在运行应付款管理系统前，应在"选项"中设置运行所需要的账套参数，以便系统根据所设定的选项进行相应的处理。

设置账套参数时，单击"设置"选项，打开"账套参数设置"对话框，其中包括五个页签：常规、凭证、权限与预警、核销设置、收付款控制。

(一)"常规"页签各选项设置

【操作步骤】

(1) 执行"应付款管理"→"设置"→"选项"菜单命令，打开"账套参数设置"对话框。

(2) 单击"常规"页签，打开相应的对话框。

(3) 单击"编辑"按钮，按照企业的核算要求进行相应的设置。设置好的窗口如图 10-18 所示。

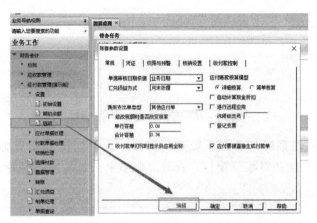

图 10-18 "常规"选项参数设置

(二)"凭证"页签各选项设置

【操作步骤】

(1) 执行"应付款管理"→"设置"→"选项"菜单命令,打开"账套参数设置"对话框。

(2) 单击"凭证"页签,打开相应的对话框。

(3) 单击"编辑"按钮,按照企业的核算要求进行相应的设置。设置好的窗口如图 10-19 所示。

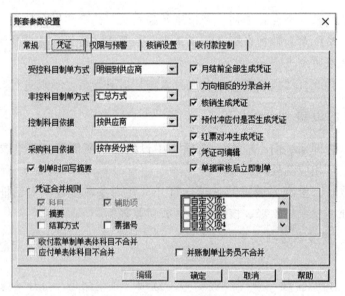

图 10-19 "凭证"选项参数设置

(三)"权限与预警"页签各选项设置

【操作步骤】

(1) 执行"应付款管理"→"设置"→"选项"菜单命令,打开"账套参数设置"对话框。

(2) 单击"权限与预警"页签,打开相应的对话框。

(3) 单击"编辑"按钮,按照企业的核算要求进行相应的设置。设置好的窗口如图10－20所示。

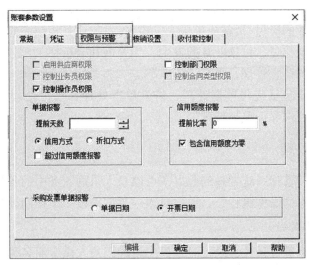

图10－20　"权限与预警"选项参数设置

(四)"核销设置"页签各选项设置

【操作步骤】

(1) 执行"应付款管理"→"设置"→"选项"菜单命令,打开"账套参数设置"对话框。

(2) 单击"核销设置"页签,打开相应的对话框。

(3) 单击"编辑"按钮,按照企业的核算要求进行相应的设置。设置好的窗口如图10－21所示。

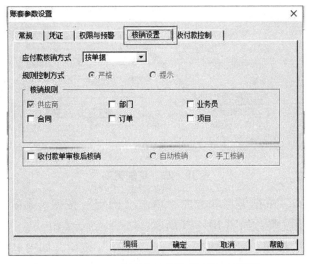

图10－21　"核销设置"选项参数设置

第三节 应付款管理系统日常业务处理

日常业务处理是应付款管理系统的重要组成部分，是经常性的应付业务处理工作。日常业务主要完成企业日常的应付/付款业务录入、应付/付款业务核销、应付并账、汇兑损益及转账的处理，及时记录应付、付款业务的发生，为查询和分析往来业务提供完整、正确的资料，加强对往来款项的监督管理，提高工作效率。

日常业务处理主要包括应付单据处理、付款单据处理、核销处理、票据管理、转账处理、单据查询、制单处理和汇兑损益等。

一、应付单据处理

单据处理是应付款管理系统处理的起点，可以录入采购业务中的各类发票及采购业务之外的应付单据。其基本的操作流程是：单据录入→单据审核→单据制证→单据查询。

（一）单据录入与修改

对未付款项的单据进行录入，录入时，首先用代码录入供应商名称，与供应商相关内容由系统自动生成，其次进行货物名称、数量和金额等内容的录入，最后保存退出。

在进行单据录入之前，首先应确定单据名称、单据类型及方向，然后根据业务内容录入有关信息。

1. 单据录入

【操作步骤】

（1）进入"应付款管理系统"，选择"应付单据处理"，双击"应付单据录入"，系统弹出"单据类别"对话框，如图10-22所示。

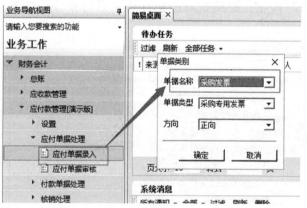

图10-22 单据类别

（2）选择单据名称、单据类型和方向，单击"确定"按钮。系统打开相应单据类型对话框，这里是采购专用发票，如图10-23所示。

（3）单击"增加"按钮，录入数据，单击"保存"按钮，如图10-24所示。如果前面数据录入不完整，则需要返回原来的界面进行补充后再进行单据录入。

（4）单击"关闭"按钮，结束本次操作。

图 10-23 采购专用发票

图 10-24 录入业务的采购专用发票窗口

2. 单据修改

【操作步骤】

(1) 如需修改，选择"应付单据处理"下的"应付单据审核"，打开"应付单查询条件"窗口，如图 10-25 所示。

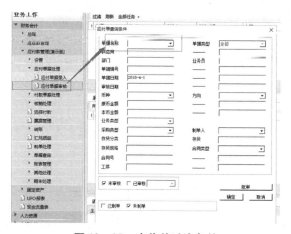

图 10-25 应收单过滤条件

(2) 输入查询条件，单击"确定"按钮，系统弹出"应付单据列表"窗口。

(3) 双击需要修改的票据，系统打开一张待修改的票据，如图 10-26 所示，单击"修改"按钮进行修改，单击"删除"按钮进行删除。

图 10-26 待修改单据

【注意】

● 已经审核的凭证不能修改和删除，需取消审核后才能修改与删除。

(二) 单据审核与取消审核

单据审核是在单据保存后对单据的正确性进行进一步审核确认。审核人和制单人可以是同一个人。单据被审核后,将从单据处理功能中消失,但可以通过单据查询功能查看此单据详细资料。

本小节主要提供用户批量审核。系统提供用户手工审核、自动批审核的功能。在"应付单据审核"界面中显示的单据包括所有已审核或未审核的应付单据,以及从采购管理系统传入的单据。做过后续处理如核销、制单、转账等处理的单据,在"应付单据审核"中不能显示。对这些单据的查询,可以在"单据查询"中进行。

在应付单据审核列表界面,用户也可在此进行应付单的增加、修改、删除等操作。

【操作步骤】

(1) 选择应付款管理系统菜单中的"应付单据处理",单击"应付单据审核",出现"应付单查询条件"对话框,如图 10-25 所示。

(2) 选择单据名称"采购专用发票",选择单据类型、单据日期,然后单击"确定"按钮,出现应付单据一览表,如图 10-26 所示。

(3) 双击需要审核的凭证,弹出应付单据,单击"审核"按钮对发票进行审核,如图 10-27 所示。

图 10-27 凭证审核

(4) 也可以直接选择单据进行审核,如图 10-28 所示。

图 10-28 应付单据列表

【注意】

● 当选项中设置单据审核日期依据为单据日期时,该单据的入账日期选用自己的单据日期。审核时若发现该单据日期所在会计月已经结账,则系统将提示不能审核该单据,除非修改审核方式为业务日期。

● 当选项中设置审核日期的依据为业务日期时,该单据的入账日期选用当前的登录日期。

● 不能在已结账月份中进行审核处理;不能在已结账月份中进行弃审处理。

● 这里可以显示所有已审核、未审核的单据。

- 已经审核过的单据不能进行重复审核；未经审核的单据不能进行弃审处理；已经做过后续处理（如核销、转账、汇兑损益等）的单据不能进行弃审处理。

二、付款单据处理

付款单据处理主要是对结算单据进行管理，包括对付款单的录入、审核。应付系统的收款单用来记录企业支付给供应商的款项，款项性质包括应付款、预付款、其他费用等。其中，应付款、预付款性质的付款单将与发票、付款单进行核销勾对。应付系统收款单用来记录企业采购退货时，企业收到的供应商的款项。该收款单可与应付、预付性质的付款单、红字应付单、红字发票进行核销。

（一）付款单据录入

录入付款单据是对已付应付款项的单据进行录入，由系统自动进行结算。在根据已付应付款项的单据进行录入时，首先必须录入供应商名称。在进行相应操作时，系统自动显示相关供应商信息。其次必须输入结算科目、金额和相关部门、业务员名称等内容。

单据录入完毕后，由系统自动生成相关内容。如果输入的是新的结算方式，则应先在"结算方式"中增加新的结算方式。如果要录入另一供应商的付款单，则需重新选择供应商的名称。

【操作步骤】

（1）选择"付款单据录入"选项，系统弹出"付款单"窗口。

（2）单击"增加"按钮，录入第一张付款单，如图10-29所示。

图10-29 付款单据录入

（3）单击"保存"按钮，保存本次录入的数据。

【注意】

- 付款单日期必须大于已结账日期且小于等于当前的业务日期。
- 录入单据时，结算方式、结算科目及结算金额不能为空。

（二）付款单据审核

主要完成付款单的自动审核、批量审核功能。在"付款单据审核"界面中显示的单据包括全部已审核、未审核的付款单据。余额等于零的单据在"付款单据审核"中不能显示。对这些单据的查询，可在"单据查询"中进行。

在付款单据审核列表界面，用户也可以进行付款单的增加、修改、删除等操作。具体操作方法参照应付单的修改、删除与审核。

三、核销处理

核销是对往来已达账做删除处理,表示本笔业务已结清,即确定付款单与原始采购发票之间的对应关系后,进行机内自动冲销。如果结算金额与上期余额相等,则销账后余额为零;如果结算金额比上期余额小,则其差额为销账后的余额。核销处理系统提供"手工核销"和"自动核销"。

由于计算机采用建立往来辅助账进行往来业务的管理,为了避免辅助账过于庞大而影响计算机运行速度,对于已核销的业务,应该删除。删除工作平常不必进行,年底结账时再进行即可。

当会计人员准备核销往来账时,应在确认往来已达账后,再做核销处理,删除已达账。为了防止误删除操作,软件中一般都设计有放弃核销或核销前做两清标记功能,即在已达账项上打上已结清标记,待核实后再执行核销功能,删除的数据不能恢复。

(一) 手工核销

手工核销时,一次只能显示一个供应商的单据记录,且付款单列表根据表体记录明细显示。

【操作步骤】

(1) 选择系统菜单中的"核销处理",选中"手工核销"选项,系统弹出"核销条件"对话框,如10-30所示。

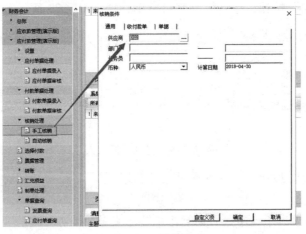

图 10-30 核销条件

(2) 录入相关的结算单、单据过滤条件,单据"确定"按钮,进入"单据核销"窗口,如图10-31所示。

(3) 在图10-31中,上列为该供应商可以核销的付款记录,下列为该供应商符合核销条件的对应应付单据。双击"本次结算",录入本次结算金额,单击"保存"按钮,完成本次核销工作。

(二) 自动核销

自动核销指由用户确定付款单与它们对应的应付单的核销工作。通过本功能,可以根据

图 10-31 手工核销

查询条件选择需要核销的单据,然后系统核销,加强往来款项核销的效率。

【操作步骤】

(1) 依次单击"核销处理"→"自动核销"菜单命令,进入核销"过滤条件"操作窗口。

(2) 输入过滤条件,单击"确认"按钮,即可进行收款单的核销工作。

(3) 核销完成后,提交自动核销报告,显示已核销的情况和未核销的原因,如图10-32所示。

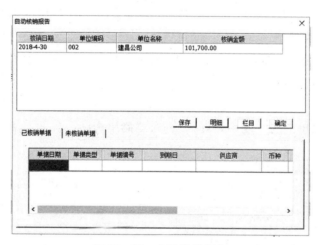

图 10-32 自动核销报告

【注意】

● 单据核销前,应经专门人员核实待核销的往来账项,指定专人负责往来账的核销工作。

四、票据管理

票据管理指对银行承兑汇票和商业承兑汇票进行管理,包括记录票据详细信息、记录票据处理情况。当企业支付给供应商商业承兑汇票时,将该汇票录入应付系统的票据管理中,系统自动在"付款单据录入"中增加一张结算方式为承兑汇票的付款单,可以在"付款单据录入"中进行查询,并可以与应付单据进行核销勾对。在票据管理中,用户可以对该票据进行计息、结算、转出等处理。

五、制单处理

制单即生成凭证,并将凭证传递至总账记账。系统在各个业务处理的过程中都提供了实时制单的功能;除此之外,系统还提供了一个统一制单平台,可以在此快速、成批生成凭证，并可依据规则进行合并制单等处理。

制单类型包括发票制单、应付单据制单、收款单制单、核销制单、转账制单、现结制单等。企业可根据实际情况选取需要制单的类型。制单时，一般需要完成以下几项工作：

（一）制单日期

制单日期系统默认为当前业务日期。制单日期应大于等于所选单据的最大日期，但小于等于当前业务日期。

如果同时使用了总账系统，所输入的制单日期应该满足总账制单日期要求，即大于等于同月同凭证类别的日期，系统会将日期小于等于当前业务日期的所有未制单已经记账的单据全部列出。

（二）凭证类别

为每一个制单类型设置一个默认的凭证类别。

（三）选择要进行制单的单据

一般情况下，系统会给出一个序号，可以对想要制单的单据修改系统所给出的序号。

（四）进入凭证界面

可以修改科目、项目、部门、个人、制单日期、摘要、凭证类别、附单据数等栏目。金额由系统自动生成。

【操作步骤】

（1）选择系统菜单中的"制单处理"，进入"制单查询"界面，如图10-35所示。

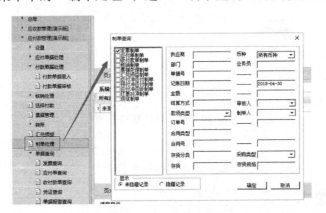

图 10-33 制单查询

（2）录入查询条件，单击"确定"按钮，系统会将符合条件的所有制单单据全部列出，如图10-34所示。

图 10-34 制单选择

（3）选择需要制单的凭证，单击“制单”按钮，进入填制凭证界面。

（4）凭证填制完毕，单击“保存”按钮，如图 10－35 所示，凭证传到总账系统。

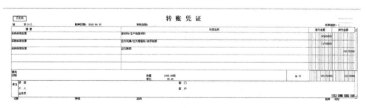

图 10－35　制单生成凭证

六、单据查询

系统提供对发票、应付单、收付款单、凭证等的查询及应付核销明细查询。

在查询列表中，系统提供自定义显示栏目、排序等功能，可以通过单据列表操作来制作符合要求的单据的列表。用户在进行单据查询时，若启用客户、部门数据权限控制，则只能查询有权限的单据。

【操作步骤】

（1）选择“单据查询”下的“凭证查询”，系统弹出“凭证查询条件”对话框，如图 10－36 所示。

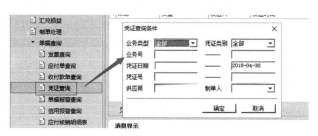

图 10－36　凭证查询条件

（2）录入完条件后，单击“确定”按钮，出现查询结果，如图 10－37 所示。

凭证总数：2 张

业务日期	业务类型	业务号	制单人	凭证日期	凭证号	标志
2018-4-30	付款单	0000000001	马可	2018-4-30	付-0006	
2018-4-30	采购专	0000000002	马可	2018-4-30	转-0012	

图 10－37　查询结果

（3）可对应付款管理系统生成的凭证进行修改、删除与冲销。

七、账表管理

账表管理分为我的账表、业务账表查询、统计分析、科目账表查询。

（一）我的账表

通过“我的账表”新建账夹，设置账夹口令，进行自定义报表。

(1) 账簿管理，通过账夹来对报表进行管理。
(2) 自定义账表，系统提供的自定义报表就是根据企业管理要求，为用户提供的内部管理分析报表工具，是一种可以设置报表标题、表头、表体，定义报表数据来源，灵活定义过滤条件和显示、打印方式的自定义报表查询工具。

（二）业务账表查询

通过账表查询，可以及时了解一定期间内期初应付款结存汇总情况，应付款发生、付款发生的汇总情况、累计情况，以及期末应付款结存汇总情况；还可以了解各个供应商期初应付款结存明细情况，以及应付款发生、付款发生的明细情况、累计情况及期末应付款结存明细情况，能及时发现问题，加强对往来款项的监督管理。可实现以下功能：

(1) 业务明细账查询，进行一定期间内各个供应商应付款明细账的查询。
(2) 业务余额表查询，进行一定期间内应付款余额表的查询。
(3) 业务总账查询，进行一定期间内应付款汇总情况的查询。
(4) 对账单查询，提供一定期间内供应商往来账款明细情况的查询。

（三）统计分析

通过统计分析，可以按用户定义的账龄区间进行一定期间内应付款账龄分析、付款账龄分析、往来账龄分析，了解各个应付款周转天数、周转率，了解各个账龄区间内应付款、付款及往来情况，能及时发现问题，加强对往来款项动态的监督管理。可以实现以下功能：

(1) 应付账龄分析，分析客商一定时期内各个账龄区间的应收款情况。
(2) 付款账龄分析，分析客商一定时期内各个账龄区间的收款情况。
(3) 付款预测，预测将来的某一段日期范围内，供应商、部门或业务员等对象的付款情况。
(4) 欠款分析，分析截止到某一日期，供应商、部门或业务员的欠款金额，以及欠款组成情况。

（三）科目账表查询

用户可在此通过不同角度进行科目账表的查询。
(1) 科目余额表，用于查询应付受控科目各个供应商的期初余额、本期借方发生额合计、本期贷方发生额合计、期末余额。
(2) 科目明细账，用于查询供应商往来科目下各个往来供应商的往来明细账。

第四节 应付款管理系统期末处理

期末处理是指用户进行的期末结账工作。如果当月业务已全部处理完毕，就需要执行月末结账功能，只有月末结账后，才可以开始下月工作。期末处理包括月末结转和恢复结转。

一、月末结账

如果确认本月的各项处理已经结束，则可以选择执行月末结账功能。当执行了月末结账功能后，该月将不能再进行任何处理。

【操作步骤】

（1）单击"其他处理"→"期末处理"→"月末结账"。

（2）选择结账月份，双击结账标志一栏，选择该月进行结账。

（3）单击"下一步"按钮，系统将月末结账的检查结果列示，可以单击其中任意一项，以检查其详细信息。单击"取消"按钮，取消此次操作。

（4）单击"确认"按钮，执行结账功能。

（5）单击"完成"按钮结账成功，如图10-38所示。

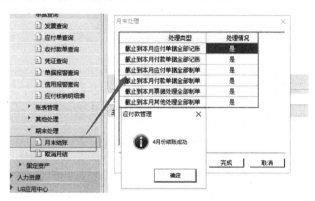

图10-38　月末结账结果反馈

【注意】

● 应付款管理系统与采购管理系统集成使用，只有在采购管理系统结账后，才能对应付款系统进行结账处理。

● 当选项中设置审核日期为单据日期时，本月的单据（发票和应付单）在结账前应该全部审核。

● 当选项中设置审核日期为业务日期时，如果截止到本月末还有未审核单据（发票和应付单），照样可以进行月结处理。

● 如果还有合同结算单未审核，仍然可以进行月结处理。

● 如果本月的付款单还有未审核的，不能结账。

● 当选项中设置月结时必须将当月单据及处理业务全部制单，则月结时若检查当月有未制单的记录，不能进行月结处理。

● 当选项中设置月结时不用检查是否全部制单，则无论当月有无未制单的记录，都可以进行月结处理。

● 如果是本年度最后一个期间结账，建议将本年度进行的所有核销、转账等处理全部制单。

● 如果是本年度最后一个期间结账，建议将本年度外币余额为0的单据的本币余额结转为0。

● 如果这个月的前一个月没有结账，则本月不能结账。

● 一次只能选择一个月进行结账。

二、取消结账

本功能帮助用户取消最近月份的结账状态。

【操作步骤】

(1) 单击"其他处理"→"期末处理"→"取消月结"。

(2) 选择需要取消结账月份,双击结账标志一栏,单击"确认"按钮,系统执行取消结账功能,如图10-39所示。

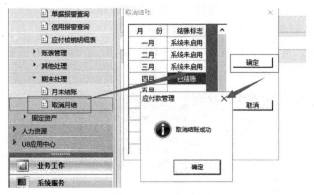

图10-39 取消结账

(3) 单击"确定"按钮,取消结账。

本章小结

应付款管理系统主要用于核算和管理供应商往来款项。应付款管理系统主要提供了初始设置、日常处理、单据查询、账表管理、其他处理等功能。

初始设置主要包括账套参数设置、基础档案设置、应付科目设置、账龄区间设置等。日常业务处理主要包括应付单据处理、付款结算、票据管理、制单、统计分析等。期末处理包含结账与取消结账。

课后练习

一、单选题

1. 在应付款管理系统中,取消票据处理的前提条件是(　　)。

A. 票据处理日期在已结账月份内　　B. 票据计息后

C. 票据处理后已经制单　　D. 票据转出后已经核销

2. 在应付款管理系统中,取消操作的类型应不包括(　　)。

A. 取消记账　　B. 取消并账　　C. 取消转账　　D. 取消核销

3. 在应付款管理系统中,账表查询的业务账表查询功能不能完成对(　　)的查询。

A. 业务总账　　B. 业务明细账　　C. 核销单　　D. 对账单

4. 在应付款管理系统的单据查询中,发票查询的条件不包括(　　)。

A. 未审核　　B. 已审核　　C. 已核销　　D. 已制单

5. 在应付款管理系统中,如果采用"详细核算"应用方案,则以下说法错误的是(　　)。

A. 采购系统向应付款系统提供已结算的采购发票

B. 应付款管理系统向采购系统提供采购发票的付款情况

C. 应付款管理系统向UFO报表提供分析数据

D. 应付款管理系统与网上银行进行付款单的导入/导出

6. 在应付款管理系统的详细核算应用方案下,应付款管理系统的主要功能有( )。
   A. 处理应收应付项目的付款及转账业务　　B. 对应收应付票据进行记录和管理
   C. 在应付项目的处理过程中生成凭证　　　D. 审核已生成的记账凭证

7. 在应付款管理系统中,如果期初余额为其他应付款,就应填制"应付单——其他应付单",在应付单中不需填制的内容是( )。
   A. 科目　　　　　B. 方向　　　　　C. 金额　　　　　D. 部门

8. 在应付款管理系统中,以下不属于账套参数设置的内容是( )。
   A. 月末结账前是否制单　　　　　　B. 应收款核销方式
   C. 方向相反的分录是否合并　　　　D. 红票对冲是否生成凭证

9. 在应付款管理系统中,如果选择根据信用额度自动报警,则应继续选择的参数是( )。
   A. 信用方式　　　B. 折扣方式　　　C. 提前比率　　　D. 提前天数

10. 在启用应付款管理系统前,需要整理系统启用前所有供应商的有关初始数据,但不包括( )。
    A. 应付账款　　　B. 预付账款　　　C. 应收票据　　　D. 应付票据

11. 应付款管理系统的启用期间应满足( )。
    A. 启用会计期间必须等于账套的启用期间
    B. 启用期间必须大于账套的启用期间
    C. 启用期间必须小于等于账套的启用期间
    D. 启用期间必须大于等于账套的启用期间

12. 在应付款管理系统中,不需要准备( )数据资料。
    A. 客户档案　　　B. 供应商档案　　C. 存货档案　　　D. 部门档案

13. 在应付款管理系统中,关于制单日期,以下说法错误的是( )。
    A. 系统默认为单据日期　　　　　　　B. 系统默认为当前业务日期
    C. 应大于等于所选单据的最大日期　　D. 应小于等于当前系统日期

14. 应付款管理系统导出给网上银行的单据应在( )制单。
    A. 应收款系统　　B. 应付款管理系统　C. 网上银行　　　D. 总账系统

15. 应付款管理系统中的选择付款功能主要提供对多个供应商( )的集中支付业务处理,以简化日常付款操作。
    A. 多个客户　　　B. 多笔款项　　　C. 合并处理　　　D. 多个部门

二、多选题

1. 在应付款管理系统中,应付单是记录非采购业务所形成的应付款情况的单据。关于应付单,以下说法正确的是( )。
   A. 应付单的实质是一张凭证
   B. 应付单表头的信息相当于凭证中的一条分录
   C. 应付单表体的内容相当于凭证中的一条分录

D. 单据的名称不能修改，但单据的类型可以修改

2. 在应付款管理系统中，做过后续处理如（　　）等处理的单据在应付单据审核中不能显示。

　　A. 已审核　　　　B. 已核销　　　　C. 已制单　　　D. 已转账

3. 在应付款管理系统中，不能取消票据处理的原因可能是（　　）。

　　A. 票据处理的日期在已结账的月份内　　B. 票据处理后已经制单
　　C. 票据转出后所生成的应付单已经核销　　D. 票据已经结算

4. 在应付款管理系统中，取消操作的类型主要包括（　　）。

　　A. 取消核销　　　B. 取消记账　　　C. 取消转账　　　D. 取消并账

5. 在应付款管理系统中，账表管理中统计分析的内容主要包括（　　）。

　　A. 应付账龄分析　B. 欠款分析　　　C. 付款账龄分析　D. 付款预测

6. 在应付款管理系统中，删除凭证的前提条件是（　　）。

　　A. 未核销　　　　B. 未审核　　　　C. 未经出纳签字　D. 未在总账中记账

7. 在应付款管理系统的单据查询功能中，可以对（　　）进行查询。

　　A. 发票　　　　　B. 应付单　　　　C. 结算单　　　　D. 凭证

8. 在应付款管理系统中，录入期初余额的单据类别主要包括（　　）。

　　A. 采购专用发票　B. 销售专用发票　C. 其他应收单　　D. 其他应付单

9. 在应付款管理系统中，如果采用详细应用方案，则应付款管理系统与采购系统的关系是（　　）。

　　A. 采购系统向应付款管理系统提供已结算的采购发票

　　B. 由应付款管理系统根据采购发票生成记账凭证

　　C. 由应付款管理系统向采购系统提供分析数据

　　D. 在采购系统查询应付款情况

10. 在应付款管理系统中，单据审核日期依据可以是（　　）。

　　A. 单据日期　　　B. 业务日期　　　C. 结算日期　　　D. 入库日期

三、判断题

1. 在应付款管理系统中，如果在选项中选择单据日期为审核日期，则应付单据在结账前应该全部审核。（　　）

2. 在应付款管理系统票据管理功能中，结算金额加上利息减去费用的金额应小于等于票据余额。（　　）

3. 如果当月总账系统已经结账，那么就不能执行应付款管理系统取消结账的操作。（　　）

4. 在应付款管理系统中，只要票据执行了结算或转出后，将不能再进行其他与票据相关的处理。（　　）

5. 在应付款管理系统中，通过业务账表查询，可以及时地了解一定期间内应收应付款项的发生，以及收款付款的汇总情况、累计情况及期末结存汇总情况。（　　）

6. 在应付款管理系统中，自动批审不包括对现付采购发票的审核。对现付发票的审核应通过手工审核方式完成。（　　）

7. 在应付款管理系统中，单据报警的作用是对快要到期的单据或即将不能享受现金折扣的单据进行列示，系统提供自动报警和人工查询两种方式。（　　）

8. 在应付款管理系统中，科目账查询结果一般来说应该与总账中的供应商往来账的查询结果相同，但是，如果在其他系统使用应付款管理系统的受控科目进行制单，则有可能导致对账结果不一致。（　　）

9. 应付款管理系统的启用期间必须等于账套的启用期间。（　　）

10. 如果应付款管理系统中生成的凭证已经在总账系统中记账，又需要对形成凭证的单据进行修改，则可以删除凭证，然后对原始单据进行其他操作后再重新生成凭证。（　　）

用友 ERP - U8 安装说明

一、数据库安装

（一）安装前准备工作

安装前，先退出电脑中的杀毒软件。

首先查看电脑属性：32/64 位操作系统。不同的操作系统使用不同的 SQL 安装包。如图 F1-1 所示。

图 F1-1 电脑属性界面

（二）安装过程

如图 F1-2～图 F1-5 所示。

图 F1-2 安装向导界面

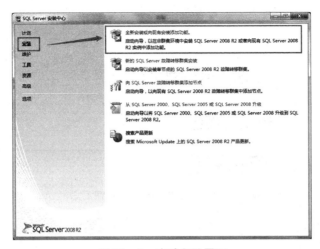

图 F1-3 启动向导界面

图 F1-4 "安装程序支持规则"界面

图 F1-5 "安装程序支持文件"界面

安装程序支持规则、安装类型、产品密钥的安装都是直接单击"下一步"按钮就可以了，如图 F1-6 所示。

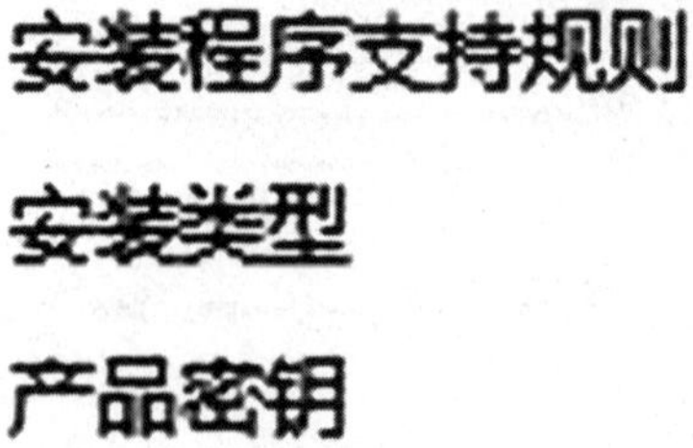

安装程序支持规则

安装类型

产品密钥

图 F1-6 单击"下一步"按钮汇总

勾选"我接受许可条款"就可以进行下一步操作了，如图 F1-7 所示。

图 F1-7 "许可条款"界面

在"功能选择"中单击"全选"按钮，然后单击"下一步"按钮，如图 F1-8 所示。

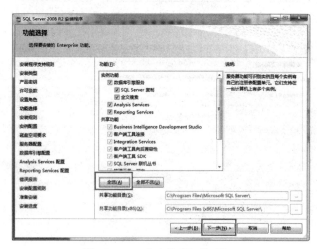

图 F1-8 "功能选择"界面

在"安装规则"中直接单击"下一步"按钮即可，如图 F1-9 所示。

如果出现图 F1-10 所示的两项检查不通过的情况，说明之前曾安装过 SQL 数据库，但

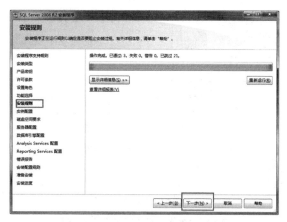

图 F1-9 "安装规则"界面

是没有卸载干净。

图 F1-10 SQL 数据库未卸载完成界面

检查 C:\Program Files\Microsoft SQL Server\MSSQL10_50.MSSQLSERVER\MSSQL\DATA,删除 ReportServer、ReportServer_log、ReportServerTempDB、ReportServerTempDB_log 这几个文件,然后单击"重新运行"按钮即可。

在"实例配置"中直接单击"下一步"按钮即可,如图 F1-11 所示。

图 F1-11 "实例配置"界面

在"服务器配置"中选择第一个账户名,如图 F1-12 所示。

图 F1-12 "服务器配置"界面

数据库引擎配置如图 F1-13 所示,数据库密码为 Admin123。

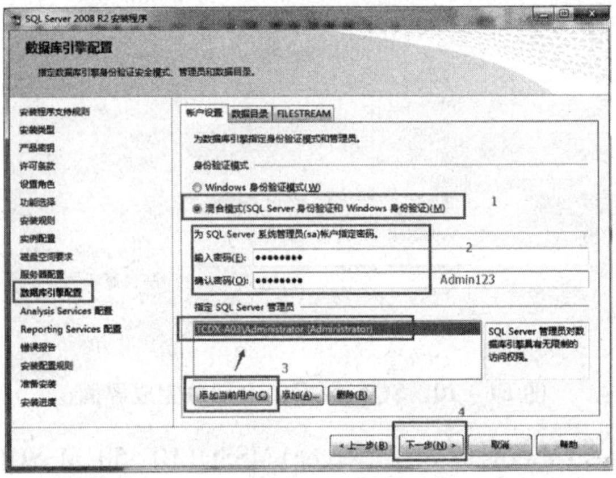

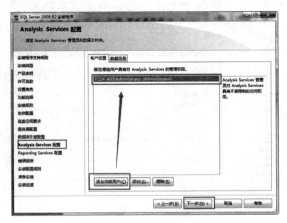

图 F1-13 "数据库引擎配置"界面

"Analysis Services 配置"如图 F1-14 所示。

图 F1-14 "Analysis Services 配置"界面

"Reorting Services 配置"如图 F1-15 所示。

接下来就是直接单击"下一步"按钮即可,等待安装完成,如图 F1-16 所示。

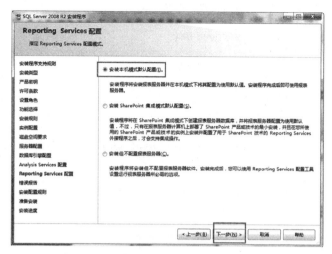

图 F1-15 "Reporting Services 配置"界面

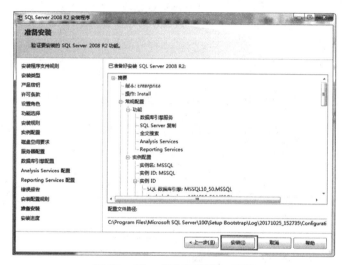

图 F1-16 "准备安装"界面

二、U8 安装

(一) 安装 IIS

单击"控制面板"→"程序"→"打开或关闭 Windows 功能",如图 F1-17 所示。

图 F1-17 "控制面板"界面

勾选"Internet 信息服务",然后单击"确定"按钮,如图 F1-18 所示。

图 F1-18 "Windows 功能"界面

(二) 安装 U8

如图 F1~19~图 1~21 所示。

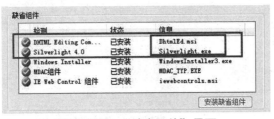

图 F1-19 "缺省组件"界面

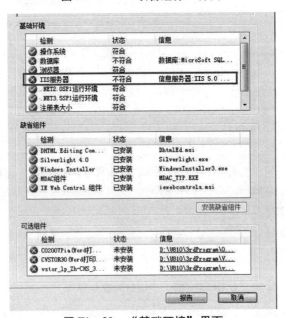

图 F1-20 "基础环境"界面

图 F1-21 "系统环境检查"界面

(三)安装结束之后重启

重启后,数据库:127.0.0.1,SA 口令:Admin123。

之后询问是否初始化数据库,单击"是"按钮,等待初始化数据库成功。

安装结束:删除一个系统用户账号 UF。

三、注意事项

如果出现如图 F1-22 所示界面,选择后单击"确定"按钮即可,如图 F1-23 所示。

图 F1-22 操作系统选择界面

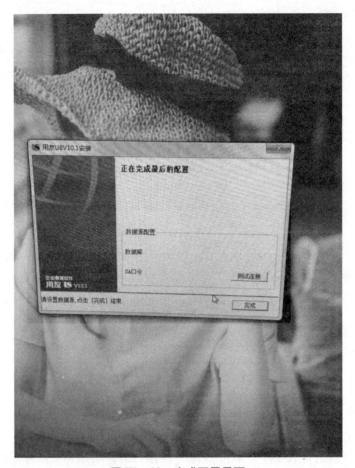

图 F1-23 完成配置界面

如果重启的时候没有链接数据库,可以在这里链接数据库,如图 F1-24 和图 F1-25 所示。

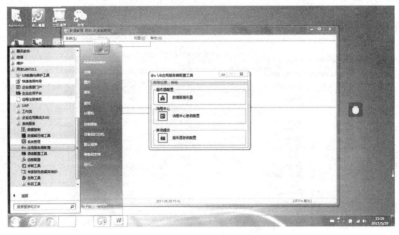

图 F1-24 链接数据库界面

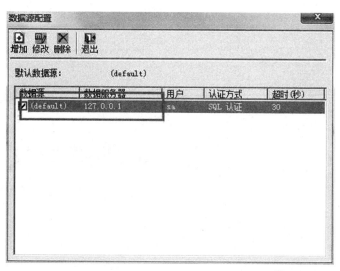

图 F1-25 "数据源配置"界面

之后初始化数据库,SA 密码:Admin123。
日期格式要修改。

附录二

综合模拟实训材料

实验目的与要求

（一）实验目的

会计信息系统是一门实践性很强的课程，必须通过实验才能让学生真正掌握课堂教学的基本原理与技术，培养懂得使用、维护、管理会计软件或 ERP 的会计人才。本实验的目的是帮助学生了解会计信息系统的基本结构和原理，并在此基础上学会如何实现和管理企事业单位会计电算化，为学生将来使用和维护会计软件、用计算机处理财务管理中的各种实际问题打下初步基础。

（二）实验要求

本实验采用案例教学法，即给出一个企业的背景资料，然后通过会计软件或 ERP 的实施，实现企业会计核算与管理的电算化。为此，要求：

（1）学生通过实验必须学会一个会计软件或 ERP 的财务会计系统的主要功能，包括总账、工资、固定资产、通用报表、应收款、应付款等子系统的功能与结构，以及相互之间的关系。

（2）学生必须学会建立自己的账套，按照背景资料独立完成一个模拟企业的会计核算与基本管理工作，过程应该包括初始设置、日常处理、期末处理、报表编制、账表输出、信息运用等环节。如果使用应收款、应付款、工资、固定资产等子系统，则这些系统必须为总账系统生成记账凭证。

实验一 系统管理和基础设置

实验目的

（1）掌握用友 ERP – U8 管理软件中系统管理和基础设置的相关内容。

（2）理解系统管理在整个系统中的作用及基础设置的重要性。

实验内容

（1）增加操作员。
（2）建立账套。
（3）进行财务分工。
（4）输入基础信息。
（5）备份账套数据。
（6）修改账套参数。

实验准备

（1）已正确安装用友 ERP – U8 管理软件。
（2）在控制面板"区域和语言设置"中设置系统日期格式为"yyyy – mm – dd"。

实验资料

1. 建立新账套 101
（1）账套信息。

账套号：学号最后三位（例如你的学号为 16602101，则你的账套号为"101"）；账套名称：南昌阳光信息技术股份有限公司；采用默认账套路径；启用会计期：2018 年 4 月；会计期间：默认。

（2）单位信息。

单位名称：南昌阳光信息技术有限公司；单位简称：阳光公司；单位地址：南昌市经开区双港大街 999 号；法人代表：杨川；邮政编码：330066；联系电话及传真：079181234567；税号：110108200711013。

（3）核算类型。

该企业的记账本位币：人民币（RMB）；企业类型：工业；行业性质：2007 新会计制度；账套主管：你本人名字。

（4）基础信息。

该企业有外币核算，进行经济业务处理时，需要对存货、客户、供应商进行分类。

（5）分类编码方案。

该企业的分类编码方案如下：

科目编码级次：4222；客户和供应商分类编码级次：223；收发类别编码级次：12；部门编码级次：122，结算方式编码级次：12；地区分类编码级次：223；存货分类编码：122，其余默认。

（6）数据精度。

该企业将存货数量、单价的小数位数都定为 2。

（7）系统启用。

启用总账系统，启用时间为 2018 – 04 – 01。

2. 财务分工（功能级权限设置，还有数据级、金额级）

（1）账套号 +01 本人名字。

权限：账套主管。所在部门：财务部。

具有系统所有模块的全部权限。

(2) 账套号+02 王晶（可自定义）。

权限：出纳。所在部门：财务部。具有"总账—凭证—出纳签字""总账—出纳"的操作权限。

(3) 账套号+03 马可（可自定义）。

权限：总账会计、应收会计、应付会计、固定资产管理、薪酬经理。所在部门：财务部。具有总账管理、薪资管理、固定资产管理、应收款管理、应付款管理的全部操作权限。

(4) 账套号+04 白雪（可自定义）。

权限：采购主管、仓库主管、存货核算员。所在部门：采购部。具有公共目录设置、应收款管理、应付款管理、总账管理、采购管理、销售管理、库存管理、存货核算的全部操作权限。

(5) 账套号+05 王丽（可自定义）。

权限：销售主管、仓库主管、存货核算员。所在部门：销售部。权限同白雪。

注意：以上权限设置只是为了实验中的学习，与企业实际分工可能有所不同，企业相关操作员比较多，分工比较细致。

3. 设置基础档案

南昌阳光信息技术有限公司分类档案资料如下。

(1) 部门档案。

部门编码	部门名称	部门属性	部门编码	部门名称	部门属性
1	管理中心	管理部门	202	采购部	采购管理
101	总经理办公室	综合管理	3	制造中心	生产部门
102	财务部	财务管理	301	一车间	生产制造
2	供销中心	供销管理	302	二车间	生产制造
201	销售部	市场营销			

(2) 人员类别。

本企业在职人员分为4类：1001—企业管理人员；1002—经营人员；1003—车间管理人员；1004—生产人员。

(3) 人员档案。

人员编码	人员姓名	性别	人员类别	行政部门	是否业务员	是否操作员	对应操作员编码
101	肖剑	男	企业管理人员	总经理办公室	是		
111	本人姓名	男	企业管理人员	财务部		是	账套号+01
112	王晶	女	企业管理人员	财务部		是	账套号+02
113	马可	女	企业管理人员	财务部		是	账套号+03
114	白雪	女	经营人员	采购部	是	是	账套号+04

续表

人员编码	人员姓名	性别	人员类别	行政部门	是否业务员	是否操作员	对应操作员编码
115	王丽	男	经营人员	销售部	是	是	账套号+05
202	孙健	女	经营人员	销售部	是		
212	李平	男	经营人员	采购部	是		

(4) 地区分类。

该公司地区分类为：01—东北地区；02—华北地区；03—华东地区；04—华南地区；05—西北地区；06—西南地区。

(5) 供应商分类。

该公司供应商分类为：01—原料供应商；02—成品供应商。

(6) 客户分类。

该公司客户分类为：01—批发；02—零售；03—代销；04—专柜。

(7) 客户档案。

客户编号	客户名称简称	所属分类码	所属地区	税号	开户银行（默认值）	银行账号	地址	邮编	扣率	分管部门	分管业务员
001	华宏公司	01	06	1200009884732788	工行上地分行	73853654	南昌市金牛区上地路1号	100077	5	销售部	王丽
002	昌新贸易公司	01	02	1200008456732310	工行华苑分行	69325581	天津市南开区华苑路1号	300310		销售部	王丽
003	精益公司	04	03	310106548765432	工行徐汇分行	36542234	上海市徐汇区天平路8号	200032		销售部	孙健
004	利氏公司	03	01	108369856003251	中行平房分行	43810548	哈尔滨平房区和平路16号	150008	10	销售部	孙健

(8) 供应商档案。

供应商编号	供应商名称	所属分类码	所属地区	税号	开户银行	银行账号	地址	邮编	分管部门	分管业务员
001	兴华公司	01	06	110567453698462	中行	48723367	南昌市朝阳区十里堡8号	610045	采购部	白雪

续表

供应商编号	供应商名称	所属分类码	所属地区	税号	开户银行	银行账号	地址	邮编	分管部门	分管业务员
002	建昌公司	01	06	110479865267583	中行	76473293	南昌市金牛区开拓路108号	610036	采购部	白雪
003	泛美商行	02	03	320888465372657	工行	55561278	南京市湖北路100号	230187	采购部	李平
004	艾德公司	02	03	310103695431012	工行	85115076	上海市浦东新区东方路1号甲	200232	采购部	李平

实验要求

（1）设置系统日期为2018-04-01，以系统管理员的身份进行增加操作员、建立账套、财务分工、备份账套操作。

（2）以账套主管身份进行系统启用、基础档案设置、账套数据修改操作。

实验二　总账管理系统

实验目的

（1）掌握用友ERP-U8管理软件中总账管理系统初始设置的相关内容。

（2）理解总账系统初始设置的含义。

（3）掌握总账管理系统初始设置的具体内容和操作方法。

实验内容

（1）总账管理系统参数设置。

（2）基础档案设置：会计科目、凭证类别、外币及汇率、结算方式、辅助核算档案等。

（3）期初余额录入。

实验准备

设置系统日期为2018-04-01，引入"实验一"账套数据：

（1）以系统管理员的身份注册进入系统管理，执行"账套"→"引入"命令，打开"请选择账套备份文件"对话框。

（2）选择"实验一"账套数据所在的磁盘驱动器，进入文件"UferpAct.Lst"所在位置，选择该文件，按提示完成账套引入操作。

实验资料

1. 总账控制参数

选项卡	参数设置
凭证	☑制单序时控制　☑支票控制　赤字控制：资金往来科目　赤字控制方式：提示 不可以使用应收款、应付款，可以使用存货受控科目

续表

选项卡	参数设置
凭证	取消选择"现金流量科目",必须录入现金流量项目 凭证编号方式采用系统编号
账簿	账簿打印位数按软件的标准设定,明细账打印按年排页
凭证打印	打印凭证页脚姓名
预算控制	超出预算允许保存
权限	出纳凭证必须经由出纳签字,允许修改、作废他人填制的凭证 可查询他人凭证,明细账查询权限控制到科目
会计日历	会计日历为1月1日—12月31日,数量小数位数和单价小数位数设置为2位
其他	外币核算采用固定汇率,部门、个人、项目按编码方式排序

2. 基础数据

(1) 外币及汇率。币符为 USD;币名为美元;固定汇率为1:8.275(此汇率只供演示账套使用)。

(2) 2018年4月份会计科目及期初余额表。

科目名称	辅助核算	方向	币别计量	累计借方发生额	累计贷方发生额	期初余额
库存现金 1001	日记	借		18 889.65	18 860.65	6 875.70
银行存款 1002	日记银行	借		469 251.88	370 000.35	511 057.16
工行存款 100201	日记银行	借		469 251.88	370 000.35	511 057.16
中行存款 100202	日记银行	借	美元			
应收账款 1122	客户往来	借		60 000.00	20 000.00	157 600.00
预付账款 1123	供应商往来	借				
其他应收款 1221		借		4 200.00	5 410.27	3 800.00
应收单位款 122101	客户往来	借				
应收个人款 122102	个人往来	借		4 200.00	5 410.27	3 800.00
坏账准备 1231		贷		3 000.00	6 000.00	10 000.00
材料采购 1401		借			80 000.00	-80 000.00
原材料 1403		借		293 180.00		1 004 000.00
生产用原材料 140301	数量核算	借	吨	293 180.00		1 004 000.00
材料成本差异 1404		借		2 410.27		1 642.00
库存商品 1405		借		140 142.54	90 000.00	2 554 000.00
委托加工物资 1408		借				
周转材料 1411		借				

续表

科目名称	辅助核算	方向	币别计量	累计借方发生额	累计贷方发生额	期初余额
固定资产 1601		借				260 860.00
累计折旧 1602		贷			39 511.89	47 120.91
在建工程 1604		借				
人工费 160401	项目核算	借				
材料费 160402	项目核算	借				
其他 160403	项目核算	借				
无形资产 1701		借			58 500.00	58 500.00
待处理财产损益 1901						
待处理流动资产损益 190101						
待处理固定资产损益 190102						
短期借款 20012		贷			200 000.00	200 000.00
应付账款 2202	供应商往来	贷		150 557.26	60 000.00	276 850.00
预收账款 2203	客户往来	贷				
应付职工薪酬 2211		贷			3 400.00	8 200.00
应缴税费 2221		贷		36 781.37	15 581.73	-16 800.00
应交增值税 222101		贷		36 781.37	15 581.73	-16 800.00
进项税额 22210101		贷		36 781.37		-33 800.00
销项税额 22210105		贷			15 581.73	17 000.00
应付利息 2231		贷				
借款利息 223101		贷				
其他应付款 2241		贷			2 100.00	2 100.00
实收资本 4001		贷				2 609 052.00
本年利润 4103		贷				1 478 000.00
利润分配 4104		贷		13 172.74	9 330.55	-119 022.31
未分配利润 410415		贷		13 172.74	9 330.55	-119 022.31
生产成本 5001	项目核算	借		8 711.37	10 122.38	17 165.74
直接材料 500101	项目核算	借		4 800.00	5 971.00	10 000.00
直接人工 500102	项目核算	借		861.00	900.74	4 000.74
制造费用 500103	项目核算	借		2 850.00	3 050.00	2 000.00
折旧费 500104	项目核算	借		200.37	200.64	1 165.00
其他 500105	项目核算	借				
制造费用 5101		借				
工资 510101		借				

续表

科目名称	辅助核算	方向	币别计量	累计借方发生额	累计贷方发生额	期初余额
折旧费 510102		借				
主营业务收入 6001		贷		350 000.00	350 000.00	
其他业务收入 6051		贷		250 000.00	250 000.00	
主营业务成本 6401		借		300 000.00	300 000.00	
其他业务成本 6402		借		180 096.55	180 096.55	
税金及附加 6403		借		8 561.28	8 561.28	
销售费用 6601		借		5 000.00	5 000.00	
管理费用 6602		借		23 221.33	23 221.33	
薪资 660201	部门核算	借		8 542.96	8 542.96	
福利费 660202	部门核算	借		1 196.01	1 196.01	
办公费 660203	部门核算	借		568.30	568.30	
差旅费 660204	部门核算	借		5 600.23	5 600.23	
招待费 660205	部门核算	借		4 621.56	4 621.56	
折旧费 660206	部门核算	借		2 636.27	2 636.27	
其他 660207	部门核算	借		56.00	56.00	
财务费用 6603		借		8 000.00	8 000.00	
利息支出 660301		借		8 000.00	8 000.00	

说明：1. 将"库存现金1001"科目指定为现金总账科目；将"银行存款1002"科目指定为银行总账科目；将"库存现金1001、工行存款100201、中行存款100202"科目指定为现金流量科目。
2. 部门核算期初数据均假设为总经理办公室。

（3）凭证类别。

凭证类别	限制类型	限制科目
收款凭证	借方必有	1001，100201，100202
付款凭证	贷方必有	1001，100201，100202
转账凭证	凭证必无	1001，100201，100202

（4）结算方式。

结算方式编码	结算方式名称	是否票据管理
1	现金结算	否
2	支票结算	否
201	现金支票	是

续表

结算方式编码	结算方式名称	是否票据管理
202	转账支票	是
3	其他	否

（5）项目目录。

项目大类：生产成本5001。

核算科目：生产成本及其下级所有明细科目。

项目分类：1—自行开发项目，2—委托开发项目。

项目名称：1-101 普通打印纸-A4，1-102 凭证套打纸-8X，所属分类码均为1。

（6）数据权限分配。

操作员白雪只具有应收账款、预付账款、应付账款、预收账款、其他应收款5个科目的明细账查询权限。具有所有部门的查询和录入权限。

3. 期初数据

（1）总账期初余额表：见"2018年4月份会计科目及期初余额表"。

（2）辅助账期初余额表：在"期初往来明细"窗口录入。

会计科目：1122 应收账款期初余额：借157 600元

日期	凭证号	客户	业务员	摘要	方向	期初余额	票号	票据日期
2018-02-25	转-118	华宏公司	孙健	销售商品	借	99 600.00	P111	2018-02-25
2018-03-10	转-15	昌新贸易公司	孙健	销售商品	借	58 000.00	Z111	2018-03-10

会计科目：122102 其他应收款——应收个人款期初余额：借3 800元

日期	凭证号	部门	个人	摘要	方向	期初余额
2018-03-26	付-118	总经理办公室	肖剑	出差借款	借	2 000.00
2018-03-27	付-156	销售部	孙健	出差借款	借	1 800.00

会计科目：2202 应付账款期初余额：贷276 850元

日期	凭证号	供应商	业务员	摘要	方向	期初余额	票号	票据日期
2018-01-20	转-45	兴华公司	李平	购买原材料	贷	276 850.00	C123	2018-01-20

会计科目：5001 生产成本期初余额：借17 165.74元

科目名称	普通打印纸-A4	凭证套打纸-8X	合计
直接材料500101	4 000.00	6 000.00	10 000.00
直接人工500102	1 500.00	2 500.74	4 000.74

续表

科目名称	普通打印纸-A4	凭证套打纸-8X	合计
制造费用500103	800.00	1 200.00	2 000.00
折旧费500104	500.00	665.00	1 165.00
合计	6 800.00	10 365.74	17 165.74

(3) 辅助账累计借方、累计贷方发生额：在"辅助期初余额"窗口直接录入。

会计科目：1122 应收账款

日期	凭证号	客户	业务员	摘要	方向	余额	票号	票据日期
2018-02-25	转-118	华宏公司	孙健	销售商品	借	60 000.00	P111	2018-02-25
2018-03-10	转-15	昌新贸易公司	孙健	销售商品	贷	20 000.00	Z111	2018-03-10

会计科目：122102 其他应收款——应收个人款

日期	凭证号	部门	个人	摘要	方向	余额
2018-03-26	付-118	总经理办公室	肖剑	出差借款	借	4 200.00
2018-03-27	付-156	销售部	孙健	出差借款	贷	5 410.27

会计科目：2202 应付账款

日期	凭证号	供应商	业务员	累计借方	累计贷方	票号	票据日期
2018-02-20	转-45	兴华公司	李平	150 557.26	60 000.00	C123	2018-02-20

会计科目：5001 生产成本 明细项目：普通打印纸-A4

科目名称	累计借方	累计贷方
直接材料500101	4 800.00	5 971.00
直接人工500102	861.00	900.74
制造费用500103	2 850.00	3 050.00
折旧费500104	200.370	200.64

实验要求

以账套主管的身份进行总账初始设置。

实验三　总账系统日常业务处理

实验目的

(1) 掌握用友 ERP-U8 管理软件中总账管理系统日常业务处理的相关内容。

(2) 熟悉总账管理系统日常业务处理的各种操作。
(3) 掌握凭证管理、出纳管理和账簿管理的具体内容和操作方法。

实验内容

(1) 凭证管理：填制凭证、审核凭证、凭证记账的操作方法。
(2) 出纳管理：出纳签字、现金、银行存款日记账和资金日报表的查询。
(3) 账簿管理：总账、科目余额表、明细账、辅助账的查询方法。

实验准备

引入实验二账套数据。

实验资料

1. 凭证管理

2018年4月份企业发生的经济业务如下：

(1) 4月2日，采购部王丽购买了200元的办公用品，以现金支付，附单据一张。

借：销售费用（6601）   200
　　贷：库存现金（1001）   200

(2) 4月3日，财务部王晶从工行提取现金10 000元，作为备用金，现金支票号XJ001。

借：库存现金（1001）   10 000
　　贷：银行存款/工行存款（100201）   10 000

(3) 4月5日，收到兴华集团投资资金10 000美元，汇率1：8.275，转账支票号ZZW001。

借：银行存款/中行存款（100202）   82 750
　　贷：实收资本（4001）   82 750

(4) 4月8日，采购部白雪采购原纸10吨，每吨5 000元，材料直接入库，货款以银行存款支付，转账支票号ZZR001。

借：原材料/生产用原材料（140301）   50 000
　　贷：银行存款/工行存款（100201）   50 000

(5) 4月12日，销售部王丽收到华宏公司转来的一张转账支票，金额99 600元，用于偿还前欠货款，转账支票号ZZR002。

借：银行存款/工行存款（100201）   99 600
　　贷：应收账款（1122）   99 600

(6) 4月14日，采购部白雪从兴华公司购入"管理革命"光盘100张，单价80元，货税款暂欠，商品已验收入库，适用税率13%。

借：库存商品（1405）   8 000
　　应交税费/应交增值税/进项税额（22210101）   1 040
　　贷：应付账款（2202）9 040

(7) 4月16日，总经理办公室支付业务招待费1 200元，转账支票号ZZR003。

借：管理费用/招待费（660205）   1 200

贷：银行存款/工行存款（100201）　　　　　　　　　　　　　　　　　1 200
（8）4月18日，总经理办公室肖剑出差归来，报销差旅费2 000元，交回现金200元。
　　借：管理费用/差旅费（660204）　　　　　　　　　　　　　　　　　　1 800
　　　　库存现金（1001）　　　　　　　　　　　　　　　　　　　　　　　200
　　贷：其他应收款（122102）　　　　　　　　　　　　　　　　　　　　2 000
填制成一张收款凭证、一张转账凭证。
（9）4月20日，一车间领用原纸5吨，单价5 000元，用于生产普通打印纸-A4。
　　借：生产成本/直接材料（500101）　　　　　　　　　　　　　　　　25 000
　　贷：原材料/生产用原材料（140301）　　　　　　　　　　　　　　　25 000
2. 出纳管理
4月25日，采购部李平借转账支票一张，票号155，预计金额5 000元。

实验要求

（1）以总账会计的身份进行填制凭证、凭证查询操作。
（2）以出纳的身份进行出纳签字，现金、银行存款日记账和资金日报表的查询，支票登记操作。
（3）以账套主管的身份进行审核、记账、账簿查询操作。

实验四　总账管理系统期末处理

实验目的

（1）掌握用友ERP-U8管理软件中总账管理系统月末处理的相关内容。
（2）熟悉总账管理系统月末处理业务的各种操作。
（3）掌握银行对账、自动转账设置与生成、对账和月末结账的操作方法。

实验内容

（1）银行对账。
（2）自动转账。
（3）对账。
（4）结账。

实验准备

设置系统日期为2018-04-30，引入"实验三"账套数据。

实验资料

1. 银行对账
（1）银行对账期初。
阳光公司银行账的启用日期为2018-04-01，工行人民币户企业日记账调整前余额为511 057.16元，银行对账单调整前余额为533 829.16元，未达账项一笔，是银行已收企业未收款22 772元（2018年3月31日，结算方式202，借方）。

（2）4月份银行对账单。

日期	结算方式	票号	借方金额	贷方金额
2018－04－03	201	XJ001		10 000
2018－04－06				60 000
2018－04－08	202	ZZR001		50 000
2018－04－12	202	ZZR002	99 600	

2. 自动转账定义及生成

（1）自定义结转。

按短期借款期末余额的0.2%计提短期借款利息。

借：财务费用/利息支出（660301）　　　　　　QM(2001,月)*0.002

　　贷：应付利息（223101）　　　　　　　　　　　　　　　JG( )

（2）期间损益结转。

见操作指导。

实验要求

（1）以王晶的身份进行银行对账操作。

（2）以马方的身份进行自动转账操作。

（3）以账套主管的身份进行审核、记账、对账、结账操作。

实验五　UFO 报表管理

实验目的

（1）理解报表编制的原理及流程。

（2）掌握报表格式定义、公式定义的操作方法；掌握报表单元公式的用法。

（3）掌握报表数据处理、表页管理及图表功能等操作。

（4）掌握如何利用报表模板生成一张报表。

实验内容

（1）自定义一张报表。

（2）利用报表模板生成报表。

实验准备

引入"实验四"账套数据。

实验资料

1. 货币资金表

（1）报表格式。

货币资金表

编制单位：　　　　年　　月　　日　　　　　　　　　　　　　　　　　　单位：元

项目	行次	期初数	期末数
库存现金	1		
银行存款	2		
合计	3		

制表人：

说明：

表头：标题"货币资金表"设置为黑体、14号，居中；编制名称、年、月、日设置为关键字。

表体：标题中的文字设置为楷体、12号，居中。

表尾："制表人："设置为宋体、10号，右对齐第4栏。

（2）报表公式

库存现金期初数：C4＝QC（"1001"，月），库存现金期末数：D4＝QM（"1001"，月）

银行存款期初数：C5＝QC（"1002"，月），银行存款期末数：D5＝QM（"1002"，月）

2. 资产负债表和利润表

利用报表模板生成资产负债表和利润表。

3. 现金流量表

利用报表模板生成现金流量表。

实验要求

设置系统日期为2018－04－30，以账套主管身份登录系统进行UFO报表管理工作。

实验六　薪资管理

实验目的

（1）掌握用友ERP－U8管理软件中薪资管理系统的相关内容。

（2）掌握薪资管理系统初始化、日常业务处理、工资分摊及月末处理的操作。

实验内容

（1）薪资管理系统初始设置。

（2）薪资管理系统日常业务处理。

（3）工资分摊及月末处理。

（4）薪资管理系统数据查询。

实验准备

设置系统日期为2018－04－01，引入"实验二"账套数据。

实验资料

1. 建立工资账套

工资类别个数：多个；核算计件工资；核算币种：人民币 RMB；要求代扣个人所得税；不进行扣零处理，人员编码长度 3 位；启用日期：2018 年 4 月。

2. 基础信息设置

（1）工资项目设置。

项目名称	类型	长度	小数位数	增减项
基本工资	数字	8	2	增项
奖励工资	数字	8	2	增项
交补	数字	8	2	增项
应发合计	数字	10	2	增项
请假天数	数字	8	2	其他
请假扣款	数字	8	2	减项
养老保险金	数字	8	2	减项
代扣税	数字	8	2	减项
扣款合计	数字	10	2	减项
实发合计	数字	10	2	增项

（2）人员档案设置。

工资类别 1：正式人员。部门选择：所有部门。工资项目：基本工资、奖励工资、交补、应发合计、请假扣款、养老保险金、扣款合计、实发合计、代扣税、请假天数。

计算公式：

请假扣款 = 请假天数 * 20

养老保险金 =（基本工资 + 奖励工资）* 0.05

交补 = IFF（人员类别 = "企业管理人员" OR 人员类别 = "车间管理人员"，100，50）

人员档案如下。

人员编号	人员姓名	部门名称	人员类别	账号	中方人员	是否计税	计件工资
101	肖剑	总经理办公室	企业管理人员	20060080001	是	是	否
111	自己	财务部	企业管理人员	20060080002	是	是	否
112	王晶	财务部	企业管理人员	20060080003	是	是	否
113	马可	财务部	企业管理人员	20060080004	是	是	否
114	白雪	采购部	经营人员	20060080005	是	是	否
212	李平	采购部	经营人员	20060080006	是	是	否
115	王丽	销售部	经营人员	20060080007	是	是	否
202	孙键	销售部	经营人员	20060080008	是	是	否
301	周月	一车间	车间管理人员	20060080009	是	是	否
302	孟强	一车间	生产人员	20060080010	是	是	否

注：以上所有人员的代发银行均为工商银行南昌分行中关村分理处。

工资类别 2：临时人员。部门选择：制造中心。工资项目：计件工资。

人员编号	人员姓名	部门名称	人员类别	账号	中方人员	是否计税	计件工资
311	罗江	一车间	生产人员	20060080031	是	是	是
312	刘青	二车间	生产人员	20060080032	是	是	是

（3）银行名称：工商银行南昌分行中关村分理处；账号定长为 11。

（4）计件工资标准：工时，有"装配工时"和"检验工时"两项；计件工资单价：装配工时 12.00 元、检验工时 8.00 元。

3. 工资数据

（1）人员工资情况。

正式人员 4 月初工资情况见下表。

姓名	基本工资	奖励工资	姓名	基本工资	奖励工资
肖剑	7000	500	李平	4000	200
自己	5000	300	王丽	6500	450
丁晶	4000	200	孙键	5000	300
马方	4500	200	周月	6500	450
白雪	5000	300	孟强	5500	350

临时人员工资情况：2018-04-30，罗江装配工时 180 个，刘青检验工时 200 个。

（2）4 月份工资变动情况。

考勤情况：王丽请假 2 天；白雪请假 1 天。

人员调动情况：因需要，决定招聘李力（编号 213）到采购部担任经营人员，以补充力量，其基本工资 2 000 元，无奖励工资，代发工资银行账号：20060080011。

发放奖金情况：因去年销售部推广产品业绩较好，每人增加奖励工资 200 元。

4. 代扣个人所得税

计税基数 5 000 元。

5. 工资分摊

应付工资总额等于工资项目"实发合计"，工会经费、职工教育经费、养老保险金也以此为计提基数。工资费用分配的转账分录见下表。

部门		应付职工薪酬		工会经费 2%、职工教育附加费 1.5%	
		借方科目	贷方科目	借方科目	贷方科目
总经理办公室、财务部	企业管理人员	660201	2211	660207	2241
采购部、销售部	经营人员	6601	2211		
一车间	车间管理人员	510101	2211		
	生产人员	510102	2211		

6. "临时人员"类别工资分摊

打开"临时人员"类别,进入"工资分摊"对话框,只将应付薪酬计入"生产成本——直接人工",不计提工会经费、职工教育附加费。

实验要求

以账套主管的身份进行工资业务处理。

实验七　固定资产管理

实验目的

(1) 掌握用友 ERP – U8 管理软件中固定资产管理系统的相关内容。
(2) 掌握固定资产管理系统初始化、日常业务处理、月末处理的操作。

实验准备

系统日期设置为 2018 – 04 – 01,引入"实验二"账套数据。

实验内容

(1) 固定资产管理系统参数设置、原始卡片录入。
(2) 日常业务:资产增减、资产变动、资产评估、生成凭证、账表查询。
(3) 月末处理:计提减值准备、计提折旧、对账和结账。

实验资料

1. 初始设置

(1) 控制参数。

约定与说明:我同意。

启用月份:2018.04。

折旧信息:本账套计提折旧;折旧方法:平均年限法;折旧汇总分配周期:1 个月,当(月初已计提月份 = 可使用月份 – 1)时,将剩余折旧全部提足。

编码方式:资产类别编码方式:2112;固定资产编码方式:按"类别编码 + 部门编码 + 序号"自动编码,卡片序号长度为 3。

财务接口:与账务系统进行对账;固定资产对账科目:固定资产(1601);累计折旧对账科目:累计折旧(1602)。

补充参数:业务发生后立即制单;月末结账前一定要完成制单登账业务;固定资产默认入账科目:1601;累计折旧默认入账科目:1602;减值准备默认入账科目:1603。

(2) 资产类别。

编码	类别名称	净残值率/%	计量单位	计提属性
01	交通运输设备	4		正常计提
011	经营用设备	4		正常计提

续表

编码	类别名称	净残值率/%	计量单位	计提属性
012	非经营用设备	4		正常计提
02	电子设备及其他通信设备	4		正常计提
021	经营用设备	4	台	正常计提
022	非经营用设备	4	台	正常计提

（3）部门及对应折旧科目部门。

管理中心、采购部——管理费用/折旧费；销售部——销售费用；制造中心——制造费用/折旧费。

（4）增减方式的对应入账科目。

增加方式——直接购入：工行存款（100201）

减少方式——毁损：固定资产清理（1606）

（5）原始卡片。

固定资产名称	类别编号	所在部门	增加方式	可使用年限	开始使用日期	原值	累计折旧	对应折旧科目名称
轿车	012	总经理办公室	直接购入	6	2018-02-01	215 470.00	37 254.75	管理费用/折旧费
笔记本电脑	022	总经理办公室	直接购入	5	2018-03-01	28 900.00	5 548.80	管理费用/折旧费
传真机	022	总经理办公室	直接购入	5	2018-02-01	3 510.00	1 825.20	管理费用/折旧费
微机	021	一车间	直接购入	5	2018-03-01	6 490.00	1 246.08	制造费用/折旧费
微机	021	一车间	直接购入	5	2018-03-01	6 490.00	1 246.08	制造费用/折旧费
合计						260 860.00	47 120.91	

注：净残值率均为4%，使用状况均为"在用"，折旧方法均采用平均年限法（一）。

2. 日常及期末业务

2018年4月份发生的业务如下：

（1）4月21日，财务部购买扫描仪一台，价值1 500元，净残值率4%，预计使用年限5年。

（2）4月23日，对轿车进行资产评估，评估结果为原值200 000元，累计折旧45 000元。

（3）4月30日，计提本月折旧费用。

（4）4月30日，一车间毁损微机一台。

（5）自己去总账系统手工补充一张结转固定资产处置净损益的凭证。

借：营业外支出　　　　　　　　　　　　　　　　　　　　　5 140.08
　　贷：固定资产清理　　　　　　　　　　　　　　　　　　　5 140.08

3. 下月业务

2018 年 5 月份发生的业务如下：

（1）5 月 16 日，总经理办公室的轿车添置新配件 10 000 元。

（2）5 月 27 日，总经理办公室的传真机转移到销售部。

（3）5 月 31 日，经核查，对 2018 年购入的笔记本电脑计提 1 000 元减值准备。

（4）5 月 31 日，对总经理办公室的资产进行盘点。盘点情况为：有一辆编号为 012101001 的轿车和一台笔记本电脑。

实验要求

以账套主管陈明的身份进行固定资产管理操作。

实验八　应收款管理

实验目的

（1）掌握用友 ERP – U8 管理软件中应收款管理系统的相关内容。

（2）掌握应收款管理系统初始化、日常业务处理及月末处理的操作。

（3）理解应收款管理在总账核算中与在应收款管理系统核算中的区别。

实验内容

（1）初始化：设置账套参数、初始设置。

（2）日常处理：形成应收款、收款结算及转账处理、坏账处理、制单、查询统计。

（3）期末处理：月末结账。

实验准备

系统日期设置为 2018 – 04 – 01，引入"实验二"账套数据。

实验资料

1. 初始设置

（1）控制参数：坏账处理方式为"应收余额百分比"；自动计算现金折扣。

（2）设置科目。

基本科目设置：应收科目 1122；预收科目 2203；销售收入科目 6001；应交增值税科目 22210105。

控制科目设置：所有客户的控制科目——应收科目 1122；预收科目 2203。

结算方式科目设置：现金支票——人民币 100201；转账支票——人民币 100201。

（3）坏账准备设置：提取比例为 0.5%；坏账准备期初余额 800 元；坏账准备科目 1231；对方科目 660207。

（4）账期内账龄区间及逾期账龄区间：01——1 ~ 30 天，总 30 天；02——31 ~ 60 天，总 60 天；03——61 ~ 90 天，总 90 天；04——91 天以上。

（5）计量单位组：编号——01，单位组名称——无换算关系；单位组类别——无换算率。

(6) 计量单位：01——盒，无换算关系；02——台，无换算关系；03——只，无换算关系；04——千米，无换算关系。

(7) 存货分类。

存货类别编码	存货类别名称	存货类别编码	存货类别名称
1	原材料	201	计算机
101	主机	3	配套用品
10101	处理器	301	配套材料
10102	硬盘	302	配套硬件
102	显示器	30201	打印机
103	键盘	30202	传真机
104	鼠标	303	配套软件
2	产成品	9	应税劳务

(8) 存货档案。

存货编码	存货名称	所属类别	计量单位	税率/%	存货属性	参考成本	参考售价
001	酷睿双核处理器	10101	盒	13	外购、生产耗用、销售	1 200	
002	500 GB 硬盘	10102	盒	13	外购、生产耗用、销售	800	1 000
003	23 英寸液晶屏	102	台	13	外购、生产耗用、销售	2 200	2 500
004	键盘	103	只	13	外购、生产耗用、销售	100	120
005	鼠标	104	只	13	外购、生产耗用、销售	50	60
006	计算机	201	台	13	自制、销售	5 000	6 500
007	HP 激光打印机	30201	台	13	自制、销售	2 000	2 300
008	运输费	9	千米	13	外购、销售、应税劳务		

(9) 期初余额。

会计科目：应收账款（1122），余额：借 157 600 元。

普通发票：

开票日期	客户	销售部门	科目	货物名称	数量	含税单价	金额
2018－02－25	华宏公司	销售部	1122	键盘	1 992	50	99 600

增值税发票：

开票日期	客户	销售部门	科目	货物名称	数量	无税单价	税率/%	金额
2018－03－10	昌新贸易公司	销售部	1122	23 英寸液晶屏	18	2 500	13	50 850

其他应收单：

单据日期	客户	销售部门	科目	摘要	金额
2018-03-10	昌新贸易公司	销售部	1122	代垫运费	5 350

（10）开户银行：编码——01；名称——工商银行南昌分行中关村分理处；账——831658796206。

2. 2018年4月份发生的经济业务

（1）4月2日，销售部售给华宏公司计算机10台，单价6 500元/台，开出普通发票，货已发出。（应收单据录入）

（2）4月4日，销售部售给精益公司23英寸液晶屏20台，单价2 500元/台，开出增值税发票。货已发出，同时代垫运费5 000元（应收单）。（应收单据录入两次）

（3）4月5日，收到华宏公司交来转账支票一张，金额65 000元，支票号ZZ001，用于归还前欠货款。（收款单据录入）

（4）4月7日，收到昌新贸易公司交来转账支票一张，金额100 000元，支票号ZZ002，用于归还前欠货款及代垫运费，剩余款转为预收账款。（收款单据录入）

（5）4月9日，华宏公司交来转账支票一张，金额10 000元，支票号ZZ003，作为预购酷睿双核处理器的定金。（收款单据录入）

（6）4月10日，将精益公司购买的23英寸液晶屏的应收款58 500元转给昌新贸易公司。

（7）4月11日，用华宏公司交来的10 000元定金冲抵其期初应收款项。

（8）4月17日，将本月4日为精益公司代垫运费5 000元作为坏账处理。

（9）4月30日，计提坏账准备。

实验要求

以账套主管身份进行应收款管理操作。

实验九　供应链管理系统初始设置

实验目的

（1）掌握用友ERP-U8管理软件中供应链管理系统初始设置的相关内容。

（2）理解供应链管理系统业务处理流程。

（3）掌握供应链管理系统基础信息设置、期初余额录入的操作方法。

实验内容

（1）启用供应链管理系统。

（2）供应链管理系统基础信息设置。

（3）供应链管理系统期初数据录入。

实验准备

引入"实验二"账套数据，启用采购管理、销售管理、库存管理、存货核算、应收款管理、应付款管理子系统，启用日期为 2018-04-01。

实验资料

1. 基础信息

（1）计量单位组：编号——01，单位组名称——无换算关系；单位组类别——无换算率。

（2）计量单位：01——盒，无换算关系；02——台，无换算关系；03——只，无换算关系；04——千米，无换算关系。

（3）存货分类。

存货类别编码	存货类别名称	存货类别编码	存货类别名称
1	原材料	201	计算机
101	主机	3	配套用品
10101	处理器	301	配套材料
10102	硬盘	302	配套硬件
102	显示器	30201	打印机
103	键盘	30202	传真机
104	鼠标	303	配套软件
2	产成品	9	应税劳务

（4）存货档案。

存货编码	存货名称	所属类别	计量单位	税率/%	存货属性	参考成本	参考售价
001	酷睿双核处理器	10101	盒	13	外购、生产耗用、销售	1 200	
002	500 GB 硬盘	10102	盒	13	外购、生产耗用、销售	800	1 000
003	23 英寸液晶屏	102	台	13	外购、生产耗用、销售	2 200	2 500
004	键盘	103	只	13	外购、生产耗用、销售	100	120
005	鼠标	104	只	13	外购、生产耗用、销售	50	60
006	计算机	201	台	13	自制、销售	5 000	6 500
007	HP 激光打印机	30201	台	13	自制、销售	2 000	2 300
008	运输费	9	千米	13	外购、销售、应税劳务		

（5）仓库档案。

仓库编码	仓库名称	计价方式
1	原料库	移动平均法

续表

仓库编码	仓库名称	计价方式
2	成品库	移动平均法
3	配套用品库	移动平均法

(6) 收发类别。

编码	名称	标志	编码	名称	标志
1	正常入库	收	3	正常出库	发
101	采购入库	收	301	销售出库	发
102	产成品入库	收	302	领料出库	发
103	调拨入库	收	303	调拨出库	发
2	非正常入库	收	4	非正常出库	发
201	盘盈入库	收	401	盘亏出库	发
202	其他入库	收	402	其他出库	发

(7) 采购类型。

编码：1；名称：普通采购；入库类别：采购入库；是默认值。

(8) 销售类型。

编码：1；名称：经销；出库类别：销售出库；是默认值。

编码：2；名称：代销；出库类别：销售出库；非默认值。

(9) 开户银行：编码——01；名称——工商银行南昌分行中关村分理处；账号——831658796200。

2. 设置基础科目

(1) 存货核算系统。

存货科目：按照存货分类设置存货科目。

存货科目设置：原料库——生产用原材料（140301）；成品库——库存商品（1405）；配套用品库——库存商品（1405）。

对方科目：根据收发类别设置对方科目。

对方科目设置：采购入库——材料采购（1401）；产成品入库——生产成本/直接材料（500101）；盘盈入库——待处理流动资产损溢（190101）；销售出库——主营业务成本（6401）；领料出库——生产成本/直接材料（500101）。

(2) 应收款管理系统。

应收款核销方式：按单据；坏账处理方式：应收余额百分比；其他参数为系统默认。

基本科目设置：应收科目1122，预收科目2203，销售收入科目6001，应交增值税科目22210105，其他可暂时不设置。

控制科目设置：所有客户的控制科目——应收科目1122；预收科目2205。

结算方式科目设置：现金结算对应科目1001，转账支票对应科目100201，现金支票对应科目 100201。

坏账准备设置：提取比例 0.5%，期初余额 10 000 元，科目 1231，对方科目 660207。

账期内账龄区间及逾期账龄区间：01——1~30 天，总 30 天；02——31~60 天，总 60 天；03——61~90 天，总 90 天；04——91~120 天，总 120 天；05——121 天以上。

报警级别设置：

序号	起止比率/%	总比率/%	级别名称
1	0 以上	10	A
2	10~30	30	B
3	30~50	50	C
4	50~100	100	D
5	100 以上		E

（3）应付款管理系统。

应付款核销方式：按单据，其他参数为系统默认。

科目设置：应付科目 2202，预付科目 1123，采购科目 1401，采购税金科目 22210101，其他可暂时不设置。

结算方式科目设置：现金结算对应科目 1001，转账支票对应科目 100201，现金支票对应科目 100201。

坏账准备设置：提取比例 0.5%，期初余额 10 000 元，科目 1231，对方科目 660207。

账期内账龄区间与报警设置同应收款管理系统。

3. 期初余额

（1）采购管理系统期初数据。

3 月 25 日，收到兴华公司提供的 500 GB 硬盘 100 盒，单价为 800 元，商品已验收入原料仓库，至今尚未收到发票。

（2）销售管理系统期初数据。

3 月 28 日，销售部向昌新贸易公司出售计算机 10 台，报价为 6 500 元，由成品仓库发货。该发货单尚未开票。

（3）库存和存货核算系统期初数据。

3 月 30 日，对各个仓库进行了盘点，结果见下表。

仓库名称	存货名称	数量	结存单价
原料库	酷睿双核处理器	700	1 200
	500 GB 硬盘	200	820
成品库	计算机	380	4 800
配套用品库	HP 激光打印机	400	1 800

(4) 应收款管理系统期初数据。

应收账款科目的期初余额为 157 600 元，以应收单形式录入。

日期	客户	方向	金额	业务员
2018－02－25	华宏公司	借	99 600	王丽
2018－03－10	昌新贸易公司	借	50 850	王丽

(5) 应付款管理系统期初数据。

应付账款科目的期初余额中涉及兴华公司的余额为 276 850 元，以应付单形式录入。

日期	供应商	方向	金额	业务员
2018－01－20	兴华公司	贷	276 850	李平

实验要求

系统日期设置为 2018－04－01，以账套主管身份进行供应链系统初始设置。

操作指导

(1) 以账套主管身份注册登录企业应用平台。

以账套主管的身份注册登录企业应用平台，启用采购管理、销售管理、库存管理、存货核算、应收款管理、应付款管理子系统，启用日期为 2018－04－01。

(2) 基础信息设置。

基础设置→基础档案，根据实验资料设置相关内容。

(3) 存货核算系统基础科目设置。

业务工作→供应链→存货核算→初始设置→科目设置→存货科目（对方科目），进入"存货科目（对方科目）设置"窗口，按实验资料进行。

(4) 应收款管理系统相关设置及期初数据录入：参考实验八的操作步骤。

(5) 应付款管理系统相关设置及期初数据录入：类似步骤（4）。

(6) 采购管理系统期初数据录入。

有两类：货到票未到，暂估入库，用期初采购单录入；票到货未到，在途业务，期初采购发票录入。采购管理系统→采购入库→采购入库单→增加，录入资料内容→退出，返回上级窗口→设置→采购期初记账→记账→确定。

(7) 销售系统期初数据录入。

销售管理系统→设置→期初录入→期初发货单，进入"期初发货单"窗口→增加，录入资料内容→保存→审核。

(8) 存货期初数据录入。

存货管理系统→初始设置→期初数据→期初余额，进入"期初余额"窗口→选仓库→增加→输入资料内容→记账。

(9) 库存期初数据录入。

库存管理系统→初始设置→期初结存,进入"期初结存"窗口→选仓库→修改→取数→保存→确定。各仓库期初数据录入完成后,对账→确定。

实验十 采购管理

实验目的

(1) 掌握用友 ERP-U8 管理软件中采购管理系统的相关内容。
(2) 掌握企业日常采购业务处理方法。
(3) 理解采购管理系统各项参数设置的意义,理解采购管理系统与其他系统之间的数据传递关系。

实验内容

(1) 普通采购业务处理。
(2) 请购比价业务。
(3) 采购退货业务。
(4) 现结业务。
(5) 采购运费处理。
(6) 估价处理。
(7) 期末结账及取消。

实验准备

(1) 设置系统日期为 2018-04-01,引入"实验九"账套数据。
(2) 以账套主管身份进入企业应用平台,设置采购专用发票、采购普通发票和采购运费发票的发票号为"完全手工编号":基础设置→单据设置→单据编号设置,打开"单据编号设置"对话框→单据类型:采购管理→采购专用发票→修改→完全手工编号→保存。同理,设置采购普通发票和采购运费发票。

实验资料

2018 年 4 月份采购业务如下。

1. 普通采购业务

(1) 4 月 1 日,业务员白雪向建昌公司询问键盘的价格(95 元/只),评估后确认价格合理,随即向公司上级主管提出请购要求,请购数量为 300 只。业务员据此填制请购单。
(2) 4 月 2 日,上级主管同意向建昌公司订购键盘 300 只,单价为 95 元,要求到货日期为 4 月 3 日。
(3) 4 月 3 日,收到所订购的键盘 300 只。填制到货单。
(4) 4 月 3 日,将所收到的货物验收入原料库。填制采购入库单。
(5) 当天收到该笔货物的专用发票一张,发票号 8001。
(6) 业务部门将采购发票交给财务部门,财务部门确定此业务所涉及的应付账款及采购成本,材料会计记材料明细账。

(7) 财务部门开出转账支票一张，支票号 C1，付清采购货款。

2. 采购现结业务

4 月 5 日，向建昌公司购买鼠标 300 只，单价为 50 元/只，验收入原料仓库。同时收到专用发票一张，票号为 85011，立即以转账支票（支票号 Z011）形式支付货款。记材料明细账，确定采购成本，进行付款处理。

3. 采购运费处理

4 月 6 日，向建昌公司购买 500 GB 硬盘 200 盒，单价为 800 元/盒，验收入原料库。同时收到专用发票一张，票号为 85012。另外，在采购的过程中，发生了一笔运输费 200 元，税率为 7%，收到相应的运费发票一张，票号为 5678。确定采购成本及应付账款，记材料明细账。

4. 请购比价业务

（1）4 月 8 日，业务员白雪欲购买 100 只鼠标，提出请购要求，经同意填制并审核请购单。根据以往的资料得知，提供鼠标的供应商有两家，分别为兴华公司和建昌公司，他们的报价分别为 35 元/只、40 元/只。通过比价，决定向兴华公司订购，要求到货日期为 4 月 9 日。

（2）4 月 9 日，未收到上述所订货物，向供应商发出催货函。

5. 暂估入库报销处理

4 月 9 日，收到兴华公司提供的上月已验收入库的 80 盒 500 GB 硬盘的专用发票一张，票号为 48210，发票单价为 820 元。进行暂估报销处理，确定采购成本及应付账款。

6. 暂估入库处理

4 月 9 日，收到艾德公司提供的 HP 激光打印机 100 台，配套用品库。由于到了月底发票仍未收到，故确定该批货物的暂估成本为 1 500 元，并进行暂估记账处理。

7. 采购结算前退货

（1）4 月 10 日，收到建昌公司提供的 23 英寸液晶屏，数量 202 套，单价为 1 150 元。验收入原料库。

（2）4 月 11 日，仓库反映有 2 台显示器有质量问题，要求退回给供应商。

（3）4 月 11 日，收到建昌公司开具的专用发票一张，其发票号为 AS4408。进行采购结算。

8. 采购结算后退货

4 月 13 日，从建昌公司购入的键盘质量有问题，退回 2 只，单价为 95 元，同时收到票号为 665218 的红字专用发票一张。对采购入库单和红字专用采购发票进行结算处理。

实验要求

对每一笔采购业务都应严格按照该类型业务操作流程进行操作，基本顺序如下：

（1）以白雪的身份、业务日期进入采购管理系统，对该笔采购业务的采购发票进行录入。

（2）以白雪的身份、业务日期进入库存管理系统，对该笔采购业务的入库单进行录入并审核。

（3）以白雪的身份、业务日期进入存货核算系统，对该笔采购业务所生成的入库单进行记账；对上月收到的货物当月进行采购结算的入库单进行暂估处理；生成入库凭证。

（4）以白雪的身份、业务日期进入存货核算系统，进行发票制单、录入付款单并制单。

注意：要不断更改系统日期，应付款管理系统用系统主管的身份。

操作指导

1. 采购业务1：普通采购业务

在采购管理系统中填制并审核请购单：采购管理→请购→请购单，进入"采购请购单"窗口→增加→输入资料数据→保存→审核→退出。

在采购管理系统中填制并审核采购订单：采购管理→采购订货→采购订单，进入"采购订单"窗口→增加→生单→请购单，打开"过滤条件选择"对话框→过滤，出现"拷贝并执行"窗口→选择要拷贝的请购单→确定→修改采购日期→保存→审核→退出。（注意：在填制采购订单时，在表体中右击，可查询存货现存量等信息；若存货档案中设置了最高进价，则高于最高进价会报警；订单审核后，可在采购订单执行统计表中查询。）

在采购管理系统中填制到货单：采购管理→采购到货→到货单，进入"到货单"窗口→增加→生单→采购订单，打开"过滤条件选择"对话框→过滤，出现"拷贝并执行"窗口→选择要拷贝的采购订单→确定→修改日期→保存→审核→退出。

在库存管理系统中填制并审核采购入库单：库存管理→入库业务→采购入库单，进入"采购入库单"窗口→生单（增加则为手工录入）→采购到货单，打开"过滤条件选择"对话框→过滤，出现"到货单生单列表"窗口→选择要拷贝的采购到货单→确定→修改日期、选仓库→保存→审核→退出。（注意：只有采购管理、库存管理联用时，方可用"生单"；生单时，参照的是采购管理系统中已审核未关闭的采购订单或到货单。）

在采购管理系统中填制并审核采购发票：采购管理→采购发票→专用采购发票，进入"专用发票"窗口→增加→生单→入库单，打开"过滤条件选择"对话框→过滤，出现"拷贝并执行"窗口→选择要拷贝的入库单→确定→修改日期、输入发票号→保存→退出。

在采购管理系统中执行采购结算：采购管理→采购结算→自动结算，打开"采购自动结算"对话框→结算模式：入库单和发票→过滤→结算成功→确定→退出。（若需取消结算，选结算单列表，选中要取消结算的单据，删除。）

在应付款管理系统中审核采购专用发票并生成应付凭证：财务会计→应付款管理→应付单据处理→应付单据审核，打开"应付单过滤条件"对话框→过滤，进入"单据处理"窗口→选择要审核的采购专用发票→审核→确定→退出→制单处理，打开"制单处理"对话框→发票制单→确定，进入"制单"窗口→全选，转账凭证→制单，进入填制凭证窗口→保存→退出。

在存货核算管理系统中记账并生成入库凭证：存货核算→业务核算→正常单据记账，打开"过滤条件选择"对话框→过滤，进入"未记账单据一览表"窗口→选择要记账的采购专用发票→记账→确定→退出→财务核算→生成凭证，打开"生成凭证"窗口→选择，弹出"查询条件"→选择"采购入库单（报销记账）"→确定→全选→确定，进入"生成凭证"窗口→转账凭证→生成，进入填制凭证窗口→保存→退出。

在应付款管理系统中付款处理并生成付款凭证：财务会计→应付款管理→付款单据处理→付款单据录入，进入"付款单录入"窗口→增加→建昌公司，转账支票，33345，C2→保存→审核，是否立即制单？→是，进入填制凭证窗口→付款凭证，保存→退出。

相关查询：在采购管理系统中查询到货明细、入库明细、采购明细，在库存管理系统中查询库存台账，在存货核算管理系统中查询收发存汇总表。

2. 采购业务2：采购现结业务

在库存管理系统中直接填制并审核采购入库单：库存管理→入库业务→采购入库单，进入"采购入库单"窗口→增加→录入资料内容→保存→审核→退出。

在采购管理系统中录入采购专用发票进行现结处理和采购结算：采购管理→采购发票→专用采购发票，进入"专用发票"窗口→增加→生单→入库单，打开"过滤条件选择"对话框→过滤，出现"拷贝并执行"窗口→选择要拷贝的入库单→确定→输入发票号→保存→现付，打开"采购现付"对话框→输入资料内容→确定→结算→退出。

在应付款管理系统中审核采购专用发票并进行现结制单：财务会计→应付款管理→应付单据处理→应付单据审核，打开"应付单过滤条件"对话框，包含已现结的发票→确定，进入"单据处理"窗口→选择要审核的采购专用发票→审核→确定→退出→制单处理，打开"制单处理"对话框→现结制单→确定，进入"制单"窗口→全选，付款凭证→制单，进入填制凭证窗口→保存→退出。

在存货核算管理系统中记账并生成入库凭证：存货核算→业务核算→正常单据记账，打开"过滤条件选择"对话框→过滤，进入"未记账单据一览表"窗口→选择要记账的采购专用发票→记账→确定→退出→财务核算→生成凭证，打开"生成凭证"窗口→选择，弹出"查询条件"→选择"采购入库单（报销记账）"→确定→全选→确定，进入"生成凭证"窗口→转账凭证→生成，进入填制凭证窗口→保存→退出。

3. 采购业务3：采购运费处理

在库存管理系统中填制并审核采购入库单：参考业务2相应步骤。

在采购管理系统中参照采购入库单填制采购专用发票：参考业务2相应步骤。

在采购管理系统中填制运费发票并进行采购手工结算：采购管理→采购发票→运费发票，进入"采购运费发票"窗口→增加→输入资料内容→保存→退出→采购结算→手工结算，进入"手工结算"窗口→选单，进入"结算选单"窗口→过滤，打开"过滤条件选择"对话框→过滤→选择要结算的单据→确定，返回手工结算窗口→按数量→分摊→结算→结算成功→确定→退出。

在应付款管理系统中审核发票并合并制单：财务会计→应付款管理→应付单据处理→应付单据审核，打开"应付单过滤条件"对话框→过滤，进入"单据处理"窗口→选择要审核的采购专用发票、运费发票→审核→确定→退出→制单处理，打开"制单处理"对话框→发票制单→确定，进入"制单"窗口→全选，转账凭证→合并→制单，进入填制凭证窗口→保存→退出。

在存货核算管理系统中记账并生成入库凭证：参考业务1相应步骤。

4. 采购业务4：比价请购处理

在采购管理系统中定义供应商存货对账表：采购管理→供应商管理→供应商供货信息→供应商存货对照表，进入"供应商存货对照表"窗口→增加，进入"增加"窗口→输入资料内容→保存→退出→退出→供应商存货调价单，进入"供应商存货调价单"窗口→增加→输入资料内容→保存→审核→退出。

在采购管理系统中填制并审核请购单：参考业务1相应步骤，但不填写单价、供应商。

在采购管理系统中请购比价生成采购订单：采购管理→采购订货→采购比价生单，打开"过滤条件选择"对话框→过滤，进入"采购比价生单列表"窗口→选择要比价的请购单→比价，自动填入供应商名称→生单→确定→采购订单→指向刚才所做订单→审核→退出。

在采购管理系统中进行供应商催货及查询：采购管理→供应商管理→供应商催货函，进入"过滤条件"窗口→输入要求的到货日期→过滤，进入"供应商催货函"窗口→保存→退出。

5. 采购业务5：上月暂估业务，本月发票已到

发票数量、单价与入库时数量、单价不一定相同。

在采购管理系统中填制采购发票：采购管理→采购发票→专用采购发票，进入"专用发票"窗口→增加→生单→入库单，打开"过滤条件选择"对话框→过滤，出现"拷贝并执行"窗口→选择要拷贝的入库单→确定→输入发票号、数量、单价→保存→退出。

在采购管理系统中手工结算：采购管理→采购结算→手工结算，进入"手工结算"窗口→选单，进入"结算选单"窗口→过滤，打开"过滤条件选择"对话框→过滤→选择要结算的单据→确定，返回手工结算窗口→修改结算数量为80→结算→结算成功→确定→退出。

在存货核算管理系统中执行结算成本处理并生成凭证：存货核算→业务核算→结算成本处理，打开"暂估处理查询"对话框→确定，进入"结算成本处理"窗口→选择要结算成本的单据→暂估→确定→退出→财务核算→生成凭证，打开"生成凭证"窗口→选择，弹出"查询条件"→选择"红字回冲单、蓝字回冲单（报销）"→确定→全选→确定，进入"生成凭证"窗口→转账凭证，材料采购→生成，进入填制凭证窗口→保存→退出。

在应付款管理系统中审核发票并制单：参考业务1相应步骤。

在采购管理系统中查询暂估入库余额表：采购管理→报表→采购账簿→采购结算余额表，打开"过滤条件选择"对话框→过滤，进入"采购结算余额表"窗口→查看相关数据→退出。

6. 采购业务6：暂估入库处理

在库存管理系统中填制并审核采购入库单：参考业务2相应步骤，不填写单价。

（月末发票未到）在存货管理系统中录入暂估入库成本并记账生成凭证：存货核算→业务核算→暂估成本录入，打开"采购入库单成本成批录入查询"对话框→确定，进入"暂估成本录入"窗口→录入单价→保存→退出→业务核算→正常单据记账，打开"过滤条件选择"对话框→过滤，进入"未记账单据一览表"窗口→选择要记账的采购专用发票→记账→确定→退出→财务核算→生成凭证，打开"生成凭证"窗口→选择，弹出"查询条件"→选择"采购入库单（暂估记账）"→确定→全选→确定，进入"生成凭证"窗口→转账凭证，材料采购→生成，进入填制凭证窗口→保存→退出。

7. 采购业务7：结算前部分退货处理

在库存管理系统中填制并审核采购入库单：参考业务1相应步骤。

在库存管理系统中填制红字采购入库单：参考业务1相应步骤，入库单为红字。

在采购管理系统中根据采购入库单生成采购专用发票：参考前面所讲。

在采购管理系统中处理采购手工结算：参考前面所讲。

8. 采购业务8：结算后部分退货处理

在库存管理系统中填制红字采购入库单并审核：参考业务1相应步骤，入库单为红字。

在采购管理系统中填制红字采购专用发票并执行采购结算：采购管理→采购发票→红字

专用采购发票,进入"专用发票"窗口→增加→生单→入库单,打开"过滤条件选择"对话框→过滤,出现"拷贝并执行"窗口→选择要拷贝的红字入库单→确定→输入发票号→保存→结算→确定→退出。

9. 数据备份

在采购管理月末结账之前,进行账套数据备份。

10. 月末结账

结账处理:采购管理系统→月末结账,打开"月末结账"对话框→选择结账月→结账→确定→退出。

取消结账:采购管理系统→月末结账,打开"月末结账"对话框→选择取消结账月→取消结账→确定→退出。(若应付款、库存、存货管理系统已结账,则采购管理系统不能取消结账。)

采购日常业务处理生成凭证一览

业务号	业务日期	摘要	会计科目	借方金额	贷方金额	来源
1	4-03	采购入库单	原材料/生产用原材料 材料采购	28 500	28 500	存货核算
	4-03	采购专用发票	材料采购 应交税费/应交增值税/进项税 应付账款	28 500 4 845	33 345	应付款管理
	4-03	付款单	应付账款 银行存款/工行存款	33 345	33 345	应付款管理
2	4-05	采购入库单	原材料/生产用原材料 材料采购	15 000	15 000	存货核算
	4-05	采购现付	材料采购 应交税费/应交增值税/进项税 银行存款/工行存款	15 000 2 550	17 550	应付款管理
3	4-06	采购入库单	原材料/其他原材料 材料采购	160 186	160 186	存货核算
	4-06	运费发票	材料采购 应交税费/应交增值税/进项税 应付账款	160 186 27 214	187 400	应付款管理
4	4-08	不要求生成凭证				
5	4-09	红字回冲单	原材料/生产用原材料 材料采购	-80 000	-80 000	存货核算
	4-09	蓝字回冲单	原材料/生产用原材料 材料采购	65 600	65 600	存货核算
	4-09	采购专用发票	材料采购 应交税费/应交增值税/进项税 应付账款	65 600 11 152	76 752	应付款管理

续表

业务号	业务日期	摘要	会计科目	借方金额	贷方金额	来源
6	4-09	采购入库单	库存商品 材料采购	150 000	150 000	存货核算
7	4-11	不要求生成凭证				
8	4-13	不要求生成凭证				

实验十一　销售管理

实验目的

(1) 掌握用友 ERP-U8 管理软件中销售管理系统的相关内容。
(2) 掌握企业日常销售业务处理方法。
(3) 理解销售管理系统与其他系统之间的数据传递关系。

实验内容

(1) 普通销售业务处理。
(2) 商业折扣处理。
(3) 委托代销业务。
(4) 分期收款销售业务。
(5) 直运销售业务。
(6) 现收业务。
(7) 销售调拨业务。
(8) 代垫费用处理。
(9) 销售退货处理。
(10) 销售账表查询。

实验准备

系统日期设置为 2018-04-01，引入"实验九"账套数据。设置销售管理系统报价不含税，新增发票参照发货单。

实验资料

2018 年 4 月份销售日常业务如下。

1. 普通销售业务

(1) 4 月 14 日，昌新贸易公司欲购买 10 台计算机，向销售部了解价格。销售部报价为 6 500 元/台。填制并审核报价单。

(2) 该客户了解情况后，要求订购 10 台，要求发货日期为 4 月 16 日。填制并审核销售订单。

(3) 4 月 16 日，销售部从成品仓库向昌新贸易公司发出其所订货物，并据此开具专用销售发票一张。

（4）业务部门将销售发票交给财务部门，财务部门结转此业务的收入及成本。

（5）4月17日，财务部收到昌新贸易公司转账支票一张，金额76 050元，支票号1155。据此填制收款单并制单。

2. 商业折扣的处理

（1）4月17日，销售部向昌新贸易公司出售HP激光打印机5台，报价为2 300元/台，成交价为报价的90%，货物从配套用品库发出。

（2）4月17日，根据上述发货单开具专用发票一张。

3. 现结业务

（1）4月17日，销售部向昌新贸易公司出售计算机10台，无税报价为6 400元/台，货物从成品库发出。

（2）4月17日，根据上述发货单开具专用发票一张；同时收到客户以转账支票所支付的全部货款，支票号ZZ001188。

（3）进行现结制单处理。

4. 代垫费用处理

4月19日，销售部在向昌新贸易公司销售商品过程中，发生了一笔代垫的安装费500元。客户尚未支付该笔款项。

5. 汇总开票业务

（1）4月17日，销售部向昌新贸易公司出售计算机10台，报价为6 400元/台，货物从成品仓库发出。

（2）4月17日，销售部向昌新贸易公司出售HP激光打印机5台，报价为2 300元/台，货物从配套用品库发出。

（3）4月17日，根据上述两张发货单开具专用发票一张。

6. 分次开票业务

（1）4月18日，销售部向华宏公司出售HP激光打印机20台，报价为2 300元/台，货物从配套用品库发出。

（2）4月19日，应客户要求，对上述所发出的商品开具两张专用销售发票，第一张发票中所列示的数量为15台，第二张发票中所列示的数量为5台。

7. 开票直接发货

4月19日，销售部向昌新贸易公司出售HP激光打印机10台，价为2 300元/台，物品从配套用品库发出，并据此开具专用销售发票一张。

8. 一次销售分次出库

（1）4月20日，销售部向精益公司出售酷睿双核处理器200盒，由原料库发货，报价为1 500元/盒，同时开具专用发票一张。

（2）4月20日，客户根据发货单从原料仓库领出酷睿双核处理器150盒。

（3）4月21日，客户根据发货单再从原料仓库领出酷睿双核处理器50盒。

9. 超发货单出库

（1）4月20日，销售部向精益公司出售酷睿双核处理器20盒，由原料库发货，报价为1 500元/盒。开具发票时，客户要求再多买2盒，根据客户要求开具了22盒酷睿双核处理器的专用发票一张。

（2）4月20日，客户从原料仓库领出酷睿双核处理器22盒。

10. 分期收款发出商品

（1）4月20日，销售部向精益公司出售计算机200台。由成品仓库发货，报价为6 500元/台。由于金额较大，客户要求以分期付款形式购买该商品。经协商，客户分4次付款，并据此开具相应销售发票。第一次开具的专用发票数量为50台，单价6 500元/台。

（2）业务部门将该业务所涉及的出库单及销售发票交给财务部门，财务部据此结转收入及成本。

11. 委托代销业务

（1）4月20日，销售部委托利氏公司代为销售计算机50台，售价为6 500元/台，货物从成品仓库发出。

（2）4月25日，收到利氏公司的委托代销清单一张，结算计算机30台，售价为6 500元/台。立即开具销售专用发票给利氏公司。

（3）业务部门将该业务所涉及的出库单及销售发票交给财务部门，财务部门据此结转收入及成本。

12. 开票前退货业务

（1）4月25日，销售部出售给昌新贸易公司计算机10台，单价为6 500元/台，成品库发出。

（2）4月26日，销售部出售给昌新贸易公司的计算机因质量问题，退回1台，单价6 500元/台，收回成品库。

（3）4月26日，开具相应的专用发票一张，数量为9台。

13. 委托代销退货业务

4月27日，委托利氏公司销售的计算机退回2台，入成品仓库。由于已经结算，故开具红字专用发票一张。

14. 直运业务

（1）4月25日，销售部接到业务信息，精益公司欲购买服务器1台。经协商以单价100 000元/台成交，增值税率为17%。随后，销售部填制相应销售订单。

（2）4月26日，销售部经联系以90 000元的价格向艾德公司发出采购订单，并要求对方直接将货物送到精益公司。

（3）4月27日，货物送至精益公司，艾德公司凭送货签收单根据订单开具了一张专用发票给销售部。

（4）4月28日，销售部根据销售订单开具专用发票一张。

（5）销售部将此业务的采购、销售发票交给财务部，财务部结转此业务的收入及成本。

实验要求

对每一笔销售业务，都应严格按照该类型业务操作流程进行操作，基本顺序如下：

（1）以王丽的身份、业务日期进入销售管理系统，对该笔销售业务进行处理。

（2）以王丽的身份、业务日期进入库存管理系统，对该笔销售业务所生成的出库单进行审核。

（3）以王丽的身份、业务日期进入存货核算系统，对该笔销售业务所生成的出库单记账，并生成凭证。

（4）以王丽的身份、业务日期进入应收款管理系统，对该笔销售业务所生成的发票制单，对有结算要求的业务结算，并生成凭证。

注意：要不断更改系统日期，应付系统用系统主管的身份。

操作指导

1. 销售业务1：普通销售业务

在销售管理系统中填制并审核报价单：销售管理→销售报价→销售报价单，进入"销售报价单"窗口→增加→录入资料内容→保存→审核→退出。

在销售管理系统中填制并审核销售订单：销售管理→销售订货→销售订单，进入"销售订单"窗口→增加→生单→报价，打开"过滤条件选择"对话框→过滤，出现"参照生单"窗口→选择要参照的单据→确定→输入预发货日期→保存→审核→退出。

在销售管理系统中填制并审核销售发货单：销售管理→销售发货→发货单，进入"发货单"窗口→增加，打开"过滤条件选择"对话框→过滤，出现"参照生单"窗口→选择要参照的单据→确定→保存→审核→退出。

在销售管理系统中根据发货单填制并复核销售发票：销售管理→销售开票→销售专用发票，进入"销售专用发票"窗口→增加→生单→参照发货单，打开"过滤条件选择"对话框→过滤，出现"参照生单"窗口→选择要参照的单据→确定→保存→复核→退出。

在应收款管理系统中审核销售专用发票并生成销售收入凭证：财务会计→应收款管理→应收单据处理→应收单据审核，打开"应收单过滤条件"对话框→确定，进入"单据处理"窗口→选择要审核的销售专用发票→审核→确定→退出→制单处理，打开"制单查询"对话框→发票制单→确定，进入"制单"窗口→全选，转账凭证→制单，进入填制凭证窗口→保存→退出。

在库存管理系统中审核销售出库单：库存管理→出库业务→销售出库单，进入"销售出库单"窗口→找到要审核的销售出库单→审核→退出。

在存货核算管理系统中对销售出库单记账并生成凭证：存货核算→业务核算→正常单据记账，打开"过滤条件选择"对话框→过滤，进入"未记账单据一览表"窗口→选择要记账的单据→记账→确定→退出→财务核算→生成凭证，打开"生成凭证"窗口→选择，弹出"查询条件"→选择"销售专用发票"→确定→全选→确定，进入"生成凭证"窗口→转账凭证→生成，进入填制凭证窗口→保存→退出。

在应收款管理系统中输入收款单并制单：财务会计→应收款管理→收款单据处理→收款单据录入，进入"收款单录入"窗口→录入资料信息→审核→制单否→是，进入填制凭证窗口→保存→退出。

2. 销售业务2：销售折扣处理

在销售管理系统中填制并审核发货单：销售管理→销售发货→发货单，进入"发货单"窗口→增加，打开"过滤条件选择"对话框→取消，返回"发货单生单"窗口→输入资料内容→保存→审核→退出。

在销售管理系统中根据发货单填制并复核销售发票：参考业务1相应步骤。

· 316 ·

3. 销售业务 3：现结销售处理

在销售管理系统中填制并审核发货单：参考业务 2 相应步骤。

在销售管理系统中根据发货单生成销售专用发票并执行现结：销售管理→销售开票→销售专用发票，进入"销售专用发票"窗口→增加→生单→参照发货单，打开"过滤条件选择"对话框→过滤，出现"参照生单"窗口→选择要参照的单据→确定→保存→现结，出现"现结"窗口→输入资料内容→复核→退出。

在应收款管理系统中审核应收单据并现结制单：财务会计→应收款管理→应收单据处理→应收单据审核，打开"应收单过滤条件"对话框→确定，进入"单据处理"窗口→选择要审核的销售专用发票→审核→确定→退出→制单处理，打开"制单查询"对话框→发票制单→确定，进入"制单"窗口→全选，转账凭证→制单，进入填制凭证窗口→保存→退出。

4. 销售业务 4：代垫费用处理

在企业应用平台设置费用项目：基础设置→基础档案→业务→费用项目分类，进入"费用项目分类"窗口→增加→1，代垫费用→保存→退出→费用项目，进入"费用项目档案"窗口→增加→01，安装费，代垫费用→退出。

在销售管理系统中填制并审核代垫费用单：销售管理→代垫费用→代垫费用单，进入"代垫费用单"窗口→增加→输入资料内容→保存→审核→退出。

在应收款管埋系统中对代垫费用单审核并确认应收：财务会计→应收款管理→应收单据处理→应收单据审核，打开"应收单过滤条件"对话框→确定，进入"单据处理"窗口→选择要审核的单据→审核→立即制单？→是，进入填制凭证窗口→转账凭证，借方 122101，贷方 6051→保存→退出。

5. 销售业务 5：多张发货单汇总开票的处理

在销售管理系统中填制并审核两张发货单：参考业务 2 相应步骤（两张也可开成一张发货单）。

在销售管理系统中参照上述两张发货单填制并复核销售发票：参考业务 2 相应步骤。

6. 销售业务 6：一张发货单分次开票的处理

在销售管理系统中填制并审核发货单：参考业务 2 相应步骤。

在销售管理系统中根据上述发货单填制两张销售发票并复核：参考业务 2 相应步骤。注意，开第一张票时，将数量修改为 15。

7. 销售业务 7：开票直接发货业务的处理

在销售管理系统中填制并复核销售专用发票：销售管理→销售开票→销售专用发票，进入"销售专用发票"窗口→增加→参照发货单，打开"过滤条件选择"对话框→取消→按资料录入数据→保存→复核→退出。

在销售管理系统中查询销售发货单：销售管理→销售发货→发货单，转向最后一条记录，可以根据销售专用发票自动生成发货单→退出。

在库存管理系统中查询销售出库单：库存管理→出库业务→销售出库单，进入"销售出库单"窗口，转向最后一条记录，可以根据销售专用发票自动生成销售出库单→退出。

8. 销售业务 8：一次销售分次出库业务的处理

在销售管理系统中设置相关选项：销售管理→设置→销售选项，进入"选项"窗口→

业务控制：不选中"销售生成出库单"→确定。

在销售管理系统中填制并审核发货单：参考业务2相应步骤。

在销售管理系统中根据发货单开具销售专用发票并复核：参考业务2相应步骤。

在库存管理系统中根据发货单开具销售出库单：库存管理→出库业务→销售出库单，进入"销售出库单"窗口→生单→销售生单，打开"过滤条件选择"对话框→过滤，进入"销售生单"窗口→选择要生单的单据→确定，返回"销售出库单"窗口→修改出库数量为150→保存→审核→退出→重复前面动作，完成余下50台的出库。

9. 销售业务9：超发货单出库及开票业务的处理

在库存管理系统中修改相关选项设置：库存管理→初始设置→选项，进入"选项"窗口→专用设置：选中"允许超发货单出库"→确定。

在销售管理系统中设置相关选项：销售管理→设置→销售选项，进入"选项"窗口→业务控制：选中"允许超发货量开票"→确定。

在企业应用平台中修改存货档案并设置超额出库上限为20%：基础设置→基础档案→存货→存货档案，进入"存货档案"窗口→找到"酷睿双核处理器"存货档案→修改，进入"修改存货档案"窗口→打开"控制"选项卡→在"出库超额上限"栏输入"0.2"→保存→退出→退出。

在销售管理系统中填制并审核发货单：参考业务2相应步骤。

在销售管理系统中填制并复核销售专用发票：参考业务2相应步骤，修改开票数量为22。

在库存管理系统中根据发货单生成销售出库单：库存管理→出库业务→销售出库单，进入"销售出库单"窗口→生单→销售生单，打开"过滤条件选择"对话框→过滤，进入"销售生单"窗口→选择要生单的单据→确定，返回"销售出库单"窗口→修改出库数量为22→保存→审核→退出。

10. 销售业务10：分期收款发出商品业务的处理

在销售管理系统中修改相关选项设置：销售管理→设置→销售选项，进入"选项"窗口→业务控制：选中"有分期收款业务""销售生成出库单"→确定。

在存货核算管理系统中设置分期收款业务相关科目：存货核算→初始设置→科目设置→存货科目，进入"存货科目"窗口→设置所有仓库的"分期收款发出商品科目"为1406→保存→退出。

在销售管理系统中填制并审核发货单：参考业务2相应步骤，业务类型为分期收款。

在存货核算系统中执行发出商品记账并生成出库凭证：存货核算→业务核算→发出商品记账，出现"过滤条件选择"对话框→成品库，发货单，分期收款→过滤，进入"未记账单据一览表"窗口→选择要记账单据→确定→退出→财务核算→生成凭证，打开"生成凭证"窗口→选择，弹出"查询条件"→选择"分期收款发出商品发货单"→确定→全选→确定，进入"生成凭证"窗口→转账凭证→生成，进入填制凭证窗口→保存→退出→退出。

在销售管理系统中根据发货单填制并复核销售发票：参考业务2相应步骤，修改开票数量为50。

在应收款管理系统中审核销售发票并生成应收凭证：参考业务2相应步骤。

在存货核算系统中对销售发票记账并生成结转销售成本凭证：参考前述相应步骤。

查询分期收款相关账表：在存货核算系统中查询发出商品明细账；在销售管理系统中查询销售统计表。

11. 销售业务11：委托代销业务的处理

初始设置调整：销售管理→设置→销售选项，进入"选项"窗口→业务控制：选中"有委托代销业务"→确定→退出→存货核算→初始设置→选项→选项录入，出现"选项录入"对话框→委托代销成本核算方式：按发出商品核算→确定→是。

委托代销发货处理：

销售管理→委托代销→委托代销发货单，进入"委托代销发货单"窗口→增加，弹出"过滤条件选择"对话框→取消→录入资料内容（销售类型为代销）→保存→审核→退出。

库存管理→出库业务→销售出库单，进入"销售出库单"窗口→找到要审核的销售出库单（没有则生单）→审核→退出。

存货核算→业务核算→发出商品记账→过滤→选择要记账的单据→记账→确定→退出→财务核算→生成凭证→按前述方法操作（借方科目：1406）。

委托代销结算处理：

销售管理→委托代销→委托代销结算单，进入"委托代销结算单"窗口→增加，弹出"过滤条件选择"对话框→过滤，进入"参照生单"窗口→选择生单单据→确定，返回"委托代销结算单"窗口→修改日期、结算数量→保存→审核→选择专用发票→确定→退出→销售开票→销售发票列表→选择刚才生成的专用发票→复核→退出。

注意：委托代销单结算并审核后自动生成相应发票，自动生成销售出库单并传递到库存管理系统中。

财务会计→应收款管理→应收单据处理→应收单据审核，打开"应收单过滤条件"对话框→确定，进入"单据处理"窗口→选择要审核的销售专用发票→审核→确定→退出→制单处理，打开"制单查询"对话框→发票制单→确定，进入"制单"窗口→全选，转账凭证→制单，进入填制凭证窗口→保存→退出。

存货核算→业务核算→发出商品记账→过滤→选择要记账的单据→记账→确定→退出→财务核算→生成凭证→按前述方法操作（借方科目：1406）。

委托代销相关账表查询：在库存管理系统中查询委托代销备查簿；在销售管理系统中查询委托代销明细账。

12. 销售业务12：开票前退货业务的处理

在销售管理系统中填制并审核发货单：参考业务2相应步骤。

在销售管理系统中填制并审核退货单：参考发货单相应步骤（数量为－1）。

在销售管理系统中填制并复核销售发票：参考业务2相应步骤。

13. 销售业务13：委托代销退货业务——结算后退货

销售管理→委托代销→委托代销结算退回，进入"委托代销结算退回"窗口→增加，弹出"过滤条件选择"对话框→过滤，进入"参照生单"窗口→选择生单单据→确定，返回"委托代销结算退回"窗口→修改日期，结算数量为2→保存→审核→选专用发票→确定→退出→销售开票→红字专用销售发票→选择刚才生成的专用发票→复核→退出。

14. 销售业务14：直运销售业务的处理

在销售管理系统中设置直运业务相关选项：销售管理→设置→销售选项，进入"选项"

窗口→业务控制：选中"有直运销售业务"→确定→退出。

在基础档案中增加存货"009 服务器"：基础设置→基础档案→存货→存货分类，进入"存货分类"窗口→在"产成品"下增加"202 服务器"分类→退出→存货档案，进入"存货档案"窗口→在"服务器"分类下增加"009 服务器→退出。

在销售管理系统中填制并审核直运销售订单：销售管理→销售订货→销售订单，进入"销售订单"窗口→增加→录入资料内容（业务类型：直运销售）→保存→审核→退出。

在采购管理系统中填制并审核直运采购订单：采购管理→采购订货→采购订单，进入"采购订单"窗口→增加，业务类型为直运采购→生单→销售订单，出现"过滤条件选择"对话框→过滤，进入"拷贝并执行"窗口→选择要拷贝的单据→确定，返回"采购订单"窗口→根据资料修改相应内容→保存→审核→退出。

在销售管理系统中填制并复核直运销售发票：销售管理→销售开票→销售专用发票，进入"销售专用发票"窗口→增加，业务类型为直运采购→生单→销售发票，出现"过滤条件选择"对话框→过滤，进入"拷贝并执行"窗口→选择要拷贝的单据→确定，返回"采购订单"窗口→根据资料修改相应内容→保存→审核→退出。

在采购管理系统中参照采购订单生成直运采购发票：采购管理→采购发票→专用采购发票，进入"专用发票"窗口→增加，打开"过滤条件选择"对话框→业务类型：直运销售→过滤，进入"参照生单"窗口→选择要参照的单据→确定，返回"销售专用发票"窗口→保存→复核→退出。

在应付款管理系统中审核直运采购发票：应付款管理→应付单据处理→应付单据审核，进入"应付单过滤条件"窗口→选"未完全报销"→确定，进入"单据处理"窗口→选择要审核的单据→审核→退出。

在存货核算管理系统中执行直运销售记账：存货核算→业务核算→直运销售记账，打开"直运采购发票核算查询条件"对话框→选择采购发票、销售发票→确定，进入"未记账单据一览表"窗口→选择要记账的单据→记账→确定→退出。

结转直运业务的收入及成本：存货核算→财务核算→生成凭证，进入"生成凭证"窗口→选择，弹出"查询条件"对话框→选择"直运采购发票""直运销售发票"，进入"选择单据"窗口→全选→确定，返回"生成凭证"窗口→转账凭证，存货科目 1405，生成→进入凭证界面→进行相应修改→逐个保存→退出→退出→在应收款管理系统中审核直运销售发票并制单。

15. 账簿查询

在销售日常业务处理完毕之后，进行销售账表查询。

16. 数据备份

在销售日常业务处理完毕之后，月末结账之前，进行账套数据备份。

17. 月末结账

结账处理：销售管理系统→月末结账，打开"销售月末结账"对话框，蓝条为当前会计月→月末结账→是→关闭。

取消结账：销售管理系统→月末结账，打开"销售月末结账"对话框，蓝条为当前会计月→取消结账结账→否→关闭。（若应收款、库存、存货管理系统已结账，则采购管理系统不能取消结账。)

销售日常业务处理生成凭证一览

业务号	业务日期	摘要	会计科目	借方金额	贷方金额	来源
1	4-16	专用发票	主营业务成本 库存商品	48 000	48 000	存货核算
1	4-16	销售专用发票	应收账款 主营业务收入 应交税费/应交增值税/销项税	76 050	65 000 11 050	应收款管理
1	4-17	收款单	银行存款/工行存款 应收账款	76 050	76 050	应收款管理
2	4-17	不要求生成凭证				
3	4-17	现结	银行存款/工行存款 主营业务收入 应交税费/应交增值税/销项税	74 880	64 000 10 880	应收款管理
4	4-19	其他应收单	其他应收款/应收单位款 其他业务收入	500	500	应收款管理
5	4-18	不要求生成凭证				
6	4-18	不要求生成凭证				
7	4-19	不要求生成凭证				
8	4-20	不要求生成凭证				
9	4-20	不要求生成凭证				
10	4-20	发货单	发出商品 库存商品	960 000	960 000	存货核算
10	4-20	销售专用发票	应收账款 主营业务收入 应交税费/应交增值税/销项税	380 250	325 000 55 250	应收款管理
10	4-20	专用发票	主营业务成本 发出商品	240 000	240 000	存货核算
11	4-22	委托代销 发货单	发出商品 库存商品	240 000	240 000	存货核算
11	4-25	销售专用发票	应收账款 主营业务收入 应交税费/应交增值税/销项税	228 150	195 000 33 150	应收款管理
11	4-25	专用发票	主营业务成本 发出商品	144 000	144 000	存货核算

续表

业务号	业务日期	摘要	会计科目	借方金额	贷方金额	来源
12	不要求生成凭证					
13	不要求生成凭证					
14	4-27	直运采购发票	库存商品 应交税费/应交增值税/进项税 应付账款	90 000 15 300	10 530	存货核算
	4-27	专用发票	主营业务成本 库存成本			存货核算
	4-27	销售专用发票	应收账款 主营业务收入 应交税费/应交增值税/销项税	117 000	100 000 17 000	应收款管理

实验十二　库存管理

实验目的

（1）掌握用友 ERP-U8 管理软件中库存管理系统的相关内容。

（2）掌握企业库存日常业务处理方法。

（3）理解库存管理系统与其他系统之间的数据传递关系。

实验内容

（1）入库业务处理。

（2）出库业务处理。

（3）其他业务处理。

（4）库存账簿查询。

（5）月末结账。

实验准备

（1）系统日期设置为 2018-04-01，引入"实验九"账套。

（2）在"生产成本"项目大类下增加"103 计算机"项目目录，所属分类码为 1。

实验资料

2018 年 4 月份库存业务如下。

1. 产成品入库业务

（1）4 月 15 日，成品库收到当月一车间加工的 10 台计算机产成品入库。

（2）4 月 16 日，成品库收到当月一车间加工的 20 台计算机产成品入库。

（3）随后收到财务部门提供的完工产品成本。其中计算机成本为 144 000 元，随即做成本分配，记账生成凭证。

2. 材料领用

4 月 15 日，一车间向原料库领用酷睿双核处理器 100 盒、500 GB 硬盘 100 盒，用于生产。记材料明细账，生成领料凭证。

3. 出库跟踪入库

（1）有一存货"8 GB 内存条"，在库存管理时，需要对每一笔入库的出库情况做详细的统计。

（2）4 月 10 日，采购部向建昌公司购进 80 根 8 GB 内存条，单价为 300 元/根。物品入原料库。

（3）4 月 12 日，采购部向建昌公司购进 100 根 8 GB 内存条，单价为 295 元/根。物品入原料库。

（4）4 月 12 日，收到上述两笔入库的专用发票一张。

（5）4 月 25 日，一车间向原料库领用 50 根 8 GB 内存条，用于生产。

4. 调拨业务

4 月 20 日，将原料库中的 50 盒酷睿双核处理器调拨到配套用品库。

5. 盘点预警

4 月 20 日，根据上级主管要求，酷睿双核处理器应在每周二盘点一次。如果周二未进行盘点，需进行提示。

6. 盘点业务

4 月 25 日，对原料库的 8 GB 内存条存货进行盘点，盘点后，发现 8 GB 内存条多出 2 根。经确认，该内存条的成本为 300 元/根。

7. 假退料

4 月 30 日，根据生产部门的统计，有 8 盒酷睿双核处理器当月未用完。先做假退料处理，下个月再继续使用。

8. 其他入库业务

4 月 29 日，销售部收到赠品 23 英寸液晶屏 1 台，单价 2 200 元。

9. 其他出库业务

4 月 30 日，销售部领取 10 台计算机样本，用于捐助教育。

10. 组装业务

4 月 30 日，应客户急需，一车间当日组装了 30 台计算机。

实验要求

（1）本实验将库存管理与供应链其他子系统集成应用为实验条件，不再处理单纯的采购入库、销售出库业务，相关业务处理参见采购管理、销售管理。

（2）以主管身份、业务日期进入库存管理系统，填制各种出入库单据并进行审核；之后进入存货核算系统，对各种出入库单进行记账，生成出入库凭证。

操作指导

1. 库存业务 1：产成品入库

在库存管理系统中录入产成品入库单并审核：库存管理→入库业务→产成品入库单，进入"产成品入库单"窗口→增加→录入资料内容（不需填写单价）→保存→审核→同理，输入第二张产成品入库单→退出。

在存货核算管理系统中录入生产总成本并对产成品成本分配：存货核算→业务核算→产成品成本分配，进入"产成品成本分配表"窗口→查询，打开查询对话框→成品库，确定→在"006 计算机"行输入金额"144 000"→分配（清空则取消分配）→确定→退出→日常业务→产成品入库单，进入"产成品入库单"窗口，查看入库存货单价→退出。

在存货核算管理系统中对产成品入库单记账并生成凭证：存货核算→业务核算→正常单据记账，对产成品入库单进行记账处理→财务核算→生成凭证→选择"产成品入库单"生成凭证→合成（500101 的项目为 103），完成凭证生成工作。

2. 库存业务 2：材料领用出库

设置相关选项：库存管理→初始设置→选项，打开"库存选项设置"对话框→选择"可用量控制"选项卡→选中"允许超可用量出库"→确定。

在库存管理系统中填制材料出库单：库存管理→出库业务→材料出库单，进入"材料出库单"窗口→增加→输入资料内容→保存→审核→退出。

在存货核算管理系统中对材料出库单记账并生成凭证：参考业务 1 相应步骤。

3. 库存业务 3：出库跟踪入库

在基础档案中增加存货分类及存货：存货分类——10103 内存；存货档案——010 8 GB 内存条，出库跟踪入库；计量单位——05 根。操作步骤如以前所讲。

在基础设置中设计材料出库单单据格式：基础设置→单据设置→单据格式设置，进入"单据格式设置"窗口→单击"库存管理"→"材料出库单"→"显示"→"材料出库单"选项，进入"材料出库单"窗口→表体项目，打开"表体项目"对话框→对应入库单号，确定→保存→是→同理，设计组装单的对应入库单号单据。

在库存管理系统中分别填制并审核采购入库单：操作步骤如以前所讲。

在采购管理系统中参照采购入库单生成采购专用发票：操作步骤如以前所讲。

在存货核算管理系统中对采购入库单记账并生成凭证：操作步骤如以前所讲（对方科目：1401）。

在库存管理系统中填制材料出库单并审核：操作步骤如以前所讲。要填写对应入库单号，按软件界面提示进行操作。

注意：对于出库跟踪入库的存货，不允许超量出库，出库时，需要输入相应的入库单号；设置自动入库跟踪出库时，系统分配入库单号的方式有"先进先出"和"后进先出"两种，可在库存管理→初始设置→选项→库存选项设置→通用设置下进行。

4. 库存业务 4：库存调拨——仓库调拨

在库存管理系统中填制调拨单：库存管理→调拨业务→调拨单，进入"调拨单"窗口→增加→录入资料内容（转出仓库的计价方式是移动平均、先进先出、后进先出时，调拨单单价不需要录入，系统自动计算）→保存（保存后自动生成其他入库单和其他出库单，且不得被修改）→审核→退出。

在库存管理系统中对调拨单生成的其他入库单审核：库存管理→入库业务→其他入库单，进入"其他入库单"窗口→指向要审核的记录，审核→退出。

在存货核算管理系统中对其他入库单记账：存货核算→业务核算→特殊单据记账，打开"特殊单据记账"对话框→调拨单，确定，进入"特殊单据记账"窗口→选择要记账的调拨单→记账→退出。

注意：在库存商品科目不分明细的情况下，库存调拨业务不会涉及账务处理，故无须对调拨业务生成的其他出入库单据制单。

相关账表查询：库存管理→报表→库存账→入库跟踪表，打开"入库跟踪表"对话框→原料库，确定→进入"入库跟踪表"窗口，查看出库跟踪入库情况。

5. 库存业务5：盘点预警

在库存管理系统中设置相关选项：库存管理→初始设置→选项，打开"库存选项设置"对话框→选择"专用设置"选项卡→选中"按仓库控制盘点参数"→确定。

在基础档案中修改存货档案：将酷睿双核处理器的盘点周期修改为周，每周第三天盘点。

检验：以一周后日期注册进入库存管理系统，若周二为盘点该存货，系统会给出提示。

6. 库存业务6：盘点业务

在库存管理系统中增加盘点单：库存管理→盘点业务，进入"盘点单"窗口→增加→2018-04-25，原料库，盘亏出库，盘盈入库→盘库→是→按仓库盘点，确定→修改存货单价为300元的内存条的盘点数量为32→保存→审核→退出。

在库存管理系统中对盘点单生成的其他入库单审核：库存管理→入库业务→其他入库单，进入"其他入库单"窗口→找到要审核的单据→审核→退出。

在存货核算管理系统中对其他入库单记账并生成凭证：按前面所讲方法操作。

7. 库存业务7：假退料业务

在存货核算管理系统中填制假退料单：存货核算→日常业务→假退料单，进入"假退料单"窗口→增加→输入资料内容（数量-8）→保存→退出。

在存货核算管理系统中对假退料单单据记账：按前面所讲方法。

在存货核算管理系统中查询明细账：存货核算→账表→账簿→明细账，打开"明细账查询"对话框→选择要查询的存货酷睿双核处理器→查看假退料的影响。

8. 库存业务8：其他入库——赠品入库

在库存管理系统中录入其他入库单并审核：库存管理→入库业务→其他入库单，进入"其他入库单"窗口→增加→录入资料内容→保存→审核→退出。

在存货核算管理系统中对其他入库单记账并生成凭证：按前面所讲方法（对方科目：营业外收入6301）。

9. 库存业务9：其他出库——样品出库

在库存管理系统中录入其他出库单并审核：库存管理→出库业务→其他出入库单，进入"其他出库单"窗口→增加→录入资料内容→保存→审核→退出。

在存货核算管理系统中对其他出库单记账并生成凭证：按前面所讲方法（借销售费用，贷库存商品）。

10. 库存业务10：组装业务

设置相关选项：库存管理→初始设置→选项，打开"库存选项设置"对话框→选择

"通用设置"选项卡→选中"有无组装拆卸业务"→确定。

增加收发类别：基础设置→基础档案→业务→收发类别→增加：104 组装入库；304 组装出库。

在基础档案中定义产品结构：基础设置→基础档案→业务→产品结构，进入"产品结构"窗口→增加→母件——计算机；子件——处理器、硬盘、内存，定额数量1，原料库→保存。

在库存管理系统中录入组装单：库存管理→组装拆卸→组装单，进入"组装单"窗口→增加→日期2018-04-30，配套件计算机→展开，展开到末级?→是，代入相关数据→表体第一行，成品库，30，内存的入库单号→保存→审核→退出。

在库存管理系统中对组装单生成的其他入库单及出库单审核：按前面所讲方法。注意：组装单保存后，系统自动生成其他出入库单，单中无单价，需在存货核算系统修改。

在存货核算管理系统中修改其他入库单单价：计算机单价 6 000 元。

在存货核算管理系统中对其他入库单和出库单记账并生成凭证：按前面所讲方法。

11. 数据备份

在库存日常业务处理完毕后，进行账套数据备份。

12. 月末处理

对账：在库存管理系统中，财务核算→与总账对账，进入"与总账对账"窗口→选择对账月份→确认。

月末结账：在库存管理系统中，业务核算→月末结账，打开"月末结账"对话框→确定→确定。

实验十三 存货核算

实验目的

(1) 掌握用友 ERP-U8 管理软件中存货核算系统的相关内容。

(2) 掌握企业存货日常业务处理方法。

(3) 理解存货核算系统与其他系统之间的数据传递关系。

实验内容

(1) 入出库单据处理。

(2) 暂估业务处理。

(3) 生成凭证。

(4) 存货账簿查询。

(5) 月末处理。

实验准备

系统日期设置为 2018-04-30，引入"实验九"账套数据。

实验资料

2018 年 4 月份存货业务如下：

(1) 4月3日，向建昌公司订购键盘300只，单价为95元，验收入原料库。填制采购入库单。

(2) 4月17日，销售部向昌新贸易公司出售计算机10台，报价为6 400元/台，货物从成品库发出。

(3) 4月20日，将4月3日发生的采购键盘的入库成本增加600元。

(4) 4月30日，调整4月17日出售给昌新贸易公司的计算机的出库成本为200元。

实验要求

以账套主管身份进入存货核算系统进行操作。

操作指导

1. 存货业务1

在库存管理系统中输入采购入库单并审核；在存货核算系统中记账并生成凭证，记账时选择"采购入库单（暂估记账）"，生成凭证的对方科目编码为1401。

2. 存货业务2

(1) 在存货核算系统中，初始设置→选项→选项录入，选择销售成本结算方式为"销售出库单"。

(2) 在销售管理系统中，设置→销售选项→业务控制：报价不含税。

(3) 在销售管理系统中输入销售发货单并审核，在库存管理系统中审核销售出库单，在存货核算系统中记账并生成凭证。

3. 存货业务3

在存货核算系统中录入调整单据：存货核算→日常业务→入库调整单，进入"入库调整单"窗口→增加→原料库，2018-04-20，采购入库，采购部，建昌公司，键盘，600→保存→记账→退出。

在存货核算系统中生成入库调整凭证：存货核算→财务核算→生成凭证，打开"生成凭证"窗口→选择，弹出"查询条件"对话框→选择"入库单调整单"→确定→全选→确定，进入"生成凭证"窗口→转账凭证→生成，进入填制凭证窗口→保存→退出。

查询相关账簿：存货核算→账表→分析表→入库成本分析表，打开"入库成本分析"对话框→选择"原料库"→确定→可以看到键盘库存成本的变化→退出。

4. 存货业务4

在存货核算系统中录入调整单据：存货核算→日常业务→出库调整单，进入"出库调整单"窗口→增加→成品库，2018-04-30，销售出库，销售部，昌新贸易公司，计算机，200→保存→记账→退出。

在存货核算系统中生成出库调整凭证：存货核算→财务核算→生成凭证，打开"生成凭证"窗口→选择，弹出"查询条件"对话框→选择"出库单调整单"→确定→全选→确定，进入"生成凭证"窗口→转账凭证→生成，进入填制凭证窗口→保存→退出。

5. 账簿查询

在存货日常业务处理完毕后，进行存货账表查询。

6. 数据备份

在存货日常业务处理完毕后，进行账套数据备份。

7. 月末处理

(1) 期末处理。

(2) 月末结账。

(3) 与总账管理系统对账：财务核算。

存货日常业务处理生成凭证一览

业务号	业务日期	摘要	会计科目	借方金额	贷方金额	来源
1	4-03	采购入库单	原材料/生产用原材料 材料采购	28 500	28 500	存货核算
2	4-17	销售出库单	主营业务成本 库存商品	64 000	64 000	存货核算
3	4-20	入库调整单	原材料/生产用原材料 材料采购	600	600	存货核算
4	4-30	出库调整单	主营业务成本 库存商品	200	200	存货核算

参 考 文 献

[1] 会计从业资格考试辅导教材编委会．会计电算化[M]．上海：立信会计出版社，2015．
[2] 段洪成．会计电算化[M]．北京：中国工商出版社，2015．
[3] 全国会计从业资格考试专用教材编写组．会计电算化[M]，北京：北京理工大学出版社，2014．
[4] 庞莉．会计电算化实务[M]．上海：立信会计出版社，2013．
[5] 陈世文，吴力佳．会计电算化教程[M]．北京：现代教育出版社，2012．
[6] 会计从业资格无纸化考试辅导教材组．会计电算化[M]．5版．东北财经大学出版社．2015
[7] 会计从业资格无纸化考试辅导教材编写组．会计电算化[M]．北京：中国财政经济出版社，2015．
[8] 熊细银．会计电算化[M]．南京：南京大学出版社，2011．